Allan und Daniel Knoll

UNSERE MUTTER

Die Jüdin, die nicht hassen wollte

Aus dem Französischen von
Isolde Schmitt

Mit einem Nachwort von
Michaela Wiegel

Paul Zsolnay Verlag

Die Originalausgabe *Allan und Daniel Knoll avec Catherine Siguret: C'était Maman* erschien 2018 bei Éditions Kero, Paris.

Die Herausgabe dieses Werks wurde vom Publikationsförderprogramm des Institut français unterstützt.

1. Auflage 2024
ISBN 978-3-552-07206-0
© Éditions Kero, 2018
Alle Rechte der deutschsprachigen Ausgabe
© 2024 Paul Zsolnay Verlag Ges. m. b. H., Wien
Satz: Nadine Clemens, München
Autorenfoto: © privat
Umschlag: Anzinger und Rasp, München
Fotos: © privat
Druck und Bindung: GGP Media GmbH, Pößneck
Printed in Germany

Für unser geliebtes Veigele.
Für unsere Mutter.

EINFÜHRUNG

Unsere Mutter hatte immer eine romantische Ader. Außerdem war sie eine Kosmopolitin, wovon die Männer, die sie liebte, ihre Träume, ihre Bekanntschaften und ihr Lebensweg zeugen. Dennoch hätte der Name *Mireille Knoll* niemals einer breiten Öffentlichkeit bekannt werden, niemals ihr Bild in den Zeitungen, auf den Fernsehbildschirmen, auf Plakaten oder der Fassade von Gebäuden aufscheinen sollen. Unsere Mutter hatte niemals große Aufmerksamkeit auf sich gezogen und keinerlei besondere Rolle in der Öffentlichkeit gespielt. Das war ihr zuwider, und wir hätten es vorgezogen, wenn dies so geblieben wäre, wenn der Name *Mireille Knoll* niemals Symbolcharakter angenommen, niemals für einen Kampf gestanden hätte. Es wäre schön gewesen, wenn er einfach nur der Name unserer Mutter geblieben wäre, den nur wir, ihre beiden Söhne, der Rest der Familie sowie ihre Freundinnen und Freunde kannten.

Am Freitag, den 23. März 2018 wurde unsere Mutter im Alter von 85 Jahren durch elf Messerstiche – einen mitten in die Kehle – ermordet. Dann wurde Feuer in ihrer Wohnung gelegt, um sie zu verbrennen – ganz wie in den Konzentrationslagern, denen sie 76 Jahre zuvor knapp entkommen war. Das hatte sie zwar geschafft, nicht jedoch ihr Onkel Nathan, der in Auschwitz vergast und verbrannt worden war. Ihr Mann, unser Vater, hatte das Konzentrationslager zwar überlebt, er war jedoch auf immer davon gezeichnet. Auch die Menschen, die in ihrem Pariser Wohnhaus gewohnt hatten, und ihre Freunde hatten nicht überlebt. Anfangs wollten wir keinerlei Zusammenhang zwischen diesen beiden Tatsachen herstellen. Wir lebten nicht mehr in diesen barbarischen Zeiten. Wir hatten die Zeit der Nazis längst hinter uns gelassen. Es war undenkbar, dass man in Frankreich, diesem für die Aufklärung berühmten Land, im Jahr 2018 noch ermordet und verbrannt wurde, weil man Jüdin war. Wer würde das hinnehmen? Wir weigerten uns, es zu glauben. Während der nächsten drei Tage, die von albtraumhaften Schreckensbildern, Schlaflosigkeit und quälenden Fragen gekennzeichnet waren, ließen wir das Leben unserer Mutter vor unseren Augen Revue passieren, weil wir verstehen wollten. Jedoch fanden wir nichts, was uns irgendeine Erklärung für ihre Ermordung hätte geben können. Aufgrund ihrer Freundlichkeit hatte sie nie irgendeinen Feind gehabt und sich niemals mit irgendjemandem gestritten. Sie lebte ein sehr bescheidenes Leben und wohnte seit fast sechzig Jahren in der gleichen Gemeindewohnung, umgeben von Nachbarn, mit denen sie ein herzliches Verhältnis hatte, und ohne irgendwelche Besitztümer, die eines Diebstahls wert gewesen wären.

Am 26. März 2018 mussten wir geschockt zur Kenntnis nehmen, dass man bei der Ermordung unserer Mutter den Schrei *Allahu akbar!* gehört hatte und dass die Behörden von einem antisemitischen Verbrechen ausgingen. Nicht Nazis, sondern eine andere Art von Barbaren lebt hier und jetzt in Frankreich. Unsere Mutter war an dem gestorben, was sie gelebt hatte. Sie stand für das, was man das »Zusammenleben vieler Kulturen« nennt, sie war zwar Jüdin, aber es war ihr egal, welchen Glauben oder welche Kultur ihre Freunde und Besucher hatten. Und dennoch hatten ihre beiden Mörder[1] sie wohl aufgrund ihrer

---

1 Y wurde in der Zwischenzeit zu lebenslanger Haft verurteilt, sein Komplize zu fünfzehn Jahren Gefängnis.

»Religionszugehörigkeit« getötet. Sie gehörte der jüdischen, die beiden Männer der muslimischen Kultur an. Unsere Mutter mochte diese Leute, sie war vertrauensselig, hatte keinerlei Vorurteile und empfing sie mit offenen Armen. Doch selbst wenn sie misstrauisch gewesen wäre – wem wäre es in den Sinn gekommen, dass ein Mann, den sie kennengelernt hatte, als er sieben Jahre alt war und den sie als ihren Freund betrachtete, den Körper einer alten, schwachen Dame zwanzig Jahre später zusammen mit einem Komplizen durchlöchern und verbrennen würde? Wo sie ihm freiwillig, und wie schon so viele Male zuvor, die Tür geöffnet hatte? Wer hätte sich eine solche Monstrosität vorstellen können? Um nicht verrückt zu werden, denken wir täglich nicht nur an das Leben unserer Mutter, sondern an das Beispiel, das sie uns gab. Das ist äußerst wichtig, damit wir uns nicht von Zorn und Hass, den Vorurteilen und der Radikalität anstecken lassen, die wir an anderen so abstoßend finden. Es ist viel Kraft nötig, um ein solches Trauma zu überleben. Selbst jetzt, vier Monate nach diesem Ereignis, können wir die immer noch versiegelte Wohnung unserer Mutter nicht betreten. Uns war der Zutritt zu allem verwehrt, was uns an sie erinnerte – zu dem Raum, wo sie wohnte, zu dem Ort, an dem wir groß geworden waren, denn sie bewohnte immer noch die Gemeindewohnung unserer Kindheit. Nicht einmal ihr Gesicht konnten wir ein letztes Mal sehen, konnten nicht gemeinsam vor ihrem Körper stehen; daher bestand für uns die einzige Möglichkeit, am Leben festzuhalten, darin, ihr Leben Revue passieren zu lassen, wir, die wir in der Gegenwart und für die Zukunft lebten. Wurzeln werden sehr wichtig, wenn man nicht mehr die Möglichkeit hat, sie zurückzuverfolgen, und wenn man so tief in seinen Ursprüngen verletzt wird. Nach diesen zu suchen, Aufzeichnungen zu machen und uns ihrer zu erinnern half uns, nicht ins Wanken zu geraten und nicht möglichst vielen Leuten entgegenzuschreien, dass *Jude* ein Universalismus ist, kein Ausschließungsgrund, wie das Leben unserer Mutter und unsere Leben zeigen. »Zusammenleben« könnte der Titel unseres Familienalbums sein.

Polen, die Ukraine, Brasilien, vielleicht Shanghai, Portugal und Kanada waren Stationen auf dem Lebensweg unserer Mutter. Sie verliebte sich Hals über Kopf in unseren Vater, einen gebürtigen Österreicher, der in Belgien gelebt, in Polen gelitten und seinen Lebensabend in Deutschland verbracht hat. Zusammen bereisten sie alle Länder Europas, ebenso wie wir, ihre Kinder, in allen möglichen Gegenden der Erde zu Hause sind. Mein Bruder Allan arbeitet für eine Hilfsorganisation in Mali, ich[2] bin mit einer sehr katholischen Philippinerin verheiratet, meine Töchter leben in Israel. Unsere Eltern haben uns einen Grundsatz beigebracht, der naiv erscheinen mag, den wir jedoch weiterhin hochhalten: Das Herz kennt keine Grenzen und keine Religion.

Unsere Mutter lebte für die Liebe wie kaum jemand sonst. Zuerst war da unser Vater Kurt Knoll, aber auch nach ihrer Trennung stand die Liebe im Mittelpunkt ihres Lebens. Lieben und geliebt werden. Ganz beschäftigt mit der Suche nach ihrer besseren Hälfte, achtete unsere Mutter nie darauf, woher der andere kam, ober er jung oder alt, arm oder reich, Jude oder nicht Jude war. Für sie zählte das Herz, die Gefühle, nicht die Herkunft des anderen. Die Entscheidungen, die sie auf ihrem Lebensweg traf, zeigen das besser als lange Erklärungen. Mutter führte kein religiöses Leben. Sie zeigte uns, was Lebensfreude ist. Sie feierte die Feste, wie sie fielen, egal, ob sie religiös waren

---

2 »Ich« steht in diesem Buch für Daniel.

oder nicht. Sie liebte das Lamm, das zum jüdischen Paschafest gegessen wurde, aß den traditionellen Kuchen zum christlichen Dreikönigsfest und das Gebäck anlässlich des muslimischen Fest des Fastenbrechens. Sie hätte auch buddhistische Feste gefeiert, wenn sich die Gelegenheit dazu geboten hätte. Doch vor allem liebte sie es, zu sprechen, Menschen zu begegnen, zu lachen, zu tanzen, und bis zuletzt sang sie gerne. Natürlich waren wir auch Juden, aber diese Eigenschaft wurde erst seit dem Tod unserer Mutter zu einem Thema, zu dem wir uns Fragen stellen und wo wir genealogische Nachforschungen durchführen. Wenn einem mitgeteilt wird, dass die eigene Mutter Opfer eines antisemitischen Verbrechens wurde, dann kann man nicht umhin, sich zu fragen, was denn nun eigentlich das Jüdische am eigenen Leben ist, was es heißt, Jude zu sein, und was es für die vorangehenden Generationen bedeutete. Es war uns wichtig zu zeigen, dass *Jude* alles sein kann, außer ein Grund zu sterben, dass unsere Kultur eine lebensbejahende ist. Lebensfreude ist ein Muss – insofern war unsere Mutter uns ein Vorbild. Dieses Buch handelt in erster Linie von einem Leben, nicht vom Antisemitismus. Man muss verstehen, dass es sich, wenn man die Schlagzeile »Alte jüdische Dame ermordet« liest, dabei nicht nur um eine »alte jüdische Dame« handelt. Es geht um ein ganzes Leben voller Hindernisse, voller Wunder und mit viel Herz – und umringt von vielen Herzen –, wie man sie so zahlreich rund um die Bilder von Mireille Knoll nach deren Tod sah. Mireille Knoll steht für ein Leben – als Symbol einer universellen Freiheit. Sie war ein kleines Mädchen, eine Jugendliche, Frau, Ehefrau, Mutter, Großmutter, Urgroßmutter, eine Freundin und vor allem eine Liebende. Die »alte jüdische Dame«, die ermordet wurde, war Maman.

MIREILLE KERBEL –
VON DER KINDHEIT BIS
ZUR HEIRAT

Mutter wurde am 28. Dezember 1932 geboren. Ihre Eltern waren Émilio und Sarah Kerbel, geborene Finkel. Émilio war Schneider, und die Familie wohnte im Marais, im Zentrum von Paris, das damals ein Viertel war, in dem Menschen aus bescheidenen Verhältnissen wohnten. Es war jener Ort, an dem mittellose, aus Osteuropa eingewanderte Juden begannen, sich im Textilbereich unter ärmlichsten Bedingungen eine Existenz aufzubauen. Doch Émilio schlug einen anderen Weg ein. Der Vorname, der auf den Ausweispapieren stand, stammte aus der Zeit, die Émilio in Brasilien verbracht hatte. Kurz vor der Geburt unserer Mutter hatte er eine Fabrik für Regenmäntel und warme Bekleidung eröffnet, die sehr erfolgreich war. Das waren zwei Dinge, auf die Mutter zeit ihres Lebens stolz war.

Oma Sarah, unser »Bonbon«

Die Mutter unserer Mutter, Oma Sarah, kam 1907 in Warschau zur Welt. Sie war im Alter von zehn Jahren nach Paris gekommen, den Grund dafür kennen wir nicht. Die Geschichte von Juden ist, wohl mehr noch als jene anderer Menschen, von vielen Lücken gekennzeichnet: Manchmal mussten sie fliehen, es kam zu brutalen Todesfällen, oder es »verschwanden« Personen, dann wieder starben Menschen, ohne dass dies angezeigt wurde und ohne dass sie begraben wurden. Vor der Shoah gab es in Russland, Polen, dann in Österreich und ganz besonders in Rumänien Pogrome. Die Bevölkerung, die gegen die »Christusmörder« aufgehetzt worden war, die für tausend Übel wie die Pest, die Cholera, Verbrechen an Kindern, Zauberei und vieles andere verantwortlich gemacht wurden, die man dem »gottesmordenden« Volk unterstellte, attackierte die jüdischen Viertel stunden- oder tagelang. Zuerst zerstörte sie Werkzeuge und Hab und Gut der Bewohner, dann ermordete sie diese – und all dies mit dem Einverständnis der Behörden, die manchmal sogar noch mitmachten. Pogrome hatte es zwar in den früheren Jahrhunderten immer wieder gegeben, doch sie waren seltener gewesen als zu Beginn des 20. Jahrhunderts. Jedes Mal verfolgten die lokalen Behörden das gleiche Ziel: Bekehrung, Ermordung oder Vertreibung der Juden ins Exil. Zwischen dem Ende des 19. Jahrhunderts und 1939 flohen 130 000 Juden nach Frankreich. Wir nehmen an, dass Oma Sarah ein Waisenkind war, weil sie im Alter von zehn Jahren allein aus Russland zu einem bereits zuvor emigrierten Onkel fuhr. Niemand hat sie jemals von ihren Eltern sprechen hören. Selbst als sehr viel später ein Bruder und eine Schwester zu ihr stießen, wurde über dieses Thema nicht gesprochen. Offensichtlich versuchten sie, sich nicht zu erinnern. Im Gegensatz zu Opa Émile – sein Vorname wurde nur in der französischen Form benutzt – war die Geschichte von Oma Sarah sehr typisch für die damalige Zeit. Wenn diese Flüchtlinge, die kein Geld hatten und der Landessprache nicht mächtig waren, ankamen, drängten sie sich in den Wohnungen von Mitgliedern ihrer Familie oder Bekannten in den oft alten Gebäuden des Marais zusammen. In allen Etagen gab es Läden und Werkstätten, woher auch die Witze mit den jüdischen Protagonisten stammen, die meist Schneider waren.

Sie waren im *schmattes*[3] tätig, wie man sagte, im Textilgewerbe. Das Wort stammt aus dem Jiddischen, einer Mischung aus Hebräisch und Deutsch, das die Juden aus dem Osten neben ihrer Landessprache sprachen, die manche von ihnen schlecht beherrschten. Unsere Mutter hatte Jiddisch von ihrer Mutter gelernt, es war somit ihre erste Sprache. Man darf sich fragen, ob die Juden bessere Schneider waren, weil sie alle den gleichen Beruf ausübten. Man könnte mit einem anderen Scherz antworten: Es ist leichter, mit einer Nähmaschine zu fliehen, als eine ganze Fabrik unter den Arm zu nehmen – und die aschkenasischen Juden[4] waren vorsichtig geworden.

1917 traf also die kleine Sarah bei einem Bruder ihres Vaters ein, einem gewissen Salomon Finkel, der Schneider war. Sarah half ihm in der Schneiderei und machte all jene Arbeiten, die er nicht erledigen wollte. Angeblich war er ein schroffer Mann. Oma Sarah erzählte uns, dass sie dort nicht glücklich gewesen sei, vielleicht hatten die beiden ein ganz unterschiedliches Temperament, wahrscheinlicher jedoch ist, dass der Onkel alles andere als glücklich war, noch ein Kind durchfüttern zu müssen. Er schaffte es schon so kaum zu überleben. Vielleicht nahm er deshalb nur eines der Kinder bei sich auf, obwohl er wusste, dass das Mädchen noch einen Bruder und eine Schwester hatte. Sarahs Bruder Nathan war zwei Jahre älter als sie, ihre Schwes-

---

3 Anm. d. Ü.: Zur Bedeutungsvielfalt des Wortes Schmattes siehe den Artikel »Fetzen, Trinkgeld, dummes Zeug« in der Zeitung »Jüdische Allgemeine« vom 13.6.2024
https://www.juedische-allgemeine.de/kultur/fetzen-trinkgeld-dummes-zeug/
4 Aschkenasische Juden sind Juden, die aus Ost- und Mitteleuropa stammen.

ter Lola zwei Jahre jünger. Die beiden stießen 1934 zu ihr, also siebzehn Jahre nach Sarahs Ankunft in Paris.

Sarah gehorchte ihrem Onkel Salomon und wartete auf bessere Zeiten. Sie lernte, »brav« zu sein, wie man damals sagte. Sie wurde zu einer Frau, die sich durchzusetzen verstand und die schwierigsten Situationen immer sanft und taktvoll meisterte, niemals brüsk. Wir, die wir sie als Großmutter kennengelernt hatten, würden sie, wenn wir ihre Persönlichkeit beschreiben müssten, als »Bonbon« bezeichnen. Nach ihrem schwierigen Lebensbeginn führte sie ein glückliches Leben. 1923 trat das Glück in Form ihres zukünftigen Mannes Émile in ihr Leben. Er arbeitete in einer Schneiderei nebenan. 1924 heiratete sie mit siebzehn Jahren in Paris den Mann, der ihr ein schönes Leben bieten würde, ein Leben, wie sie es nie gekannt hatte und das sie sich wohl nie zu erträumen gewagt hätte.

Opa Émile, ein richtiger Held

Émile hatte wohl alles, was es brauchte, um ein alleinstehendes junges Mädchen zu beeindrucken, denn er konnte bereits auf eine Vergangenheit zurückblicken wie ein richtiger Held. Er war 27 Jahre alt, also ein »echter Mann«, der Sicherheit und Schutz bot und bereits einen Lebensweg hinter sich hatte, der einer Jugendlichen, die nichts als ein polnisches Ghetto und später dann die Mauern einer schäbigen und kaltherzigen Schneiderei kannte, überaus exotisch erscheinen musste.

Émile war am 31. August 1897 in Wosnessensk in der Ukraine, achtzig Kilometer von Uman entfernt, auf die Welt gekommen. Doch er schlug nicht den normalen Weg der aschkenasischen Juden ein, die oft nach Westeuropa auswanderten, das vor dem

Aufkommen des Nationalsozialismus als günstiges Gebiet galt. Seine Stadt befand sich auch in einer Entfernung von nur 130 Kilometern von der Stadt Odessa – und Odessa hatte einen Hafen voller Schiffe. Odessa war somit ein Ort der Hoffnung und des Exils für viele russische Juden, die von Pogromen vertrieben wurden und vom sozialen Leben ausgeschlossen waren. Von Odessa aus überquerte man das Schwarze Meer und fuhr über den Bosporus, der die beiden Meere verband, ins Mittelmeergebiet. Dort waren die Auswanderer frei, was jedoch relativ ist, weil sie noch ein Land finden mussten, das sie aufnahm. Die Bilder von Booten voller Flüchtlinge kommen uns leider nur allzu bekannt vor, auch wenn die Menschen, die damals eine neue Heimat suchten, weniger zahlreich und ihre Integration in ein westeuropäisches Land leichter war: Es gab Arbeit und einen Arbeitsmarkt, auf dem keine besondere Ausbildung, bestimmte Adressen oder Empfehlungen verlangt wurden. Manche beschlossen, viel weiter weg zu gehen, in die Vereinigten Staaten, wo *Yes, we can!* schon damals eine bekannte Devise war. Doch Émiles Eltern, Zalkind und Asana Kerbel, hatten einen Onkel – von welcher Seite ist unbekannt –, der in Brasilien reich geworden war. Sie beschlossen also, zu ihm zu fahren. So verließ Émile im Jahr 1912 mit fünfzehn Jahren sein unwirtliches und kaltes Heimatland, um sich mit seinen Eltern und seinem siebenjährigen Bruder Isaac nach Rio aufzumachen. Man kann sich leicht vorstellen, wie sehr sie von Heimweh geplagt wurden.

Die weiteren Ereignisse kennen wir erst seit dem Tod unserer Mutter. Wir hatten nur eine sehr bruchstückhafte Vorstellung von Opa Émiles Vergangenheit, bis uns Menschen aus aller Welt nach den Medienberichten über das Drama kontaktierten. Man brachte uns Mitgefühl entgegen, das uns in diesen furchtbaren Augenblicken sehr willkommen war, aber wir erkannten auch ein aufrichtiges Bedürfnis, uns alles zu geben, was möglich war, um uns zu trösten und unsere Fassung wiederzuerlangen, nachdem man gerade unsere Mutter ermordet hatte. So kontaktierte mich eine Brasilianerin, die über die Presse von den Ursprüngen meiner Mutter gehört hatte. Sie bot an, Nachforschungen anzustellen, was ich natürlich gerne annahm. So erfuhren wir, was unsere Mutter selbst niemals über ihre Großeltern väterlicherseits gewusst hatte. Sie hätte sich so gefreut ...

Es war uns einzig und allein bekannt, dass Opa Émile mit siebzehn Jahren seine Familie in Brasilien verließ, weil seine Mutter erneut geheiratet hatte und er das nicht ertrug. Erst heute wissen wir, warum seine Mutter wieder geheiratet hatte. Scheidungen gab es damals kaum. Die Sache wurde klarer, als wir erfuhren, dass Émile sehr unter dem Tod seines Vaters Zalkind im Jahr 1915, also zwei Jahre nach ihrer Ankunft in Brasilien, gelitten hatte. Die Frau, der wir diese Information verdanken, fand sein Grab auf einem Friedhof in Rio wieder und schickte uns ein Foto davon. Das Geburtsjahr ist nicht vermerkt, dafür jedoch das Sterbejahr. Wahrscheinlich heiratete Émiles Mutter nach dem Ableben ihres ersten Mannes wieder. Damals war Émile achtzehn Jahre alt und machte sich nach Frankreich auf, in dem gerade Krieg herrschte. Offensichtlich blieb er jedoch nicht lange dort, denn im Laufe der darauffolgenden Jahre finden sich Spuren von ihm in Brasilien, sowohl 1920 als auch viel später. Er dürfte oft zwischen Rio und Paris hin- und hergereist sein, was damals selten war. Im Jahr 1923, immerhin elf Jahre nach seiner Ankunft in Brasilien, erhielt er die brasilianische Staatsbürgerschaft. Klarerweise kehrte er oft in dieses Land zurück, weil er neben seiner Mutter auch noch seinen Bruder Isaac dort hatte. 1924 lernte Émile seine Frau in Paris kennen. Auch Sarah sollte, sicherlich aufgrund ihrer

Heirat mit Émile, die brasilianische Staatsbürgerschaft erhalten, obwohl sie meines Wissens nie mit ihm in diesem Land war. Unsere begeisterte Forscherin teilte uns mit, dass Émile das letzte Mal im Jahr 1938 in Brasilien war, was heißt, dass er auch noch während der Zeit, als er schon mit Oma Sarah verheiratet war, dorthin gefahren sein muss – vielleicht wegen seiner Regenmäntel, obwohl das Wetter in Brasilien keineswegs Regenmäntel erfordert.

Unsere Mutter hatte uns nie von den Reisen ihres Vaters erzählt, aber er stellte sie auch bereits ein, als sie erst sechs Jahre alt war. Wir wissen auch nicht, ob Opa Émile sich wieder mit seiner Mutter Osna, der Kurzform von Osana, versöhnt hatte, doch unsere Kontaktperson vor Ort fand ihr Grab. Demzufolge war sie eine gebürtige Acnicz Balaban. Sie starb am 25. Juli 1930 in Rio und ist auf einem anderen Friedhof begraben als ihr zuvor verstorbener Mann.

Wir werden es nie mehr schaffen, die Ursprünge der Mutter unserer Mutter so zurückzuverfolgen, wie wir das im Falle ihres Vaters taten. Oma Sarah trug den Familiennamen Finkel, aber wer war ihre Mutter? Ein kleines Mädchen auf der Flucht hat keine Papiere. Personenregister gab es damals kaum, und die Behörden in Osteuropa betrachteten die Juden ohnehin nicht als vollwertige Bürgerinnen und Bürger.

Von Émile weiß man, dass er auch andere Berufe als den eines Schneiders ausübte. Das muss zwischen 1924 und 1932 gewesen sein, denn als Mutter 1932 auf die Welt kam, gab es die Regenmantelfabrik bereits. Unter Umständen war er Holzfäller oder Arbeiter im Kautschukbereich oder vielleicht etwas ganz anderes – damals musste man jede Arbeit nehmen, die man bekam, weil es kaum staatliche Unterstützung gab und man sich sein Brot verdienen musste. Schließlich mietete unser

Großvater in der ersten Etage auf der Nummer 71 der Rue d'Aboukir ein Lokal, das Laden und Werkstatt zugleich war. Die Geschäfte liefen gut an, weil er mutig war und überlegt handelte. Er kam zwar ohne Geld an, und sein weiteres Leben gab ihm nicht die Möglichkeit, seine Studien fortzusetzen, aber er hatte eine gute Grundausbildung, denn sein Vater war der Direktor der Schule in Wosnessensk gewesen. Sowohl Oma Sarah als auch Mutter beschrieben ihn voller Stolz als einen klugen Mann, der seine Aufgabe als Familienvorstand aufs Vortrefflichste erfüllte und sehr gut für seine Frau und seine Kinder sorgte: Émile war ein Citoyen geworden.

Der Bruder unserer Mutter, Jacques, kam am 23. Januar 1927, fünf Jahre vor Mutter, auf die Welt – und das war dann schon die ganze Nachkommenschaft. Zwei Kinder waren sehr wenig für eine typische jüdische Familie der damaligen Zeit, aber unsere Großeltern mütterlicherseits waren keine typische jüdische Familie. Sie waren fortschrittlich, modern, und ihre religiöse Praxis war sehr verwässert, weil sie nicht direkt vom Ghetto zum Pariser *Pletzl* gekommen waren. Die Juden teilten eine Kultur und die gleichen (schlechten) Erinnerungen, die sie dazu bewogen, sich an einem Ort zusammenzuscharen, sodass man noch heute jene Ecke des Marais rund um die Rue des Rosiers bis zu Sentier das *Pletzl* nennt, was auf Jiddisch *kleiner Platz* oder *das Dorf* heißt. Das religiöse Leben war bei den meisten Einwanderern nicht sehr ausgeprägt. Man feierte die großen Feste, aber die meisten waren in ritueller Hinsicht nicht strenggläubig. Die Juden aus Osteuropa hatten lange um ihr Überleben kämpfen müssen, bevor sie in Paris ankamen, und nicht wirklich die Möglichkeit gehabt, die unzähligen Vorschriften der rabbinischen Texte einzuhalten, wie zum Beispiel, dass man zwei Arten von Geschirr brauchte, eines für das

Fleisch und eines für die Milch, dass man unterschiedliche Segenssprüche für jede Art von Lebensmitteln zu sprechen hatte und andere Details, die in Zeiten von Pogromen nicht das sind, was die Menschen am meisten beschäftigt. Die oberste Notwendigkeit – noch vor jeder religiösen Vorschrift – besteht darin, zu überleben. Die Tatsache, dass mein Großvater Émile besonders in Brasilien unter Christen gelebt und mit vielen Menschen aus verschiedenen Ländern und Kulturkreisen verkehrt hatte, tat das ihre dazu, dass meine Großeltern mütterlicherseits es mit der Religion nicht mehr so genau nahmen. Unsere Mutter war nicht zufällig durch und durch Kosmopolitin – diese Eigenschaft war ihr in die Wiege gelegt worden.

Selbst wenn die Erinnerungen an unsere Großeltern nur auf die 1950er Jahre, also auf die Zeit nach der Shoah, zurückgehen, so war die religiöse Praxis seit der Kindheit unserer Mutter unverändert geblieben: Als Kinder feierten wir Jom Kippur und das Pessachmahl. Aber die Kerbels, die Familie unserer Mutter, die in der *Synagogue Tournelles* ihren Platz hatten, gingen nur selten dorthin und hielten den Sabbat nicht ein, zündeten also am Freitagabend nicht die Kerzen an und sprachen nicht den Kiddusch, den Segensspruch über dem Wein. Das Essen war insofern koscher, als man in den Läden des Viertels einkaufte, wo das Fleisch ganz sicher koscher war. Schweinefleisch wurde nicht gegessen, denn dagegen hatte man seit Jahrhunderten Vorbehalte. Aber manche Geschäfte in jüdischer Hand waren nicht koscher, wie zum Beispiel das berühmte Restaurant *Goldenberg*, das am Samstag, dem Tag des Sabbats, bis auf den letzten Platz besetzt war. Opa Émile liebte gutes Essen und Wein. Wenn die Familie nicht zu Hause war, aßen sie alles, selbst Austern, mit Ausnahme von Schweinefleisch natürlich. Jedenfalls glaube ich nicht, dass es damals viele Juden gab, die überprüft hätten, ob auf ihren Lebensmitteln der Stempel des Konsistoriums prangte, mit dem koscheres Essen gekennzeichnet wurde. Auf den wenigen Fotos, die meine Mutter aus ihrer Kindheit hatte, habe ich nie jemanden gesehen, der eine religiöse Funktion bekleidet hätte. Die Familie hatte einige Gebräuche beibehalten, glaubte aber einfach nicht an Gott. Das, was an Oma Sarah jüdisch – und typisch Oma war –, war die Tatsache, dass sie uns mit aschkenasischen Köstlichkeiten verwöhnte. Unter den Rezepten, die unsere Mutter aus ihrer Kindheit mitgebracht hatte, waren *Gefillte Fisch* (gefüllter Karpfen), *Kneidlersuppe* (Hühnersuppe mit Matzeknödeln) und *Lekech* (Kuchen auf der Grundlage von Kartoffelstärkemehl mit etwas Zitrone). Außerdem liebte unsere Mutter fette Fische, Hering und Lachs, die Köstlichkeiten ihrer – und in der Folge auch unserer – Kindheit.

Émile war nicht nur der Vater unserer Mutter, er war auch ihr Held. Er liebte sie heiß, mehr als seinen Sohn Jacques, dem das nicht verborgen bleiben konnte und der diese Tatsache mit einer gewissen Bitterkeit kommentierte. Mireille war die kleine Prinzessin des Hauses. Ihr Vater schenkte ihr schöne Spielzeuge, insbesondere Puppen, was damals selten war. Mit den Auswüchsen der späteren Konsumgesellschaft hatte das allerdings nichts zu tun. Wenn man damals drei Puppen, zwei Bären, Wasserfarben und schönes Papier zum Malen hatte, dann war das bereits ein Luxus, eine besondere Stellung, die eine ganze Gruppe von Freundinnen anzog. Als »richtiges Mädchen« zog Mutter die Gesellschaft anderer Mädchen jener ihres Bruders vor, mit dem sie nur selten spielte. Schon damals war sie gern von vielen Menschen umgeben und entwickelte dabei eine Fröhlichkeit und einen Sinn für gemeinsame Unternehmungen, die ihr nie verloren gingen. Wenn das Wetter es erlaubte, spielte man zu Hause im Hof oder in der Schule »Himmel und Hölle«,

»Mauerball« oder »Springschnurspringen«. Mutter war sehr fröhlich und brav – kein Wunder, ihr Vater verweigerte ihr nichts! Die beiden kuschelten viel miteinander, und angeblich konnte man sie mit sechzehn Jahren noch auf seinen Knien sitzend vorfinden. Mutter erzählte uns, dass sie es liebte, von ihrem Vater beschützt zu werden, so, wie sie später danach strebte und es liebte, von Männern beschützt zu werden, die dies ihrer Ansicht nach jedoch nie so gut schafften wie ihr Vater.

Émile wurde nach und nach zu einem richtigen Citoyen, er schaffte es sogar, für seine Familie eine jener wenigen Pariser Wohnungen ausfindig zu machen, in der es ein Badezimmer *und* eine Badewanne gab! Eine derart privilegierte Kindheit kann zwei Arten von Menschen hervorbringen: unverbesserliche und hochmütige Egoisten oder Menschen, die das Leben immer durch die rosarote Brille sehen. Unsere Mutter gehörte zur zweiten Sorte. In ihren Augen waren alle nett. Die Welt war gut – wie ihr Papa und ihre Mama. In gewisser Hinsicht wurde sie nie ganz erwachsen.

Im Jahr 1934 wurde die Familie größer, und es kamen Cousins dazu. Émile stellte sich als Bürge für die Immigration von Nathan und Lola zu Verfügung, wie aus ihrer Unterbringungsbestätigung hervorgeht. Bereits damals musste man, wenn man in das Land einreisen wollte, beweisen, dass man eine Wohnung und einen Arbeitsplatz hatte. Nathan arbeitete bei Émile. Mutter genoss die Gegenwart eines Onkels und einer Tante, aber vor allem der Cousins und Cousinen, allen voran die Gesellschaft Huguettes, Nathans Tochter, die zwei Jahre jünger war als sie. Huguette war 1934 geboren, Mutter 1932. Sie sollte bis zum letzten Tag ihre Vertraute bleiben. Tragischerweise war sie es, die uns, da sie in der Nachbarschaft wohnte, an diesem schrecklichen 23. März 2018 anrief, weil sie den Brand sah. 1937 bekam

Tante Lola Zwillinge, Nathan und Jacques. Sonntags traf sich die ganze Familie bei Émile und Sarah, die einen höheren Lebensstandard hatten. Huguette war die Cousine, die unserer Mutter am nächsten stand. Sie führten ein Leben wie alle Kinder auf der Welt, abgesehen von der Tatsache, dass sie keine Großeltern hatten. Mutter hatte nie welche gehabt: Väterlicherseits waren sie verstorben und in Brasilien begraben, mütterlicherseits war da die Leere.

Blieb noch Émiles Bruder, Onkel Isaac, an den Mutter sich erinnerte, weil er sporadisch in Frankreich auftauchte. Er war ein geheimnisvoller, revolutionärer Kommunist, wie man munkelte, weit gereist, jemand, der ein kleines Mädchen schwer beeindruckte. Unsere Mutter erzählte uns, dass der nicht verheiratete Onkel Isaac beschlossen hatte, das Prinzip der *Tsedaka* wortwörtlich in seinem Leben umzusetzen (Wiederherstellung der Gerechtigkeit, das Äquivalent zu Barmherzigkeit). So hatte Émile Isaac eines Tages einen im eigenen Haus hergestellten Regenmantel gegeben und war erstaunt, ihn einige Stunden später vollkommen durchnässt und ohne Regenmantel wiederzusehen. Onkel Isaac erklärte, dass er ihn verschenkt habe – an jemanden, der keinen Regenmantel besaß.

Offensichtlich war unsere Mutter sehr verträumt, sie fühlte sich sicher und geliebt in ihrer Familie. Niemals verlor sie ihre romantische Ader und die Freude an außerordentlichen Erlebnissen. Sie wuchs in diesem glücklichen, wohlhabenden Haus in der Rue de Turenne 41 auf, umgeben von Liebe und verwöhnt mit gutem Essen. Auch wir sollten diesen Ort später kennenlernen. Und plötzlich war dann alles vorbei, das Familienleben, der Wohlstand, die Ruhe, die Freundinnen aus dem Viertel, die Schule – der Krieg hatte begonnen.

1940: Mireille ist acht Jahre alt –
das Ende einer unbeschwerten Kindheit

Bis zum Krieg wusste unsere Mutter nicht, dass sie Jüdin war.

Wie hätte sie es wissen sollen? Zwischen ihr und den anderen kleinen Mädchen ihrer Schule wurden zu Hause keinerlei Unterschiede gemacht. Damals gab es auch für christliche Kinder zu Weihnachten weder einen Weihnachtsbaum noch Berge von Geschenken. Bei ihr gab es theoretisch den Jom-Kippur-Tag im September, aber ich bin nicht überzeugt, dass man fastete. Bei Opa Émile bin ich mir fast sicher, dass er nicht fastete, und Kinder unter dreizehn Jahren, dem Alter der religiösen Reife, sind vom Fasten befreit. Das Pessachmahl bei unseren Großeltern bestand aus einem großen Ostermahl, das die Christen praktisch zur gleichen Zeit feiern, weil das Fest im gemeinsamen Text der Bibel wurzelt und die jüdische Thora das christliche Alte Testament ist. Unsere Mutter stellte sich keinerlei Fragen zu ihrer »besonderen« Identität. Daher war sie bass erstaunt, als sie eines Tages als »schmutzige Jüdin« beschimpft wurde. Sie bekam einen Wutanfall und verprügelte das Mädchen. Ob unsere Mutter in ihrer jüdischen Identität gekränkt war? Keineswegs! Als die Direktorin sie aufforderte, ihr unrechtmäßiges Verhalten zu erklären, sagte unsere Mutter: »Sie hat gesagt, dass ich schmutzig sei!« Das Wort »Jüdin« hatte sie noch nie gehört. Das Mädchen korrigierte sie und wiederholte die Worte, die sie gesagt – und sicherlich von ihren Eltern – gehört hatte. Da verstand die Direktorin. Meine Großeltern machten keine Affäre aus der Sache. Eine kleine Beschimpfung war nichts im Vergleich zu den schrecklichen Ausschreitungen, vor denen sie geflohen waren. Für Juden war Frankreich ein Paradies. Es gab sogar den Ausdruck »glücklich wie ein Jude in

Frankreich«, weil Napoleon unter dem Einfluss der Aufklärung Juden das volle Bürgerrecht verliehen hatte.

Im Juni 1940 meldete Opa Émile, wahrscheinlich nach dem zwischen Pétain und dem Dritten Reich unterzeichneten Waffenstillstand, an die Botschaft von Brasilien, dass die Juden selbst in Frankreich Grund zur Sorge hätten. Er befürchtete, dass die siegreichen Nazis ihre antisemitische Obsession auf Frankreich ausweiten und die Juden in Etappen vollständig ausrotten würden. Opa Émile und Oma Sarah beschlossen daher, ihre Kinder Jacques und Mireille vorsichtshalber aufs Land zu einer Kinderfrau zu schicken, die allerdings noch nicht einmal dreißig Jahre alt war. Das war ein großer Fehler, denn Jacques war dreizehn Jahre alt und frühreif, sodass die Kinderfrau letzten Endes keine Kinder mehr hütete ... Jacques war bis über beide Ohren verliebt, verlor den Kopf, die Kinderfrau ebenso, und Mireille war ratlos. Also lüftete sie dieses Geheimnis. Die beiden »Kinder« wurden schleunigst wieder nach Paris gebracht, und Jacques wurden die Leviten gelesen. Es war angeblich der größte Kummer seines Lebens, eine Staatsaffäre, mit der Oma Sarah mehr schlecht als recht umging. Sie hatte schwerwiegendere Dinge, die sie in Anspruch nahmen. Ab Oktober 1940 mussten sich Juden in der besetzten Zone registrieren lassen.

Die meisten Juden meldeten sich tatsächlich bei der Präfektur, weil sie unbegrenztes Vertrauen in die Republik Frankreich hatten. Die erste Aufgabe eines Juden ist es, wie in den Gebeten in der Synagoge definiert wird, das Gastgeberland zu ehren. Das »Gebet für Frankreich« (in diesem Fall) wird oft am Samstagmorgen beim Sabbatgebet gesprochen. Darin heißt es insbesondere: »Blicke mit Wohlwollen aus Deiner heiligen Wohnstätte auf unser Land, die französische Republik, und segne das französische Volk. Möge Frankreich ein glückliches und blühendes

Land sein. Es sei stark und groß durch Zusammenhalt und Einigkeit. Mögen die Strahlen Deines Lichtes jene erleuchten, die das Schicksal des Staates in den Händen halten und für Ordnung und Gerechtigkeit sorgen. Möge Frankreich ein dauerhafter Frieden zuteilwerden und es seinen glorreichen Platz unter den Nationen behalten. Möge Frankreich seiner edlen Tradition treu bleiben und immer Recht und Freiheit verteidigen.«

Die wichtigste Achtung gegenüber einem Land ist die Einhaltung seiner Gesetze, eine einfache Frage der Moral und nicht der Religion oder des Glaubens. Den Juden lag es am Herzen, Frankreich als Zeichen ihrer Dankbarkeit gegenüber dem Gastgeberland zu dienen, und zwar so sehr, dass sich viele freiwillig als Soldaten meldeten. 1914 zahlten sie einen hohen Blutzoll. Frankreich ging siegreich aus dem Krieg hervor, doch derjenige, der für diesen Sieg verantwortlich war, war Pétain. Er war ein Held. Somit gab es zu Beginn des Krieges ebenso viele Pétain-Anhänger unter den Juden wie unter den restlichen Franzosen, die deshalb jedoch keineswegs alle zu Kollaborateuren wurden. Sie wussten nicht, wie es weitergehen würde. Opa Émile war jedoch besser informiert als die Durchschnittsfranzosen, ihm war klar, dass der Wind sich gedreht hatte, und zwar schnell: Am 3. Oktober 1940 erklärte die Regierung in einer Verlautbarung zum Status der Juden, dass diese nicht mehr als Richter, Polizisten, Lehrer oder Künstler arbeiten durften. Am 18. Oktober musste man melden, wenn man ein jüdisches Unternehmen hatte. Am 15. Dezember 1940 musste man ein jüdisches Unternehmen durch jemanden leiten lassen, der kein Jude war, und an der Auslage ein Schild anbringen, auf dem die Übergabe der Firmenleitung angezeigt wurde. Im Juni 1941 wurde das eingeleitet, was die Nazis als »Wirtschaftsarisierung« bezeichneten. Anders gesagt mussten jüdische Firmen bei sonstiger Strafe aufgelöst werden und die entsprechenden Beträge auf blockierte Konten überwiesen werden. Da die Juden, die im darauffolgenden Jahr deportiert wurden, nie wieder zurückkehren würden, war es schlicht und ergreifend zynisch und sadistisch, diese Art von falscher Ehrlichkeit an den Tag zu legen. Opa Émile kam der ganzen Sache zuvor und löste sein Geschäft auf, bevor seine Güter konfisziert wurden. Den Großteil des Geldes überwies er auf eine portugiesische Bank und vergrub den Rest – Aktien und Banknoten – unter einem Haufen von Kohlen in seinem Keller. Die Diamanten wurden in der Puppe, von der unsere Mutter sich nie trennte, versteckt und eingenäht. Er witterte, dass die Familie unter Umständen schnell fliehen würde müssen und dass dieser tragbare Tresor eines Tages sehr nützlich sein würde. Diese armselige Puppe brachte die ganze Familie durch den Krieg: Jedes Mal, wenn man Geld brauchte, wurde ein Diamant verkauft. Diese Geschichte wird noch heute in der Familie als Beispiel für eine Lektion, die man sich merken muss, erzählt: Man muss immer weggehen können, auf der Stelle, mit Dingen, die wenig Platz einnehmen.

Émile beschloss, mit seinem vierzehnjährigen Sohn Jacques auszukundschaften, wie es im Süden Frankreichs, der nicht besetzten Zone, aussah. Das Ziel bestand darin, die ganze Familie nach Lissabon zu bringen, wo es angeblich Fluchtwege ins außereuropäische Exil gab. Man kann ohne zu übertreiben behaupten, dass Zehntausende Juden Frankreich durchquerten, denn 1939 lebten 300 000 französische oder nichtfranzösische Juden in Frankreich. 25 Prozent wurden in Konzentrationslager deportiert, wo sie größtenteils starben, doch 75 Prozent gelang es, Frankreich zu verlassen oder sich zu verstecken. In Polen, wo drei Millionen Juden lebten, oder auch in Deutschland sollten nur zehn Prozent der Juden überleben. Das heißt, die Franzosen waren weniger antisemitisch als das Regime, und die Bevölkerung half den Behörden kaum. Allerdings reichte es, wenn ein antisemitischer Franzose in einem Gebäude oder einem Dorf lebte. Das bedeutete den Tod für jeden einzelnen Juden, seine Familie und für die jüdischen Nachbarn. Es war also sehr viel gefährlicher, sich in Paris zu verstecken, wo es die meisten Deportationen gab, nicht nur, weil die meisten Juden dort wohnten, sondern auch, weil alle ihre Nachbarn kannten, die Bevölkerungsdichte sehr hoch war und es somit potenziell viele Denunzianten gab. Da Émile jedoch nicht wusste, wo er hinfahren würde, und auch nicht, ob er die Demarkationslinie überschreiten würde können, ließ er Oma Sarah mit Mutter lieber in Paris – und es war die richtige Entscheidung.

Hatte unsere Großmutter Angst, allein mit ihrer neunjährigen Tochter in der Rue de Turenne 41 zurückzubleiben? Wir wissen es nicht. Man erzählte uns nichts über die schlimmsten Augenblicke einer schlimmen Zeit. Unsere Mutter sprach ein wenig darüber, weil sie nicht allzu sehr darunter gelitten hatte, unser Vater hingegen nie, von den Großeltern ganz zu schweigen. Wussten Oma Sarah und unsere Mutter, was aus Émile und Jacques geworden war? Auch das wissen wir nicht. Was uns heute bekannt ist, erfuhren wir selbst erst nach dem Ableben unserer Mutter und Recherchen in lokalen Archiven. Mutter hatte uns nur gesagt, dass ihr Vater in einem Lager in Gürs im Département Pyrénées-Atlantiques festgehalten wurde, während ihr Bruder sich in einem Hotel aufhielt. Wir hatten keine Ahnung, wie Émiles Weg weiterging – und unsere Mutter sicherlich auch nicht.

Am 30. September 1941 hatten die beiden illegal die Demarkationslinie überschritten, um in den Süden zu kommen. Émile hatte den jugendlichen Jacques mit so viel Geld im Hotel Victoria in Pau zurückgelassen, dass er einige Zeit damit durchkommen würde. Er selbst folgte seinem Weg in den Süden weiter, um einen Fluchtweg für alle zu finden. Doch am 13. Oktober 1941 wurde er im Lager von Gürs in den Pyrénées-Atlantiques interniert, weil er illegal in die freie Zone eingereist war. Er wurde als »ausländischer Jude« klassifiziert, was zwar nicht gut, aber noch nicht gleichbedeutend mit Deportation und Tod war. Die »Endlösung« existierte noch nicht, jedenfalls nicht in Frankreich, der »freien« Zone, wo die Situation noch ungewiss war. Das Lager Gürs, das sich unweit der spanischen Grenze befand, war zuerst eine Anlaufstelle für spanische Republikaner gewesen, die vor dem Franco-Regime flohen, und diente danach als Internierungslager für Juden, aber auch für Nichtjuden, die sich illegal im Land aufhielten. Die Lebensbedingungen waren sehr hart. Tausend Juden starben infolge der schlechten hygienischen Bedingungen und der Unterernährung vor Ort. Da jede billige Arbeitskraft willkommen war, wurden die Gefangenen auf verschiedene Landwirtschaften in der Umgebung verteilt, wenn sie sich irgendwie dafür eigneten. Von der Produktion von Regenmänteln bis zu einer Landwirtschaft ist es zwar ein weiter Schritt, aber Émile legte offensichtlich falsche Papiere eines Arbeitgebers vor. Er gehörte zur Gruppe der ausländischen Arbeiter und wurde Ende 1941 als Landarbeiter nach Izeust beordert. Wussten sein Sohn Jacques und unsere Mutter, wo er sich befand? Wir haben keine Ahnung. Doch im März 1942 wurde der arme Opa Émile aufgedeckt und zu vierzig Tagen Gefängnis in Pau verurteilt. Zusammen mit zwei jüdischen Bekannten, die die gleiche Finte probiert hatten, schickte man ihn direkt nach Gürs zurück. Im letzten Augenblick, kurz vor jenem Zeitpunkt, zu dem eine Internierung in Gürs fast automatisch zu einer Abschiebung nach Drancy und einem Abtransport zur Vergasung führte, gelang es Opa Émile, seine brasilianische Staatsbürgerschaft geltend zu machen, auf die er sich sicherlich bereits seit Monaten berief. Am 19. Juni 1942 wurde er nach Canfranc, die andere Seite der französisch-spanischen Grenze, gebracht. Man kann sich leicht vorstellen, wie erleichtert er war. Doch nun musste er die Familie zu sich holen. Seine Tochter und seine Frau saßen immer noch in Paris fest, wo die Dinge eine sehr schlechte Wendung nahmen, ganz besonders für Juden.

Im Juni 1942 trat ein Gesetz in Kraft, das Juden verpflichtete, in der besetzten Zone den gelben Stern zu tragen – in Paris ab dem Alter von sechs Jahren. Wurde unsere Mutter vielleicht zu diesem und nicht einem früheren Zeitpunkt als »schmutzige Jüdin« beschimpft, weil sie den Stern trug? Wahrscheinlich. Paradoxerweise rettete diese Abstempelung als Jüdinnen den beiden das Leben, denn sie hatten das Glück, auf der Straße auf die richtige Person zu treffen.

Man schrieb Juli 1942. Die beiden machten in der Rue des Francs-Bourgeois, einer benachbarten Straße, ihre Einkäufe, als eine Unbekannte auf sie zustürzte und rief: »Eine Razzia! Gehen Sie nicht nach Hause zurück!« Sie leisteten dem Rat Folge und gingen nicht mehr heim. Sie verdankten ihr Überleben dieser spontanen Entscheidung, wegzugehen, ohne sich nur noch ein einziges Mal umzudrehen. Die beiden größten Razzien, die am 16. und 17. Juli 1942 stattfanden und im Zuge derer 13 000 Juden in Paris im Vélodrome d'Hiver zusammengetrieben und dann nach Drancy gebracht wurden, hatten mit dem Morgengrauen begonnen und dauerten den ganzen Tag lang an. Dabei wurden Türen aufgebrochen, die Wohnungen auf den Kopf gestellt, niemand konnte entrinnen. Die meisten Juden hatten sich, wie es der französische Staat verlangt hatte, registrieren lassen, und die Denunziationen besorgten an diesen beiden oder den darauffolgenden Tagen den Rest. Oma Sarah und Mutter folgten dem Rat und kehrten nicht mehr nach Hause zurück, was eine gute Entscheidung war.

Erst nach dem Ableben unserer Mutter interessierten wir uns dafür, was mit den Nachbarn in der Rue de Turenne 41 passiert war. Auf einer Karte, auf der jedes Gebäude und alle in Paris deportierten jüdischen Kinder erfasst sind – eine unglaubliche Arbeit, die von Historikern unter der Leitung von Serge Klarsfeld[5] durchgeführt wurde –, fand ich Folgendes:

Deportierte Kinder:
Adresse: 41, RUE DE TURENNE
Anzahl der Kinder: 5
Liste der Kinder:
CHAREZYK, HUGUETTE – 11 Jahre, geboren in Paris.
CHAREZYK, MARCEL – 16 Jahre, geboren in Paris.
CHAREZYK, RAYMOND – 17 Jahre, geboren in Paris.
MOSSAK, DENISE – 9 Jahre, geboren in Paris.
MOSSAK, MADELEINE – 7 Jahre, geboren in Paris.

Die fünf Kinder und Jugendlichen wurden nach Auschwitz deportiert. Alle sind dort gestorben. Eine winzige Anzahl an Minderjährigen, die deportiert wurden, kehrte lebend zurück. Kinder und Jugendliche waren die erste Zielscheibe des Naziregimes und der Vichy-Politik, denn die Deutschen fürchteten die spätere Rache und verfolgten alle bis zum Letzten. Denise und Madeleine Mossak wurden am 19. August mit dem Konvoi n° 21 abgeführt. Sie waren einige Tage zuvor von ihrer Mutter Chaja getrennt worden, die mit dem vorigen Konvoi n° 14 am 3. August 1942 deportiert worden war. Ihr Mann Moszek war

---

5 http://tetrade.huma-num.fr/Tetrademap_Enfant_Paris.

bereits mit dem Konvoi n° 5 am 18. Juni 1942 geholt worden. Wenn man sich die Daten der Deportation ansieht, dann wurden die Mutter und ihre beiden Mädchen sicherlich bei der berühmt-berüchtigten Razzia des Vélodrome d'Hiver an ebenjenem Tag festgenommen, an dem Oma Sarah und Mutter ihr Heim verließen, um erst Jahre später wieder zurückzukehren. Sie taten gut daran, denn die drei Kinder Charezyk wurden bei einer weiteren Razzia festgenommen und mit dem Konvoi n° 60 am 7. August 1943 mit einem Mann von 62 Jahren – ihrem Vater oder Großvater – deportiert. So sah die Lage nach der Abfahrt von Mutter in der Rue de Turenne 41 aus! Drei der Mädchen waren ungefähr in ihrem Alter. Man kann sich vorstellen, dass sie die gleiche Schule besucht und zusammen mit meiner Mutter im Hof gespielt hatten. Leider können wir Mutter nicht mehr fragen, ob sie sich an die Charezyks oder die kleinen Mossaks erinnerte. Sie sprach nie darüber, weder mit uns noch mit ihrer Cousine Huguette, und auch nicht mit ihren Freundinnen, die wir nach ihrem Ableben dazu befragten.

Als Mutter noch am Leben war, interessierte uns diese schmerzliche Vergangenheit nicht allzu sehr. Unsere Mutter wollte nicht mit uns darüber sprechen und unser Vater auch nicht. Sie begingen die großen religiösen Feste mit uns – Beschneidung, Bar-Mizwa, den Übertritt ins Erwachsenenalter und einige festliche Essen. Das Judentum in unserer Familie war auf Feste und kulturelle Ereignisse beschränkt und kein Thema historischer Nachforschungen. Erst spät begann unsere Mutter sich im Fernsehen Dokumentarfilme über den Krieg anzusehen – niemals jedoch zu Lebzeiten unseres Vaters. Er litt am Trauma der Überlebenden und floh vor Bildern. Auch wir konnten sie uns nie ansehen. Sich nicht für »das« zu interessieren, hieß, den Schmerz der Vergangenheit ruhen zu lassen.

Mutter floh also mit unserer Großmutter in die freie Zone. Sie spielten Verstecken mit der Besatzungsmacht, mit den französischen Behörden und eifrigen Franzosen, die gerne die geltenden Gesetze anwenden wollten. Die beiden versuchten, bis zur Demarkationslinie vorzudringen. Unsere Mutter drückte ihre kleine Stoffpuppe in ihre Arme, ohne die sie natürlich auch nicht einkaufen gegangen war. Unsere Mutter wusste während des Krieges nie, warum ihre Puppe die ganze Zeit der Flucht über regelmäßig »operiert« wurde. Das Versteck war gut gewählt. Man konfisziert die Eigentümer eines Erwachsenen, die Puppe eines Kindes jedoch kaum, zumindest nicht, solange es nicht zu einer Festnahme kommt. An der Demarkationslinie wurden die beiden tatsächlich angehalten: Oma Sarah schwenkte ihren brasilianischen Pass. Die Annahme, dass eine Brasilianerin Jüdin sein könnte, auch wenn es brasilianische Juden geben mochte, und dass sie, noch dazu mitten im Krieg, mit ihrer kleinen Tochter durch Frankreich fahren könnte, schien offensichtlich unvorstellbar. Und so schafften es die beiden über die Grenze. Oma Sarah wollte in Montauban nördlich von Toulouse Zwischenstation machen, denn ihr Bruder Nathan, der selbst in letzter Minute gewarnt worden war, hatte dort mit seiner Familie einen Zufluchtsort gefunden. Ihre Schwester Lola versteckte sich mit ihrer Familie in Issy-les-Moulineaux und überlebte so den Krieg. Wir wissen nicht, ob Oma Sarah bereits bekannt war, dass ihr Mann sich in der Nähe der spanischen Grenze aufhielt, ob sie wusste, wo ihr Sohn sich befand, und ob sie sich irgendwo verabredet hatten.

Huguette war zehn Jahre alt, als auf einmal ihre geliebte Cousine mit Oma Sarah im Garten des kleinen Häuschens stand, in dem sie seit kurzem mit ihren Eltern Nathan und Sonia und ihrem kleinen Bruder Jeannot, der damals erst neun Monate alt war, wohnte. Es existiert noch ein Foto von ihm, wie er glücklich in seinem Kinderwagen mitten in der Wiese stand. Es war Sommer. Nathan hatte diese Adresse wenige Tage vor den Razzien von einem Schlepper bekommen. Das Dorf schien sicher, es lag mitten am Land, sieben Kilometer von Montauban entfernt, und war noch in der freien Zone. Huguette schaffte es nie, sich an den Namen des Dorfes zu erinnern. Diese Gedächtnislücke war ganz bestimmt durch das traumatische Ereignis verursacht worden, das ihre Familie an diesem Ort ereilen sollte. Oma Sarah und unsere Mutter scheinen mehrere Wochen nach ihrer überstürzten Abreise aus Paris dort angekommen zu sein, wahrscheinlich im September. Hatten sie wirklich zwei Monate gebraucht, um bis nach Südfrankreich zu gelangen? Hatten Schwierigkeiten mit den Transportmitteln oder Ausweichmanöver vor Kontrollen solche Verzögerungen verursacht? Huguette und Mireille, die noch relativ unbesorgt waren, verbrachten eine schöne Zeit miteinander, bevor Sarah mit ihrer Tochter zur spanischen Grenze aufbrach. Oma Sarah konnte, als sie 1942 abreiste, nicht wissen, dass sie ihren Bruder Nathan nie mehr wiedersehen würde. Sie sprach nie auch nur ein einziges Wort über dieses Thema. Unsere Cousine Huguette erzählte uns, welches Drama sich einige Zeit nach Oma Sarahs Abreise abgespielt hatte.

Damals musste man die richtige Entscheidung treffen. Für Mutter war es das Exil außerhalb Frankreichs, weil ihre Eltern misstrauisch waren und eher darauf vertrauten, dass die brasilianische Nationalität ihnen das Leben retten würde. Die Eltern Huguettes entschieden sich dafür, zu bleiben, weil sie sich durch die allgemeine Atmosphäre der Umgebung in Sicherheit wiegten: Die Nachbarn waren nicht allzu neugierig, das Leben am Land schien friedlich, man konnte seine eigenen Hühner halten, was in Hungerzeiten etwas Wichtiges war – auch wenn SS-Leute jeden Tag im Café an der Straßenecke saßen, allerdings ohne sich um die Herkunft der Menschen zu kümmern. Vielleicht muss man sagen, dass sie absichtlich wegsahen, was Nathan in seinem Beschluss bestärkte, in Frankreich zu bleiben. Denn zwei Jahre lang grüßte einer der Deutschen Huguettes Mutter, scherzte mit Jeannot und seufzte: »Ach, ich hab auch so einen Kleinen zu Hause. Ich hoffe, dass ich ihn wiedersehen werde.« Huguettes Eltern verstanden sehr gut, was er sagte, weil sie Jiddisch sprachen, das dem Deutschen sehr ähnlich ist. Der Deutsche musste wissen, dass er es mit Juden zu tun hatte, aber dieses Thema wurde nie angesprochen. Die Deutschen waren nicht alle überzeugte Nazis, ebenso wenig wie alle Franzosen im tiefsten Herzen Kollaborateure waren, aber in Kriegszeiten geht es eben oft nicht nach dem, was man sich wünscht: Diejenigen, die den Befehlen gehorchten, trieben andere in den Tod, egal, was sie in ihrem Inneren dachten. Je mehr die Wochen und Monate vergingen, desto mehr vertrauten die Eltern Huguettes ihrem guten Stern. Huguette erinnert sich, wie ihr Vater sagte: »Wenn sie uns verhaften hätten wollen (ohne dass sie gewusst hätten, was dann aus ihnen werden würde), hätten sie es schon längst getan!« Und je mehr Zeit verging, desto sicherer war er sich: »Mit den Deutschen ist es vorbei, die verlieren den Krieg.« Damit hatte er recht. Doch am 5. Mai 1944, drei Monate vor dem Waffenstillstand, beschloss der nette Deutsche, das, was man ihm befohlen hatte, auszuführen – zumindest teilweise. Huguette erinnert sich, wie ihr Vater im Hühnerstall arbeitete, als die Soldaten auftauchten. Der junge deutsche Vater war unter ihnen. Er sagte zu Huguettes Mutter: »Raus, raus!«, und bedeutete ihr, sich zu entfernen. Huguette und ihre Mutter bekamen es natürlich mit der Angst zu tun, als die Soldaten auf den

Familienvater zugingen. Der Deutsche sagte: »Es tut mir leid, Sie verschone ich, aber bei Ihrem Mann kann ich das nicht tun.« Mussten sie zumindest einen vorweisen? Eines ist klar: Es handelte sich um eine Zeit, wo man gut informiert gewesen sein musste, wo es wichtig war, sich der Tatsache bewusst zu sein, dass man niemandem vertrauen konnte, dass sich eine persönliche Einstellung von heute auf morgen ändern konnte und dass Vorschrift eben Vorschrift war. Wenn man heute behauptet, die Juden seien besorgt, manche zu besorgt, dann darf man nicht die Geschichte vergessen: Vertrauen, Naivität, der Glaube an die allmähliche Verbesserung der Dinge mit der Zeit ist etwas, das viele Menschen das Leben kostete. Viele dachten, dass man nicht Angst haben dürfe.

Da Huguettes Vater sich weigerte, Angst zu haben, wurde er dann nach Kaunas in Litauen deportiert, und zwar in dem einzigen Transport, der aus Drancy an diesen Ort fuhr, dem Konvoi n° 73, der am 15. Mai 1944 abfuhr. Es befanden sich 878 Deportierte darin, unter anderem der Vater und Bruder Simone Veils, wie wir im Nachhinein erfahren haben. Nur 33 von ihnen kamen wieder zurück. Oma Sarah verlor ihren Bruder, von dem sie uns nie erzählte, und Mama einen Onkel, über den sie ebenso wenig sprach. Huguette sah ihren Vater nie mehr wieder, und ihr kleiner Bruder Jeannot hat ihn nie kennengelernt. Sonia, die Mutter, erholte sich nie mehr von diesem Schlag.

Mutter erzählte nichts über diese Zeit, und wir werden nie im Detail erfahren, wie man in Canfranc in Spanien wieder zusammenfand. Aber es war sicherlich sehr berührend, denn die Familie war mehr als ein Jahr nicht mehr vereint gewesen, und alle hatten in der Zwischenzeit viele Gefahren überstanden. Mittlerweile war auch Jacques in Pau eingetroffen. Genaueres ist uns auch über ihre Irrfahrt in Richtung Portugal nicht bekannt. Das Einzige, was unsere Mutter uns zur Illustration eines reichlich spärlichen Berichts vorlegte, war eine Zeichnung, die Opa Émile zeigte. Ein Mitgefangener hatte sie im Lager in Gürs angefertigt und auf der Rückseite ein Datum angebracht. Sie befindet sich immer noch in der Wohnung unserer Mutter. Jetzt, wo wir dieses Buch schreiben, haben wir keinerlei Zutritt zu irgendeinem Gegenstand der Erinnerung unserer Mutter. Die Wohnung ist für einen noch unbekannten Zeitraum versiegelt. Das gehört zu den schwierigen Dingen, wenn auch nicht zu den allerschwierigsten. Es wäre wunderbar, wenn unsere Mutter noch am Leben wäre, denn dann hätten wir ihr die Dinge zeigen können, die wir in der Zwischenzeit gefunden haben: ein Foto ihres Vaters aus seiner Zeit in Gürs, seine Papiere, einen handgeschriebenen Brief, in dem er die Freilassung aus dem Lager forderte – Antworten auf Fragen, die sie selbst wohl nie zu stellen gewagt hatte.

Portugal und Kanada: das Leben unserer Mutter im Zeichen von Reisen

Diese Kindheit hatte unsere Mutter zu jener Persönlichkeit gemacht, als die wir sie gekannt haben. Sie hatte das Reisen immer geliebt, solange ihre Gesundheit es ihr erlaubte, selbst ohne Geld, denn sie nahm an den von der Stadt Paris organisierten Reisen teil. Sie mochte Menschen, die von woanders kamen, immer gerne – angefangen von ihrem Mann, unserem Vater, der frisch aus Österreich angekommen war. Sie schloss alle Frauen, die ich nach Hause brachte, in ihr Herz, und viele von ihnen waren keine Französinnen. Sie ermutigte Allan und mich dazu, die Welt zu erkunden, als wir erwachsen waren, und klagte niemals darüber, dass wir lange verreist waren oder uns im Ausland niedergelassen hatten, weit weg von ihr und von Paris, manchmal für Monate oder Jahre. Mit jemandem, den sie liebte, hätte sie am anderen Ende der Welt wohnen können und hatte es auch eine Zeit lang getan. Für sie war Reisen wohl gleichbedeutend mit Leben, wenn nicht sogar mit Überleben. Sie hatte erfahren, dass man sein Heil nicht findet, indem man an der Scholle klebt. Sie wusste, dass das Glück und das Wesentliche nicht im Äußeren liegen, sondern darin, dass man im Kreise der Seinen lebt. Die zahlreichen Irrfahrten und die bedingungslose Liebe ihrer Eltern prägten eine gewisse Geisteshaltung: Sie wurde allem gegenüber aufgeschlossen und vertrauensselig.

Die Geschichte Portugals zeigt, warum die Familie Kerbel dorthin gefahren war: Dieses Land diente als Sprungbrett ins Exil. In Portugal herrschte seit 1932 ein autoritäres und katholisches Regime, das ebenso antikommunistisch wie antifaschistisch und republikanisch war – zumindest zu Beginn. Während des Krieges blieb Portugal neutral, und die portugiesische Botschaft in Deutschland schaffte es sogar, 245 Juden mit dem Argument ihrer portugiesischen Staatsbürgerschaft aus Deutschland herauszuholen und nach Portugal bringen zu lassen. Das Gleiche machte die portugiesische Botschaft mit tausend Juden in Ungarn, obwohl diese keine portugiesische Staatsbürgerschaft hatten. Die Juden, die in den 1930er Jahren vor den faschistischen Regimen, insbesondere dem deutschen, flohen, waren zu Beginn in Portugal willkommen.[6] 1933 ließ Salazar sogar eine Kommission für die Unterstützung geflüchteter Ju-

---

6 Carsten Wilke, *Histoire des juifs portugais*, Paris, Éditions Chandeigne, 2007.

den in Portugal gründen, die sogenannte *Commassis*, die von der amerikanischen jüdischen Hilfsorganisation *Joint* finanziert wurde. Die Juden, die bereits eine lange Geschichte der Verfolgung hinter sich hatten, zählten auf niemandes Hilfe und begannen, eigene Selbsthilfenetzwerke aufzubauen. Jüdische Organisationen taten während des Krieges so viel sie konnten und wie ihre Mittel es ihnen erlaubten, denn immerhin sahen sie sich massiver Waffengewalt gegenüber. Schnell wurde bekannt, dass ein Fluchtweg über Portugal existierte, und ab dem Jahr 1936 schloss Portugal seine Grenzen, um nicht von Juden aus ganz Europa überschwemmt zu werden, auch wenn es sich nur um einen Transit handelte. Diese Maßnahme wurde 1940 noch verschärft: Die Portugiesen fürchteten, dass die allernächsten Nachbarn, die Franzosen, seien es Juden oder keine Juden, durch den Sieg des Deutschen Reichs in ihr Land strömen würden.

In diesem Augenblick widerfuhr unserer Familie bei ihrer Ankunft im portugiesischen Konsulat in Bordeaux eine wunderbare Geschichte.

Das Konsulat wurde von Asylsuchenden buchstäblich belagert, aber aus Lissabon waren eindeutige und strenge Befehle gekommen, sie abzulehnen. Das wäre wohl auch passiert, wenn nicht ein gläubiger Christ, Aristides de Sousa Mendes[7], der Ansicht gewesen wäre, dass Rassismus mit Christentum wenig zu tun hatte. Er hatte Chaim Krueger, einen Rabbiner aus Antwerpen, der selbst auf der Flucht war, getroffen und ihm Schutz gewährt. Er beschloss, sich »lieber auf Gottes Seite gegen die Menschen als mit den Menschen gegen Gott« zu stellen. Am 17. Juni 1940 ordnete er die Ausstellung von mehreren Tausend

7 1885–1954.

portugiesischen Visa für alle Antragsteller ohne Unterschied an. Salazar enthob ihn seines Amtes und versuchte vergeblich, ihn festnehmen zu lassen. Elf Tage vor der Ankunft der Deutschen drückte der »Engel von Bordeaux«, wie man ihn in der Folge nannte, einen Stempel auf 30 000 Asylanträge, von denen zehntausend von Juden kamen, die so nach Portugal einreisen und ihre Reise nach Amerika fortsetzen konnten.[8]

Unsere Mutter und ihre Eltern wurden mit vielen anderen in einem Tourismuszentrum in Caldas da Rainha interniert, das die Behörden zu einer »permanenten Aufenthaltszone« umfunktioniert hatten und das sich in einem Hafen sechzig Kilometer nördlich von Lissabon befand. Sie wurden zwar interniert, aber nicht misshandelt. Sie durften sich nicht frei bewegen, und man kann sich ihre Ungeduld beim Warten auf einen Platz auf einem Boot vorstellen. Die jüdische Hilfsorganisation *Joint* hatte drei mögliche Ziele vorgeschlagen: Kanada, Brasilien und Palästina. Die Familie entschied sich für Kanada, vielleicht, weil mein Großvater nicht nach Brasilien zurückkehren wollte und weder zionistisch noch religiös war. Israel existierte damals noch nicht, und Émile fühlte sich als Pariser Bürger und hatte Erfolge im Geschäft mit Regenmänteln vorzuweisen. Er sah sich nicht als Pionier oder Landarbeiter in einem Land, wo man alles von Grund auf neu aufbauen würde müssen – und wo es nicht regnete. Das Gelobte Land war für ihn jenes, wo er frei und ungestört mit seiner Familie leben würde können. Dies war im Übrigen die Einstellung der meisten Juden. In Caldas da Rainha machte unsere Mutter Portugiesischkurse, bis sie die Sprache gut beherrschte. Es war ihre dritte Sprache nach Jid-

---

8 Diese schöne Geschichte wird in dem Film *Désobéir* von Joël Santoni mit Bernard le Coq erzählt (2008).

disch und Französisch. Ernährt wurden die Juden vor Ort 1941 von der Nachfolgeorganisation der *Comassis*. Normalerweise dauerte der Aufenthalt nicht länger als einige Monate, aber die Schiffe der *Companhia Colonial de Navegaçao*[9] waren voll beladen mit Passagieren und fuhren immer häufiger zwischen den verschiedenen Destinationen hin und her. Schätzungen zufolge rettete Portugal während des Krieges 40 000 bis 50 000 oder vielleicht sogar mehr Juden das Leben.

Es ist uns gelungen, an die Passagierliste der *Serpa Sinto* zu gelangen, jenes Schiffs, das unserer Mutter und ihrer Familie das Leben rettete und sie nach Brasilien führte. Auf ihr sind Émile und Sarah Kerbel, Mireille, dreizehn Jahre, und Jacques, 17 Jahre, verzeichnet. Der Atlantik war ein Kriegsschauplatz, und die *Serpa Sinto* wurde einige Zeit danach durch eine Bombe zerstört, doch die Familie erreichte heil Brasilien, wo sie Zwischenstation machte. Émile hatte keine Familienangehörigen mehr dort: Seine Mutter war verstorben, und sein Bruder hatte das Land anscheinend 1939 verlassen, um nach Deutschland zu fahren. Schließlich landeten die Kerbels am 6. April 1944 in Kanada, einige Monate vor der Befreiung von Paris. Unser Großvater dürfte sofort begonnen haben zu arbeiten, denn die Familie blieb bis 1947 in Montreal. Wahrscheinlich war in der Puppe kein einziger Diamant mehr übrig, von dem man untätig leben hätte können. Innerhalb dieser dreieinhalb Jahre wurde unsere Mutter in einer englischsprachigen Schule eingeschult. Bald sprach sie fließend Englisch, was ihre vierte Sprache war, und sie zog es ihr ganzes Leben lang vor, englische Filme im Original zu sehen. Als treue Freundin verlor Mutter ihre Klassenkolleginnen, ganz besonders Annie Schwartz, niemals aus den

---

9 »Koloniale Schifffahrtsgesellschaft«.

Augen. Mindestens einmal alle zwei Wochen telefonierten die beiden miteinander, bis an ihr Lebensende. Und bevor es Mode wurde zu telefonieren, schrieben sie einander oft. Manchmal erhielten wir sogar Besuch von Annie in Paris, eine Remineszenz aus der Vergangenheit aus Kanada, worüber unsere Mutter sich sehr freute.

Mireille Kerbel – ein junges Mädchen in Paris

Im Juni 1947 beschlossen unsere Mutter und ihre Familie, nach Paris zurückzukehren, das sie fünf Jahre zuvor verlassen hatten. Nun würden sie mit eigenen Augen sehen, was noch von ihrer Vergangenheit übrig war. Und vor allen Dingen – wer. Mutter sprach niemals über die kleinen Mädchen, die in ihrem Haus gewohnt hatten und in Auschwitz gestorben waren. Sie hatte den Krieg nicht von seiner schlimmsten Seite kennengelernt, und vielleicht vermied sie es deshalb, darüber zu sprechen, weil sie Schuldgefühle hatte, dass ihre Eltern es geschafft hatten, dem Regime zu entkommen. Das war nicht allen gelungen. Ihre Cousine Huguette hatte ihren Vater verloren und musste mit ihrer Trauer fertigwerden, mit der Tatsache, seinen Körper nicht bestatten zu können. Der zukünftige Mann unserer Mutter, unser Vater, hatte die Hölle der Konzentrationslager kennengelernt. Unsere Mutter aber hatte diese Zeit im friedlichen Kanada verbracht und schöne Erinnerungen daran, selbst wenn es sich um ein erzwungenes Exil handelte. Letzten Endes schwiegen die Juden in der Nachkriegszeit alle: die einen, weil sie zu viel, die anderen, weil sie nicht oder nur so gelitten hatten, dass es in keinem Verhältnis zu den anderen stand. Eine Szene, die unsere Mutter uns oft erzählt hatte, spielte sich an dem Tag ab, an dem die Familie in die Wohnung in der Rue de Turenne 41 zurückkehrte, zu der unser Großvater den Schlüssel nie weggeworfen hatte.

Die meisten Wohnungen deportierter Juden hatte die Stadtverwaltung ohne mit der Wimper zu zucken an Franzosen vergeben, die zufälligerweise keine Juden waren. Alle Güter, ob sie nun von Wert waren oder nicht, wurden sorgfältig verpackt und in Lager gebracht, wo man sie sortierte und entsprechend der Gesetzgebung nach Deutschland verschickte. Selbst Kleinigkeiten wie Schaukelpferde für Kinder und andere Gegenstände ohne Wert, die auf den Fotos zu sehen sind, die damals in den Lagerhallen aufgenommen worden waren, bildeten keine Ausnahme. Doch fast alle Juden waren so arm, dass das deutsche Reich sich schließlich beschwerte und fragte, warum man denn morsche Möbel und durchgewetzte Leintücher nach Deutschland schicke. In den Zeitungen liest man immer nur von Raubkunst in Form von Picasso-Bildern oder anderen Kunstwerken einer winzigen Anzahl von extrem reichen jüdischen Kunstsammlern, doch niemals liest man etwas über die Juden, die nicht so betucht waren. Dieser »legale« Umgang mit den Wohnungen, deren Mieter oder Eigentümer deportiert worden waren, brachte ein anderes Übel mit sich: die illegale »Besetzung« der Wohnungen der Juden, die in letzter Sekunde unter chaotischen Umständen geflohen waren und alles an seinem Platz gelassen hatten. Das war eine Freude für wenig zimperliche Nachbarn, in erster Linie für die Concierges, die in einem Haus jeweils die schlechteste Wohnung zugeteilt bekommen, wie allgemein bekannt ist.

Émile steckte also, im Beisein seiner Familie, die Schlüssel in das Schloss der Wohnungstür, die sich öffnete. Da standen sie dem Concierge gegenüber, der mit seiner Familie bei Tisch war und es sich inmitten der Möbel und Dinge der Familie meiner Großeltern schmecken ließ. Wahrscheinlich blieb ihm vor Überraschung der Bissen im Hals stecken. Die neuen Bewohner dachten, sie sähen Gespenster: »Ach so! Wir dachten, Sie seien tot!« Für unsere damals fünfzehnjährige Mutter war das ein einschneidendes Erlebnis. Doch damit waren die Dinge keineswegs geregelt. Denn der Concierge, der Gefallen an dieser Wohnung gefunden hatte, hatte keineswegs die Absicht, aus ihr auszuziehen. Vielleicht zahlte er sogar Miete dafür: Bekanntlich stinkt Geld nicht, und die Eigentümer der Wohnung nahmen eben das Geld des neuen Bewohners, ohne sich weiter um den früheren zu kümmern. Unsere Mutter und ihre Familie mussten schließlich bei Freunden im Viertel von Belleville Unterschlupf suchen, bis nach mehreren Monaten ein Urteil in einem Gerichtsprozess erging und sie wieder in ihre Wohnung einziehen konnten.

Unser Großvater nahm seine Arbeit in der Werkstatt in der Rue d'Aboukir wieder auf und begann, seine schönen Regenmäntel und Blousons zu produzieren. Er erinnerte sich an das Geld, das er vor seiner Abfahrt im Keller versteckt, und an jene Summen, die er in Portugal bei einer Bank eingezahlt hatte. Ohne allzu große Hoffnung ging er in den Keller, um nachzusehen, ob es noch da war ... Und ein Wunder war geschehen! Er fand die Geldscheine, sorgfältig in Tücher gewickelt, noch so vor, wie er sie verlassen hatte. Diese Summe bildete das Startkapital. Dann stellte er Nachforschungen nach dem Geld in Portugal an. Émile hatte es bei der Banco Espírito Santo e Comercial in Lissabon eingezahlt. Der Betrag belief sich auf 900 000 Goldfranken, was schwierig in Euro umzurechnen ist, aber es handelte sich um eine große Summe: Es entsprach dem Preis, den er für den Verkauf seines Unternehmens erhalten hatte. Nathan Finkel, der verstorbene Bruder von Großmutter Sarah, hatte noch seine eigenen Ersparnisse in der Höhe von 100 000 Goldfranken dazugelegt – insgesamt rund eine Million. Huguette, Nathans Tochter, hat auch heute noch die gesamte Korrespondenz und die Dokumente der verschiedenen Prozesse, mittels derer man versucht hatte, das Geld wiederzubekommen. Auch Mutter hat alle diese Unterlagen, die Zeugen der Wiederaufbaujahre, aufgehoben. Doch alles war vergeblich. Mitte der 1950er Jahre wurde Opa Émile krank und gab auf. Manche Menschen empfehlen uns, diesen Kampf wieder aufzunehmen, aber offensichtlich sind wir nicht die Einzigen, die von den Banken, insbesondere den portugiesischen, beraubt wurden, bei denen die Juden vor ihrer Abfahrt Geld hinterlegten, damit sie ein Startkapital hätten, wenn sie wieder nach Europa kämen.

1948 arbeitete Jacques, der ältere Bruder unserer Mutter, natürlich bei seinem Vater Émile, und unsere Mutter sicherlich auch, denn soviel wir wissen, ist sie nie mehr zur Schule gegangen, nachdem sie nach Frankreich zurückgekehrt war. In einer benachbarten Schneiderei lernte Jacques Kurt Knoll kennen, der bald sein bester Freund wurde und den er einlud, die ausgezeichnete Küche seiner Mutter zu probieren. Das war natürlich sehr unvorsichtig. Unsere Mutter war damals sechzehneinhalb Jahre alt, ein hübsches junges Mädchen mit braunem Haar, schlank, kokett und fröhlich. Unser zukünftiger Vater war 23 Jahre und sehr hübsch. Seine blauen Augen hatten es mehr als einem Mädchen angetan, er war ausgehungert nach Glück und strahlte ständig gute Laune aus.

MIREILLE HEIRATET
KURT KNOLL

Liebe auf den ersten Blick

Unsere Mutter verliebte sich bis über beide Ohren – sehr zum Ungemach ihres Bruders Jacques, der nicht gedacht hatte, dass dieser Schuss nach hinten losgehen könnte. Sein bester Freund und seine Schwester, die doch noch gar nicht richtig erwachsen war! Auch Émile war alles andere als begeistert, und das aus mehreren Gründen. Erstens war es ihm gar nicht recht, seine Tochter schon so früh zu »verlieren«, denn er hatte eine sehr enge Beziehung zu ihr. Das bestärkte ihn noch im zweiten Grund seiner Ablehnung: Selbst ein König wäre nicht gut genug für seine Tochter gewesen, daher kam Kurt Knoll, der keine gute Partie war, keinesfalls in Frage. Erstens kam er nicht aus guten Kreisen, denn seine Familie war sehr arm, aber, und das wog für Opa Émile noch schwerer, er war auch kein »richtiger Franzose«. Gut, auch er selbst war als Russe auf die Welt gekommen und dann Brasilianer geworden, aber die Familie lebte seit mehreren Jahrzehnten in Paris und war patriotischer als alle Franzosen. Dieser Kurt Knoll, selbst wenn er noch so hübsch aussah, war gebürtiger Österreicher und hatte nur wenige Jahre in Frankreich gelebt, nämlich zu Beginn des Krieges, von 1940 bis 1942, und nach dem Krieg von 1945 bis 1947. Er war seinem Wesen nach durch und durch Österreicher und würde es auch bleiben. Französisch sprach er mit einem ganz starken Akzent. Wenn er las, dann las er deutschsprachige Zeitungen und ab und zu ein Buch. Deutsch war ihm viel näher als Französisch. Er war zwar Jude, aber er sah aus wie ein richtiger Österreicher: blond, mit einem kantigen Unterkiefer. Dass seine Tochter ihn verführerisch fand, verstand Émile zwar, aber was hatte der junge Mann ihr zu bieten? Er war gerade einmal 23 Jahre alt, Arbeiter, einer von fünf Brüdern, von denen noch keiner irgendeinen Erfolg vorzuweisen hatte. Sein Vater war Maler und Anstreicher, der in Wien auf dem Bau gearbeitet hatte, und seine Mutter war eine gläubige Jüdin.

Aber unsere Mutter war verliebt. Sie erzählte ihren Freundinnen und wiederholte bis an ihr Lebensende: »Was habe ich ihn geliebt!« Wenn unsere Mutter jemanden liebte, dann dachte sie nur an die Liebe und sah nichts anderes. Unser zukünftiger Vater war ein Mann von grenzenloser Güte – niemals wurde er laut, er war von Natur aus ein ruhiger Mensch. Er entwickelte unserer Mutter gegenüber einen richtigen Beschützerinstinkt. Er hatte zwar noch kein Geld, aber das konnte noch kommen. Er achtete sorgsam auf die Wünsche seiner zukünftigen Frau und erfüllte sie nach Maßgabe seiner Möglichkeiten, ebenso, wie Émile es zuvor getan hatte. Unsere Mutter war felsenfest davon überzeugt, dass sie den Mann ihres Lebens kennengelernt hatte. Sie war zwar erst sechzehneinhalb Jahre alt, aber dagegen konnte niemand etwas sagen, denn genau in dem Alter hatte ihre eigene Mutter ihren Vater kennengelernt. Und ihre Mutter war glücklich, das genügte doch wohl als Beweis. Mireille fuhr also fort, mit klopfendem Herzen ihren Kurt zu küssen, so oft sie konnte, bis passierte, was passieren musste … Eines Tages warf sie sich ihrer Tante Lola weinend in die Arme und gestand ihr: »Ich bin schwanger!« Das Entsetzen Tante Lolas war unbeschreiblich. Schwanger vor der Hochzeit?! Das würde man schnell regeln und die Zustimmung der Familie zur Hochzeit schleunigst einholen müssen. Was würde Émile sagen, wenn man ihn vor vollendete Tatsachen stellte, was damals undenkbar war? Man wartete ja nicht unbedingt bis zur Hochzeit, aber die Eltern wurden in dieses Thema nicht einbezogen. Nachdem Tante Lola einige etwas detailliertere technische Fragen gestellt hatte, stellte sich heraus, was die beiden jungen Menschen getan hatten: Sie hatten einander auf den Mund geküsst! Diese Geschichte zeigt, wie unschuldig – und unaufgeklärt – unsere Mutter war.

Schnell waren sich die Verliebten einig: Sie wollten heiraten. Émile war ein intelligenter Mann, der seiner Tochter nichts abschlagen konnte, und da sie so überzeugt von ihrem Glück war, konnte er auch hier nicht nein sagen. Sicher hatte er versucht, seine Tochter von diesem Schritt abzubringen – von solchen Versuchen nahmen wir später immer Abstand, weil wir den Dickkopf unserer Mutter kannten. Sie konnte sich gut auf andere einstellen, aber sie wusste sehr genau, was sie wollte, und darüber gab es keine Diskussion. Mutter und Vater verlobten sich also 1949 im Rahmen eines kleinen Fests in der Wohnung der Familie in der Rue de Turenne. Am 21. Januar 1951 heirateten Kurt Knoll und Mireille Kerbel in Paris. Unsere Mutter war neunzehn Jahre alt und unser Vater 27. Großvater Émile wollte die Hochzeit seiner Tochter in allem Prunk feiern und wählte für die Feier das berühmte Restaurant *Ledoyen* auf den Champs-Élysées. Auf den Aufnahmen, die bei der Feier gemacht wurden, strahlen die beiden. Er trug einen Anzug, ein weißes Hemd mit Manschettenknöpfen, eine Fliege und hatte den Körperbau eines Kennedy. Sie hatte das dunkle Haar um ihr Gesicht herum hochgesteckt, aus dem das Rundliche der Kindheit noch nicht ganz verschwunden war. Die beiden stehen inmitten von riesigen Blumenarrangements, sie hält ein Bouquet mit Lilien in ihren Armen, mit ihrem Kleid aus weißem Satin, das brav bis oben hin zugeknöpft ist. Auf dem kleinen weißen Hütchen prangt ein großer Schleier. Sie heiratete einen wundervollen Mann, der ihr Glück wollte und dem seinen hinterherlief. Denn unser Vater war ein traumatisierter Mann. Seine Geschichte schockierte mit Sicherheit unsere Mutter, die warmherzig und bereit war, die ganze Welt in ihre Arme zu schließen. Er war ein Vertriebener, ein Verfolgter, ein Auschwitz-Opfer, ein Überlebender. Wie sie selbst kam auch er von woanders, letzten Endes wohl aus dem Nichts, von jenem Ort, wo die Hälfte der europäischen Juden in Rauch aufgegangen war.

Kurt Knoll – eine Kindheit in Wien in bescheidenen Verhältnissen

Kurt wurde am 10. März 1924 in Wien geboren. Er war der Sohn von Joseph Knoll, geboren in Zurawica in Galizien am 8. Juli 1894, und Yetti Jacker, geboren am 15. Mai 1893 ebenfalls in Galizien, einer Gegend in Polen, die einige Hundert Kilometer von Wien entfernt ist.

1918 hatte man am Ende des Ersten Weltkriegs die Bevölkerung dieses Gebiets, das geteilt wurde, gefragt, ob sie lieber die polnische oder die österreichische Staatsbürgerschaft annehmen wollten. Diese Entscheidung war nicht schwer. Die polnischen Pogrome und die Einschränkung aller Rechte für die Juden machten das Alltagsleben schwierig, wenn nicht sogar gefährlich. Das Leben der Juden unter dem österreichischen Kaiser war nicht bedroht, und das Land erschien neben den anderen Möglichkeiten wie ein Hafen des Friedens. Die Atmosphäre im Wien der Zwischenkriegszeit und die Dynamik des intellektuellen Lebens wurden von Stefan Zweig[10] und vielen anderen sehr gut geschildert. Die Wiener Juden stellten die Elite des Landes dar: Zweig, Schnitzler, Freud, Buber, Wittgenstein und viele andere zählten zu ihnen. Diese Künstler, Ärzte und Professoren wohnten in schönen Gegenden inmitten von nichtjüdischen Mitbürgern. Sie waren gut integriert und merkten sehr schnell, dass die Dinge in Deutschland eine schlechte Wendung nahmen, besonders nach dem »Anschluss« im Jahr 1938. Stefan Zweig, der oft in Deutschland war, und viele andere gut integrierte Bürger beschlossen, das Land zu verlassen. Bereits 1934 fuhr dieser Schriftsteller nach London, bevor er dann im Sommer 1940 noch viel weiter floh, nämlich nach Brasilien. Dort nahm er sich im Februar 1942 aus lauter Verzweiflung darüber, wozu Menschen fähig sind, das Leben. Dabei kannte er noch nicht die volle Wahrheit, denn die industrielle Auslöschung von sechseinhalb Millionen Juden in den Konzentrationslagern hatte eben erst begonnen. Die Österreicher stellten keine Ausreisegenehmigungen mehr aus oder nur noch gegen exorbitant hohe Summen. Da zahlreiche Juden deshalb oder aufgrund ihres hohen Alters nicht mehr ausreisen konnten, beschlossen viele von ihnen, in Wien Selbstmord zu begehen. Es war ihnen lieber, ihren eigenen Tod herbeizuführen, als an einen Ort gebracht zu werden, von dem sie wussten, dass sie dort nichts Gutes erwartete. Aber die Eltern unseres Vaters gehörten niemals zu jenen Wiener Intellektuellen, deren Auslöschung großen Humanisten das Herz brach. Lange Zeit war ihnen die Gefahr nicht bewusst.

Unser Vater wurde in der Tandelmarktgasse 11 in der Leopoldstadt geboren, einem Bezirk, der zum Großteil von Juden

---

10 Stefan Zweig, Die Welt von Gestern.

bewohnt war, nachdem er im 17. Jahrhundert als Ghetto gedient hatte. Damals schien es angebracht, die Juden weit weg vom Stadtzentrum, auf der anderen Seite der Donau bzw. des Donaukanals, anzusiedeln. Auf Fotos aus Archiven sieht man kleine Geschäfte mit koscheren Waren im Erdgeschoss von bescheidenen Gebäuden. In der Nähe gab es einen weiträumigen Park und die größte Synagoge Wiens, die über zweitausend Plätze verfügte. Die Familie Knoll ähnelte Tausenden anderen armen, jüdischen Familien. Opa Joseph war ein guter österreichischer Bürger, stolz auf die Wunden und Verletzungen, die er für die österreichisch-ungarische Monarchie erlitten hatte. Im Ersten Weltkrieg hatte er Stiche mit einem Bajonett erlitten und eine Kugel in die Hand geschossen bekommen. Seit er im Juni 1918 geheiratet hatte, war, wie damals so üblich, ein Kind nach dem anderen gekommen: Max war 1919 geboren, Leo 1920, Robert 1921, »Papa« Kurt 1924 und Erwin im Jahr 1930. Von all diesen Brüdern ist heute nur noch Erwin am Leben, und er stellt für uns die einzige Quelle an Erinnerungen dar. Wir wissen, dass er der Liebling unseres sechs Jahre älteren Vaters war. Papa beschützte ihn, und Erwin bewunderte ihn grenzenlos. Er folgte unserem Vater auf Schritt und Tritt, bis sogar seine Eltern ihm sagten: »So lass ihn doch in Ruhe, lass ihn doch sein eigenes Leben leben!« Papa hatte eine sehr schöne Stimme und sang gern im Chor der Synagoge, so wie wir ihn später Joe Dassin singen hörten. Erwin ging sogar so weit, dass er sich eines Tages in den Chor schummelte, um bei seinem geliebten Bruder zu sein – aber er wurde sofort entdeckt, weil er falsch sang. Oma Yetti zog die ganze Bande auf, während ihr Mann sich als Arbeiter verdingte. Er war Maler am Bau, aber sicherlich übernahm er auch andere Arbeiten als Handwerker. Immerhin hatte er eine Familie zu ernähren, und unser Vater erzählte uns nüchtern von seinen Erinnerungen an eine Kindheit in Armut. Unser Großvater, der das Oberhaupt einer Familie von fünf Buben war, die im Jahr 1938 zwischen acht und neunzehn Jahre alt waren, trug eine schwere Last auf seinen Schultern. Die Zukunft sah sehr ungewiss aus, während die braune Pest, wie man den Nationalsozialismus nannte, immer näherkam.

Ende 1938 warnte ein katholischer, österreichischer Nachbar meinen Großvater: »Gehen Sie weg. Egal, wohin. Mit nichts, aber gehen Sie weg. Es wird etwas Schlimmes passieren.« So brach die Familie ohne irgendwelche Habseligkeiten auf und durchquerte im August 1938 das Land, bis sie in Belgien eintraf, wo es damals ruhiger war. Sie mussten auf ihrer Flucht durch Deutschland durchgekommen sein und somit Angst gehabt haben. Aber diese mühselige Reise war nichts im Vergleich zu dem, was sich in Wien in der Nacht vom 9. auf den 10. November abspielte: In dieser »Reichskristallnacht« wurden in den Städten in Deutschland und in Österreich Tausende Juden verprügelt und getötet, ihre Läden geplündert, ihre Häuser verwüstet und die Synagogen angezündet. Die große Synagoge in der Nähe der Wohnung meiner Verwandten war die erste. Zurück blieb nur Asche. Wer als Nazi etwas auf sich hielt, machte hier mit, und man begann in jenen Vierteln, wo es einen hohen Anteil an Juden gab. Unser Vater und seine Familie wären dem sicher nicht entronnen. Unser Vater erzählte uns nie irgendwelche Details über seine Kindheit in Wien, ebenso wenig wie über den Krieg, als hätten die Konzentrationslager die gesamte Vergangenheit ausgelöscht. Das, was wir über die weitere Geschichte wissen, verdanken wir unserem Onkel Erwin.

Die Knolls – unerwünscht und ewig
auf der Flucht

Papa kam schließlich mit seiner Familie in Köln, unweit der belgischen Grenze, an. Dort wurden sie von einem deutschen Ehepaar namens Tutter aufgenommen, an deren Vornamen sich Erwin jedoch nicht mehr erinnert. Sie waren keine Juden und hatten der Familie ohne zu zögern eine Meldebescheinigung ausgestellt, auf der schwarz auf weiß zu lesen war, dass die Familie bereits seit einiger Zeit in der Stadt wohnte, was dieser das Leben erleichtern und den Verdacht von ihr ablenken sollte.

Erwin erzählte uns, dass es eine Zeit war, wo man sich durchschlagen musste, wo man von Mundpropaganda und Tipps lebte, die die Runde machten. Das galt für die jüdische Gemeinschaft, aber während des Krieges in allen Kreisen, für Freunde, Vereine und andere Glaubensgemeinschaften. Nach drei Wochen Wartezeit erhielt unser Großvater einen Kontakt zu einem Beamten der deutschen Polizei, der falsche Papiere ausstellte, auch für Juden. Das mag verrückt erscheinen, aber letzten Endes sind es die Menschen, die verrückt sind. Wahrscheinlich wusste der Beamte sehr gut, was da im Busch war, und hatte ein mitfühlendes Herz. Jedenfalls erhielt die Familie Knoll auf diese Weise ein Touristenvisum für Belgien, das ordnungsgemäß mit dem Hakenkreuz abgestempelt worden war. Trotz strenger Kontrollen durch die Polizei schafften sie es, auf die andere Seite der Grenze zu gelangen. Später erfuhren sie, dass der aufrechte Beamte, der falsche Pässe ausgestellt hatte, erschossen worden war.

Eineinhalb Jahre lang lebten die Knolls in Brüssel, wo Erwin eingeschult wurde. Dadurch lernte er Französisch, was sich in der Folge als sehr wertvoll erweisen sollte, als die deutschsprachige Familie durch Frankreich zog. Um etwas zu verdienen, machte unser Vater Auslieferungen mit dem Rad für den koscheren Fleischhauer, der sich im Erdgeschoss befand. Die anderen Brüder verrichteten schwarz Gelegenheitsarbeiten, sobald jemand sie brauchen konnte. Im Mai 1940 änderte sich alles: Belgien wurde ebenfalls besetzt. Die Belgier verlangten von allen österreichischen jüdischen Männern über sechzehn Jahren, mit einer Decke zum Bahnhof in Brüssel zu kommen – Reiseziel unbekannt. Sie hatten keine andere Wahl, als dieser Aufforderung nachzukommen. Manchmal hört man die Leute etwas abfällig sagen, die Juden hätten »gehorcht wie Schafe«. Doch man darf nicht vergessen, dass viele Juden der Landessprache nicht mächtig waren und einen Akzent hatten, den man zehn Meter gegen den Wind hörte, wenn sie überhaupt Französisch sprachen. In ihrer zerfetzten Kleidung hatten sie keinerlei Chance, für Touristen gehalten zu werden, noch dazu in einer Zeit, wo die Menschen viel weniger reisten als heute, und überdies war noch Krieg. Es war fast so, als würde man versuchen, als Europäer in Indien unerkannt unterzutauchen und dem Gesetz zu entkommen. Die französischen Juden hingegen hatten Vertrauen in ihre Regierung, und dies seit mehreren Generationen. Deshalb reisten die Kerbels erst so spät ab, und dieses Vertrauen kostete viele andere ihr Leben.

Papas Brüder und sein Vater kamen also der Anordnung nach und fuhren zum Bahnhof in Brüssel. Unser Onkel Erwin erinnert sich an fürchterliche Szenen. Die Menschen waren gekommen, um sich einen Spaß daraus zu machen, die Juden zu bespucken und zu beschimpfen. Oma Yetti blieb mit ihren beiden Kindern Kurt und Erwin, die noch nicht sechzehn Jahre alt waren, allein zurück. Sie hatte gerüchteweise erfahren, dass die Juden zu einer Zwischenstation nach Frankreich geschickt wurden. Vor 1942 existierte die Vernichtungspolitik der Juden noch nicht. Es gab zwar schon die ersten Konzentrationslager, aber noch nicht Vernichtungslager wie Auschwitz, wo die Juden mit einer industriellen Maschinerie ermordet wurden. Das Wort »Deportation« war noch kein Synonym für »Trauer«, aber es war natürlich eine Ursache großer Angst, besonders für eine alleinstehende Frau in einem fremden Land.

Oma Yetti, unser Vater und Erwin beschlossen also, nach Frankreich zu fliehen. Unsere Großeltern hatten Verwandte in Paris, die Familie Stumpler, die in der Rue d'Hauteville im 10. Pariser Gemeindebezirk wohnte. Dorthin floh unsere Großmutter mit ihren beiden Kindern. Alle nahmen in diesen schwierigen Zeiten irgendwen bei sich auf, Juden wie Nichtjuden. Doch die Stumplers hatten bereits sieben Kinder! Schon einen Monat später kam der Vormarsch der Deutschen nach Paris, das am 14. Juni 1940 besetzt wurde. Oma Yetti, Papa und Erwin flohen daher in den Westen bis nach Vannes, wo die Bewohner des Dorfes in der Schule ein behelfsmäßiges Lager aufgebaut hatten. Die Besetzung Frankreichs begann, und alle brachen auf, um aus der Hauptstadt auf das Land zu fliehen. Mehrere Familien, von denen die meisten keine Juden waren, lebten so recht und schlecht in diesem Lager, wo alle sich zusammenzwängen mussten. Erwin erinnert sich, dass die Alten in der Nacht ständig husteten und die Jungen miteinander schliefen. Er hatte niemals eine unschuldige Kindheit genossen. Die Kindheit unseres Vaters, die gerade zu Ende ging, war sehr schnell vorbei, wenn man bedenkt, welche Zukunft ihm im Krieg bevorstand. Die örtliche Bevölkerung war ihnen niemals feindlich gesonnen, doch niemand wusste über die anderen Bescheid. Von heute auf morgen konnten Dummköpfe im Dorf in die Miliz eintreten. Dann wurde am 18. Juni der Waffenstillstand unterzeichnet, und die Freunde von gestern wurden zu Feinden. Manche Franzosen wurden gefangen genommen, unter anderem ein Offizier, der die Familie Knoll ins Herz geschlossen hatte. Die ersten antisemitischen Gesetze wurden bereits im Monat Juli erlassen.

Das Problem der Knolls bestand darin, dass sie doppelt unerwünscht und schuldig waren: Für die Franzosen waren sie Deutsche, und für die Deutschen waren sie Juden.

Oma Yetti war eine Frau mit Hausverstand, keine Intellektuelle, aber sehr klug und mutig. Sie packte den Stier bei den Hörnern und ging auf die Deutschen zu. Dieser Schritt hätte sie das Leben kosten können, doch untätig bleiben hätte zum gleichen Resultat führen können. Also begann sie eine Diskussion mit einem deutschen Soldaten. Sie fragte ihn mit unschuldiger Miene, fast als wäre sie eine gute Deutsche: »Na, wie ist das jetzt mit den Juden in Deutschland und in Österreich?« Der Nazi antwortete ihr: »Na, die werden festgenommen, und dann verlieren sie alle ihre Rechte, damit wir sie loswerden!« Somit war klar, dass es ausgeschlossen war, nach Hause zurückzukehren, selbst wenn die physische Vernichtung der Juden noch nicht geplant war. Oma Yetti war klar, dass es nichts Gutes bedeuten würde, wenn sie bliebe, wo sie war. Also beschloss sie, die Demarkationslinie zu überschreiten, um in die freie Zone zu kommen, wo irgendwo im Süden ihre drei Söhne und ihr Mann interniert waren. Doch dafür brauchte man einen offiziellen, von den Franzosen unterzeichneten Passierschein. Die Beamten verweigerten ihn ihr. Deshalb ging sie, ohne viel Federlesens zu machen, zur deutschen Kommandantur. Offensichtlich hatte die Tatsache, dass sie in Köln auf einen hilfreichen Beamten bei der deutschen Polizei gestoßen war, ihr Mut gemacht. Bei der Kommandantur erklärte sie mit selbstsicherer Stimme: »Hören Sie, ich weiß nicht, was mit diesen Franzosen los ist, die wollen uns keinen Passierschein in die freie Zone ausstellen!« Der Beamte war entsetzt, dass brave deutsche Bürger – denn das waren sie laut ihren Ausweisen – in ihrer Bewegungsfreiheit eingeschränkt wurden. Also gab er den französischen Beamten entsprechende Anweisungen, und Oma Yetti erhielt ihren Passierschein, mit allen Stempeln, die dafür nötig waren. Erwin hat ihn heute noch, er ließ ihn in Plastik einschweißen. Für ihn ist dieses Dokument ein historischer Schatz.

Oma Yetti, Papa und Erwin fuhren also nach Toulouse, wo sie hofften, von der lokalen jüdischen Gemeinde zu erfahren, wo sich der Rest der Familie befand. Die Gerüchte in der Gemeinde waren zwar vielleicht weniger schnell als Mobiltelefone, aber mindestens ebenso effizient. Die Neuigkeiten, die sie erwarteten, waren beunruhigend: Opa Joseph, Robert, Max und Leo wurden in Saint-Cyprien Plage festgehalten, einem Lager, das wie Gürs zuerst für die Internierung spanischer Republikaner verwendet worden war. Die Lager unterstanden der französischen, nicht der deutschen Armee und waren einfache Baracken, die auf Sand gebaut waren. Es gab keinerlei Hygieneeinrichtungen und sehr wenig Essen. 7500 meist deutsche und österreichische Juden, die aus Belgien geflohen waren, waren dort gestrandet. Es war eine Zeit der Verwirrung, wo die antijüdische Politik der Deutschen genauso unklar war wie die grundlegenden Überzeugungen der Franzosen. Manche Häftlinge schafften es, freigelassen zu werden, unter anderem die Mitglieder unserer Familie, einer nach dem anderen. Im November 1940 wurden die offiziellen Maßnahmen verschärft, und das Lager wurde zu einer Zwischenstation auf einem Weg ohne Wiederkehr. Wenn man es schaffte, in Frankreich während des Krieges als Jude zu überleben, dann nur mit Glück, durch Zufall und dank Begegnungen im richtigen Augenblick.

Robert kam am Bahnhof in Perpignan gerade noch einmal davon. Es wurde eine offene Barrikade errichtet und wie bei einer Treibjagd alle paar Meter ein Gendarm postiert, der die Reisenden kontrollierte. Robert setzte alles auf eine Karte: Er holte eine Zigarette heraus, ging direkt auf einen Gendarmen zu, anstatt zu versuchen, sich an ihm vorbeizumogeln, und bat ihn um Feuer, wobei er so wenig wie möglich sprach, um seinen Akzent zu verbergen, der ihn unweigerlich als deutschsprachigen Juden verraten hätte, denn alle, die deutsch sprachen, waren Juden. Er kam durch. Oma Yetti, Papa und Erwin, zu denen bald auch Opa Joseph stieß, der als Erster aus dem Lager freigekommen war, wohnten in der Zwischenzeit in einem kleinen Hotel in Toulouse, dem *Le Riquet*, das von Italienern geführt wurde. Wir wissen nicht, wie sich das finanziell ausging, aber alle Franzosen hatten das gleiche Problem, insofern improvisierten alle. Man überlebte wohl, indem man kleine Arbeiten und Dienstleistungen übernahm. Die Eigentümer des Hotels hatten sehr schnell verstanden, dass die drei Knolls Juden waren. Eines Tages fürchteten sie, dass ihre letzte Stunde gekommen sei, als ein ganz besonders pflichtbewusster Beamter der Vichy-Polizei eine Kontrolle durchführte. Die Italiener spielten das Spiel mit und zeigten das Zimmer her, in dem sich an diesem Tag nur Oma Yetti und Erwin befanden. Sie erklärte, Österreicherin zu sein, und gab keine weiteren Details an. Sie behauptete, allein mit ihrem kleinen Sohn in diesem Hotel zu wohnen. Erwin übersetzte, denn seit dem Aufenthalt in Belgien war er vollkommen zweisprachig. Damals begann er diese Rolle eines Dolmetschers zu spielen, die er den ganzen Krieg über innehaben sollte. Leider fand der Polizist Opa Josephs Pfeife in einem Aschenbecher. Oma Yetti reagierte blitzschnell, vergaß ihre Tugendhaftigkeit und erfand eine Lüge: Ja, sie hätte eine Beziehung zu einem

Mann ... Erwin ließ sich nichts anmerken. Glücklicherweise stellte sich bei näherer Kontrolle heraus, dass der Nachbar ein Pfeifenraucher war – und schon war der Liebhaber gefunden. Fallen gab es überall. Eines Tages waren Oma Yetti und Erwin in den Park gegangen, der voller Polizisten war, als sie sahen, wie Opa Joseph in ihre Richtung kam. Erwin stellte seinen Fuß auf eine Parkbank und tat so, als müsse er sich den Schuh binden, um seinem Vater zu bedeuten, dass er nicht zu ihnen kommen solle, um nicht eine weitere Kontrolle der beiden, die angeblich nur zu zweit waren, auszulösen.

Die Mitglieder der jüdischen Gemeinde erzählten den Knolls schließlich, dass es, weil es in Toulouse keine Wohnungen gab, die man für längere Zeit mieten konnte, und da die Sicherheitssituation sehr angespannt war, besser sei, nach Gaillac zu fahren, das sich in einer Entfernung von etwa fünfzig Kilometern von Toulouse befand. Dort fanden sie ein Lager, das voller Juden und anderer Flüchtlinge war, denn ganz Frankreich war auf der Straße. Dieses Lager befand sich am Rande eines Sees. Die Unterkunft war mickrig und der Alltag schwierig, doch Erwin war zwölf Jahre alt und wurde trotz allem in die Schule eingeschrieben. Dort verbesserte er sein Französisch noch weiter und schnappte nebenbei einen leichten südfranzösischen Akzent auf, wie er für Toulouse typisch ist. Der Rest der Familie radebrechte nur auf Französisch. Wie man sich leicht vorstellen kann, war es für Erwin manchmal schwierig, dem Unterricht, besonders in Geschichte, zu folgen, denn er wusste zwar, wer Sisi war, kannte aber Ludwig XIV. zum Beispiel nicht. Im Laufe des Krieges sollte er immer wieder einige Wochen hier, einige Monate dort eingeschult werden, manchmal in der Volksschule, manchmal im Lycée. Es kam vor, dass er in Schulfächern mitkommen musste, von denen er nie gehört hatte, wie in Chemie etwa, das ihm in lebhafter Erinnerung blieb. Erwin wusste nie, ob er am nächsten Tag noch in die Schule gehen würde. Man lebte von einem Tag zum nächsten. Und tatsächlich standen eines Tages Gendarmen da, umzingelten das mit Stacheldraht eingezäunte Lager und kündigten eine Erfassung der Bewohner an. Die Familie verstand, was das bedeutete: Wenn man entdeckte, dass sie Juden waren, dann war es vorbei mit ihnen, dann wartete der Viehwaggon auf sie. Denn nun schrieb man 1942, und da wusste man Bescheid – zumindest, was die Viehwaggons betraf. Die Knolls hatten es offensichtlich geschafft, sich mit ihrer falschen deutschen Staatsbürgerschaft auszuweisen, und flohen in Richtung Lyon, wo sie Bekannte hatten, dann weiter nach Grenoble, wo sie sich während des gesamten Krieges versteckten – aber nicht alle. Unser Vater und Robert, die sich aufgrund ihres geringen Altersunterschieds von zwei Jahren sehr nahestanden, beschlossen, die Flucht in die Schweiz zu versuchen. Vielleicht würde es ihnen gelingen, einen sicheren Ort zu finden, wohin sie die ganze Familie nachkommen lassen konnten. Die offiziell neutrale Schweiz erschien vielen Juden als begehrenswertes Ziel.

Unser Vater hatte schon einmal, im Jahr 1940, zu Beginn der Flucht nach Frankreich, den Kundschafter gespielt. Er hatte mit nur sechzehn Jahren die Möglichkeiten einer Ausreise über Dünkirchen ausgeforscht. Er hatte sich mit zwei Jugendlichen seines Alters zusammengetan, und sie hatten tatsächlich eine Fluchtroute nach England gefunden. Einer der beiden hieß Hirt. Unser Vater weigerte sich jedoch, mit ihnen weiterzureisen, denn er wollte seine Mutter und seinen kleinen Bruder, die bereits vom Vater und den älteren Brüdern getrennt waren, nicht allein zurücklassen. So war er – die nahe Zukunft sollte ihm zeigen, was diese Haltung ihm einbrachte.

Dreißig Jahre nach dem Krieg kam Hirt nach Frankreich zurück und nahm wieder Kontakt mit den Brüdern Knoll auf. Unser Vater hatte natürlich niemals über all diese Ereignisse gesprochen – wir erfuhren sie von Erwin. Hirt war also tatsächlich nach England und von dort weiter in die Vereinigten Staaten gereist. Er hatte in San Francisco einen Spirituosenhandel eröffnet, der sehr gut ging. Er plante daher, in Frankreich eine Bar mit einem gewissen Feingold zu eröffnen.

Konvoi n° 33 –
die Deportation unseres Vaters

Wie aus den höchst genauen Unterlagen der französischen Verwaltung hervorgeht, wurden Papa und sein zwei Jahre älterer Bruder Robert am 8. September 1942 in Ambilly in Obersavoyen verhaftet, als sie im Zug saßen, der sie zur schweizerischen Grenze bringen sollte. Später gelang es ihrem Bruder Max, der verheiratet und dessen Frau schwanger war, Morzin zu erreichen, wo der wohlwollende Besitzer eines Bierlokals sie im Auto über die Grenze brachte und im Schnee absetzte. Sie verbrachten den Krieg in Sicherheit in der Schweiz. Onkel Erwin sagt oft, dass hinter jedem Juden, der den Krieg in Frankreich überlebte, einer oder mehrere Gerechte standen, die ihn geschützt hatten. Alle wurden nicht mit einer Medaille ausgezeichnet – und manche mussten ihr Leben dafür lassen.

Papa und Robert wurden in das Lager von Rivesaltes gebracht, wo sie am 8. September 1942 ankamen, was wir dank der Recherchen von Serge Klarsfeld[11] wissen.

---

11 Le Mémorial de la déportation des Juifs de France. Fayard, Paris 1994.

Rivesaltes ist ein Internierungslager von sechshundert Hektar in der Nähe von Perpignan, das dazu diente, abwechselnd alle von der Geschichte Ausgeschlossenen einzuschließen: in den Jahren 1935/36 die spanischen Republikaner, die Harkis in den 1960er Jahren und die Juden während des Krieges. Man nannte das Lager sogar das »Drancy der freien Zone«. Sechstausend Juden wurden von hier in das Transitlager Drancy geschickt, von wo die Züge meist in die Vernichtungslager oder Konzentrationslager fuhren. Die Lebensbedingungen in Rivesaltes waren schrecklich, die Überlebenden berichteten davon – nie jedoch unser Vater. Läuse, Ratten und Wanzen setzten den Menschen zu, die Nacht mussten sie in Baracken ohne Betten und ohne elektrischen Strom verbringen; es gab keine Latrinen, keine Hygiene und kaum Nahrung, abgesehen von einer dünnen Suppe, die man ihnen in eine Konservenbüchse füllte. Als Papa und Robert am 16. September 1942 Drancy verließen, stand ihnen jedoch noch weit Schlimmeres bevor.

Unser Vater wurde mit seinem Bruder Robert mit dem Konvoi n° 33 nach Auschwitz gebracht.

Insgesamt gab es 79 Konvois in drei Jahren – tausend Personen pro Konvoi. Die Nazis gingen sehr methodisch vor und verlangten das Gleiche von der Regierung von Vichy. Man weiß, dass sich im Konvoi n° 33 1003 Personen befanden, davon 147 Frauen und 173 Kinder. 859 von ihnen, darunter alle Kinder, wurden sofort bei ihrer Ankunft vergast und dann in den Krematorien verbrannt. 1945 gab es noch 33 Überlebende, darunter war eine Frau. Das war noch einer der Konvois mit den meisten Überlebenden ...

Unser Vater und Onkel Robert hatten das Glück, nicht sofort getötet zu werden. Sie wurden nach Auschwitz III-Monowitz, das »Arbeitslager«, gebracht, wo sich auch Primo Levi befand, der über dieses Erlebnis berichtete[12], bevor er sich, 42 Jahre nach seiner Befreiung, das Leben nahm. Zu behaupten, dass die Internierten »arbeiteten«, war natürlich ein Euphemismus, weil es sich meist um ein Todeskommando handelte. Normalerweise starb man dabei vor Erschöpfung oder an den Folgen von Durchfall, oder aber auch an einer Kugel, die einem ein Kapo durch den Kopf jagte, wenn es ihm gerade passte. Dennoch war es eines der wenigen Lager, wo man eine winzige Chance hatte, zu überleben, weil es sich nicht um ein Tötungslager handelte. Auschwitz II-Birkenau war ein Tötungslager im wahrsten Sinne des Wortes, mit Gaskammern und Krematorien. Auschwitz I war das Hauptlager, das einige Kilometer weit entfernt und größer war und verschiedenen Zwecken diente: Es war ein Konzentrationslager, ein Arbeitslager, es diente wissenschaftlichen Experimenten und endete damit, dass die Menschen aus Erschöpfung oder durch eine Kugel im Kopf starben. Es ist das Lager, das am häufigsten in den Filmen gezeigt wird. Heute ist es eine Gedenkstätte, an deren Eingang der zynische Spruch *Arbeit macht frei* prangt. Robert und Kurt überlebten, weil sie jung und kräftig waren und das Glück hatten, Deutsch zu sprechen. Das war ein entscheidender Vorteil, weil sie Anweisungen verstanden, dem folgen konnten, was sich abspielte, und dem verhängnisvollen Vorurteil *Nicht meine Sprache, nicht meine Kultur = kein Mitglied der Menschheit* entgehen konnten. Sie entsprachen auch nicht den nationalsozialistischen Stereotypen über das »jüdische Aussehen«. Unser Vater sah aus wie sie oder vielmehr wie einer ihrer Söhne: Er hatte das gleiche Alter, die gleiche Statur, war nicht sehr groß, aber kräftig und sah aus wie ein Arier –

---

12 *Ist das ein Mensch?* Übers. v. Heinz Riedt. Fischer, Frankfurt 1961; Neuausgabe Hanser, München 1987, dtv 1992.

blond und blauäugig. Diese Ähnlichkeit rief bei den KZ-Wärtern wenn schon nicht wirkliches Mitgefühl, so doch immerhin eine gewisse Nachsicht hervor. So kam Papa manchmal in den Genuss eines zusätzlichen Stücks Brot, auch wenn es ihm nicht die Stockhiebe ersparte, die seine Nasenscheidewand zertrümmerten, was ihm sein ganzes weiteres Leben Probleme bereitete. Und trotzdem war er schrecklich unterernährt: Papa und Robert wogen gegen Ende des Krieges nur noch etwa dreißig Kilogramm.

Ganz zum Schluss mussten die beiden dann noch am Todesmarsch teilnehmen. Als die Deutschen feststellten, dass im Osten die Russen vorrückten, und verstanden, dass nun alles verloren war, wollten sie keine Zeugen zurücklassen, die erzählen würden, was sich abgespielt hatte. Sie ließen jene Deportierten zurück, von denen klar war, dass sie in den nächsten Stunden sterben würden. Nur in ganz seltenen Fällen täuschten sie sich in dieser Annahme. Die anderen wurden von dem in Polen liegenden Auschwitz auf einen Marsch in Richtung von Lagern gedrängt, die sich weiter im Westen in Deutschland befanden. Im Januar 1945 marschierten unser Vater und Robert, die bis auf die Knochen abgemagert waren und keinerlei Kraft mehr hatten, bei minus 25 Grad sechzig Kilometer, ohne auch nur einmal stehen zu bleiben. Wer stehen blieb, wurde mit einer Kugel in den Kopf beseitigt, denn kein Überlebender sollte Zeugnis ablegen können. In diesem Punkt waren die Nazis weitaus erfolgreicher, als sie sich je vorstellen hätten können. Die Gefangenen waren derart traumatisiert und so tief in ihrem Menschsein getroffen, dass sie nie mehr sprechen würden. Irgendetwas in ihnen war gestorben, noch bevor der physische Tod sie ereilte. Wir erfuhren alle diese Dinge aus Büchern – nicht von unserem Vater.

Wir erhielten auch niemals eine Erklärung von unserem Vater zu dem, was er nicht verbergen konnte: die in seinen Arm eintätowierte Nummer, die davon zeugte, dass er KZ-Gefangener war, die Probleme mit seiner Nase, weil er geschlagen worden war. Lager waren für uns eine große Unbekannte, ein Ort, an dem er mit anderen gelitten hatte. Die Tatsache, dass das jüdische Volk ausgelöscht werden sollte, wurde uns nicht erklärt. Unser Vater litt oft unter Albträumen. Wenn wir ihn nach dem Grund fragten, dann sagte er nur: »Die Lager. Wenn ich die Augen schließe, dann sind die Bilder wieder da.« Welche Bilder? Sehr viel später erklärte uns unsere Mutter, dass Vater in den ersten Jahren oft schreiend in der Nacht aufgewacht war. Nach und nach erfuhren wir von unserer Mutter ein paar Dinge: Die Nase hatten ihm die Kapos gebrochen. Er hatte Leichen wegtragen und sie unter Kalk begraben müssen. Erst als wir schon in der Pubertät waren, wollte Vater uns etwas weitergeben, aber er drückte sich so verkürzt und unverständlich aus, dass wir den Sinn nicht erfassen konnten. Ich erinnere mich, dass er uns ein Buch mit vielen Fotos und Berichten hinstreckte, das wohl eines der ersten war, die zu diesem Thema veröffentlicht wurden. Dazu sagte er: »Da, seht euch das an, ich kann das nicht lesen, aber da wird erklärt, was Konzentrationslager waren.« Wir sahen kurz hinein, doch angesichts der Fotos von bis auf die Knochen abgemagerten und zu Haufen aufgeschichteten Leichen, Bergen von Haaren und Zähnen machten wir das Buch schleunigst wieder zu, ohne es zu lesen. Wir wussten, dass es unerträglich für Papa war, wenn wir Fragen stellten, und wir hatten das Gefühl, ihn zu verletzen, wenn wir in ihn dringen würden, denn er wollte diese Erinnerungen, so gut es ging, verdrängen. Als wir einmal in Deutschland auf Urlaub (nicht auf einem Schüleraustausch) waren, fuhr er mit uns nach Dachau, das gleich in der

Nähe war. Jeder von uns besichtigte dieses Lager, Allan, als er etwa fünfzehn war, und ich, als ich achtzehn Jahre alt war. Papa sagte kaum etwas, zeigte auch keinerlei Gefühle. Sein einziger Kommentar war: »Da war ich.« Das Lager war nichtssagend, das Einzige, was man sehen konnte, war, dass es sich nicht um einen fröhlichen Ort gehandelt hatte. Das bleierne Schweigen in Bezug auf die Shoah in den Medien wurde erst in den 1970er Jahren gelüftet. Sobald es im Fernsehen auch nur eine Anspielung auf diese Zeit gab, rief unser Vater: »Aber nein! Ich halte das nicht aus!« Sofort stürzte unsere Mutter zum Fernseher und drehte ihn ab. Ein einziges Mal und sehr spät im Leben unseres Vaters, als er schon siebzig Jahre alt war und nicht mehr bei uns wohnte, sah er sich einen Film über die Lager an, weil man ihm gesagt hatte, dass er gut gemacht sei. Es handelte sich um *Schindlers Liste*. Sein nüchterner Kommentar war: »Das entspricht bei weitem nicht der Wirklichkeit.«

Als wir noch klein waren, war manchmal ein Freund der Familie, ein österreichischer Jude namens Heini Fenster, bei uns zu Besuch. Er war ein wunderbarer Mann, der viel ehrenamtliche Arbeit, besonders in Spitälern, leistete, und Papa betrachtete ihn als einen seiner Brüder. Unser Vater stellte ihn folgendermaßen vor: »Ich habe ihn in Wien kennengelernt und im KZ wieder getroffen. Er war eine große Stütze für Robert und mich auf dem Todesmarsch.« Aber was war der *Todesmarsch*? Zu Zeiten, in denen es kein Internet gab, waren wir auf Vermutungen angewiesen. Offensichtlich handelte es sich um etwas Furchtbares, wo man besser nicht nachfragte.

Während der zweieinhalb Jahre, in denen Papa und Robert deportiert waren, versteckten ihr Vater, ihre Mutter und ihr jüngster Bruder Erwin sich in Grenoble, während Leo in den Untergrund gegangen war und in der Résistance kämpfte. Sie lebten von dem, was Opa Joseph mit Schwarzarbeit verdiente, aber auch von der Heilsarmee, die sehr wohl wusste, dass es sich um Juden handelte. Auch Armenier unterstützten sie und waren solidarisch mit ihnen, weil sie 25 Jahre zuvor Opfer eines Genozids geworden waren. Oma Yetti hatte es geschafft, von einer protestantischen Organisation, die wie so oft sehr aktiv Juden unterstützte, in Erfahrung zu bringen, dass Kurt und Robert nach Drancy überstellt worden waren. Unsere Großeltern konnten sich leicht vorstellen, wohin man ihre Söhne in weiterer Folge gebracht hatte, denn zu diesem Zeitpunkt gab es bereits erste Informationen. Niemals sprachen Opa Joseph und Oma Yetti darüber, wie sehr sie darunter gelitten haben mussten, zwei ihrer Söhne in Auschwitz zu wissen. Als die Konzentrationslager im Januar 1945 befreit wurden, trafen immer wieder Deportierte und Kriegsgefangene auf den Bahnhöfen der verschiedenen Städte in Frankreich ein. Papas Familie ging, ebenso wie die anderen Familien von Deportierten, mit Fotos auf den Bahnhof in Grenoble und hoffte, einer der Heimkehrer würde die Person erkennen und über ihren Verbleib Auskunft erteilen können, wie das im Hotel *Lutétia*, dem ehemaligen Hauptquartier der Kommandantur, in Paris geschah, das mittlerweile zu einem Ort des Wiedersehens der Deportierten geworden war. Papa und Robert tauchten nicht auf. Irgendwann hielt Oma Yetti ein Telegramm von Papa in den Händen, der die Adresse seiner Familie wieder einmal über eine protestantische Organisation ausfindig gemacht hatte, die sich bemühte, Familien, in den wenigen Fällen, wo das möglich war, zusammenzuführen. Erwin erinnert sich sehr gut an die Situation, als Oma Yetti das Telegramm öffnete, und an seinen Inhalt: *Sind gut nach Frankreich zurückgekehrt. Gesund. Gezeichnet Kurt.* Nach der ersten Freude zeigten sich sofort Zweifel auf Omas

Gesicht, und sie erklärte: »Das stimmt nicht. Er schreibt zwar *wir*, aber er ist allein zurückgekommen. Wenn Robert bei ihm gewesen wäre, dann hätte auch er unterschrieben.« Ihr Gefühl trog sie nicht. Papa und Robert waren tatsächlich getrennt worden, und Robert war nicht in Paris.

Bei der Ankunft in Dachau wäre Papa, der Durchfall hatte, fast gestorben und wurde in den Krankentrakt eingewiesen. Robert wurde in ein anderes Lager evakuiert, wo er einen Cousin aus der Zeit in Wien traf, seiner Geburtsstadt, die er sieben Jahre zuvor verlassen hatte. Die Nachrichten erstaunten ihn nicht: Die Mutter des Cousins war sofort bei ihrer Ankunft im KZ vergast worden, sein Vater war durch die Arbeit gestorben. Robert hatte es geschafft, mit einem tschechischen Bekannten, den er zufällig kennengelernt hatte, im Zuge der Panik, die die Nazis erfasste, aus Dachau zu fliehen. Die beiden waren in Richtung Wien unterwegs und versteckten sich vor den Deutschen, als die Lager befreit wurden. Die Feinde vom Vortag wurden zu Freunden, doch das unglaubliche Chaos machte ihre Reise äußerst gefährlich: Nun mussten sie als Deutschsprachige schwören, Juden zu sein! Glücklicherweise sagte ihr körperlicher Zustand genug über ihre Vergangenheit aus. Robert wollte nicht nach Frankreich zurückkehren. Er weigerte sich, seinen Eltern in diesem psychischen wie physischen Zustand unter die Augen zu treten. In Wien wurde er von der französischen Armee angestellt, um Arbeitskräfte zu finden, die den Schutt aus der zerstörten Stadt wegräumen könnten, die er kaum wiedererkannte. Er konnte es sich nicht verkneifen, in die ehemalige Wohnung der Familie zu gehen, in der mittlerweile eine Frau wohnte, deren Mann eingesperrt war, weil er ein Nazi war. Bei dieser Gelegenheit warf Robert alles aus dem Fenster. Er erkundigte sich nach einigen jüdischen Nachbarn, Freunden oder Bekannten, die größtenteils tot waren, und nach einigen Österreichern mit unterschiedlichen ideologischen Einstellungen. Aus diesem Grund bestürmte ihn Opa Joseph bei seiner Rückkehr mit Fragen wie: »Also, war der oder der ein Nazi? Und der?«

Papa fuhr also allein nach Paris zurück. Er kam am Bahnhof Gare d'Orsay an. Dort warteten jüdische Familien auf Deportierte, boten ihnen Unterkunft und Verpflegung an und päppelten sie etwas auf, denn die meisten waren in einem so schlechten Zustand, dass sie es nicht wagten, direkt zu ihren Familien zurückzukehren. Sie waren wie betäubt von dem Unterschied zwischen der Hölle, der sie entkommen waren, und dem rauschenden Leben, das in Paris herrschte. Paris feierte, Paris war befreit! Papa hatte das unglaubliche Glück, auf eine sehr reiche Frau aus dem französischen Adel zu treffen, die mit ihren beiden Töchtern in der Rue de Rennes über dem Kino *L'Arlequin*, ganz in der Nähe des Hotels *Lutétia*, wohnte. Eine solche riesige, luxuriöse Wohnung, zu der man direkt mit dem Aufzug fahren konnte, ohne Treppen steigen zu müssen, hatte Papa noch nie gesehen. Einige Monate später kam er zurück, um sich bei diesen wunderbaren Menschen zu bedanken, und konnte es sich nicht verkneifen, Erwin mitzunehmen, um ihm diese Pracht zu zeigen. Papa ging jeden Tag ins *Lutétia*, um zu sehen, ob er helfen könnte, eine Geschichte über ein Leben zu einem Foto zu erzählen, das man ihm zeigte. Doch das war nur selten möglich, und in den meisten Fällen musste er vom Tod der betreffenden Person berichten. Nur 2600 Menschen von 73 853 Deportierten, unter denen sich elftausend Kinder befanden, waren zurückgekommen. Man fragte die Heimkehrer, welches die letzte bekannte Adresse ihrer Familie in Frankreich gewesen war. Sie wussten nicht, wer von ihnen noch am Leben war und wer nicht und wo sie sich befanden. Oft waren langwierige Nachforschungen notwendig, die häufig ins Leere gingen. Die Vergangenheit war in den meisten Fällen in Rauch aufgegangen.

Papa traf in Paris den Cousin aus Wien wieder und nahm ihn einige Wochen später nach Grenoble mit. Dieser junge Mann, der keinerlei nahe Angehörige mehr hatte, wollte nicht mehr von meines Vaters Seite weichen. Nach einer Nacht, in der eine Familie in Grenoble ihn beherbergt hatte, klopfte er an die Tür unserer Großeltern. Opa Joseph und Oma Yetti hatten zwar kein Geld, dafür aber ein umso größeres Herz und nahmen ihn auf. Beim Pessachfest im April 1945 war Robert aus Wien zurückgekehrt und Leo aus dem Untergrund aufgetaucht. Somit war die ganze Familie wieder vereint. Alle waren sehr mitgenommen, aber keiner fehlte, was ein großes Glück war.

Einige Monate danach gingen die Knolls wieder nach Paris zurück. Papa und Robert fuhren in der Zwischenzeit einmal quer durch Frankreich, weil in Vincennes ein Ball zu Ehren der Deportierten veranstaltet wurde. Alle waren jung, weil die Älteren auf der Stelle vergast worden waren. Und jene, die mehr als dreißig Jahre zählten, starben schnell an der Überlastung durch die Arbeit. Man hatte zwar ein schönes Fest versprochen, vielleicht hofften manche, jemanden kennenzulernen, aber man hatte nicht mit dem Zustand gerechnet, in dem sich die Überlebenden befanden. Papa und Robert kehrten mit düsterer Miene nach Grenoble zurück. Niemand hatte getanzt auf diesem Ball. Die Tanzfläche war leer geblieben, und die jungen Menschen, die rundherum saßen, hielten Fotos in der Hand und waren damit beschäftigt, herauszufinden, ob jemand die entsprechende Person in einem Lager gesehen habe und was mit ihr passiert sei.

Unsere Großeltern ließen sich in Paris in jener Wohnung nieder, die auch wir später noch kannten. Sie bestand aus zwei Zimmern, Bad gab es keines, und die Toiletten befanden sich am Gang. Robert und Papa, die vollkommen unterernährt waren, wurden mehrere Monate lang in einem Therapiezentrum in Beauvais »aufgepäppelt«, das sich auf die Pflege ehemaliger Deportierter, die alle unterernährt oder krank waren, spezialisiert hatte. Ihre Brüder statteten ihnen Kurzbesuche ab. Ein Jahr später lernte Kurt unsere Mutter kennen, die er 1951 heiratete. Die Lebenslust unserer Mutter war für einen Mann, der der Hölle entkommen war, unwiderstehlich. Das Gleiche galt für ihre Gutgläubigkeit – sie war felsenfest davon überzeugt, dass die Welt gut und voller netter Menschen sei.

Veigele – die ersten gemeinsamen Jahre des Ehepaars Knoll

Veigele – so nannte unser Vater unsere Mutter. Auf Jiddisch bedeutet das Vögelchen. Sie gab ihm den liebevollen Spitznamen »Kuti«. Wir, die wir unsere Mutter später kennenlernten, und zwar aus der Sicht von Kindern und nicht der eines Partners, wir können uns nur versuchen vorzustellen, welcher Sonnenschein unsere Mutter gewesen sein muss, als sie jung und bis über beide Ohren verliebt war.

Unser Vater hatte die feste Absicht, sie so zu verwöhnen, wie sie das verdiente, daher beschlossen die beiden, ihr Glück in Kanada zu versuchen, einem Land, an das unsere Mutter gute Erinnerungen hatte. Vielleicht hatte sogar Opa Émile ihnen die Idee in den Kopf gesetzt. Er hatte sicherlich noch einige Kontakte von früher. Unser Vater war Vertreter – zu Beginn für alles Mögliche: Taschen, Hosen, Autoabdeckungen, er versuchte es mit allem. 1952 erschien Kanada wie ein Eldorado. Es war – und ist immer noch – ein angenehmes und offenes Land. Viele Juden hatten dort während des Krieges Zuflucht und Arbeit gefunden, und manche waren dann endgültig dortgeblieben. Mutter traf ihre Freundinnen, unter anderem Annie, wieder und fühlte sich wie zu Hause, weil sie von 1942 bis 1947 dort gelebt hatte. In Montreal kam am 1. September 1952 Allan, das erste Kind des Paares, zur Welt.

Unsere Eltern hatten überlegt, ihn David zu nennen, aber unsere traumatisierten Großeltern hatten entsetzt ausgerufen: »Und warum malt ihr ihm nicht gleich einen gelben Stern auf die Stirn?«

Allan wurde beschnitten, wie auch ich später. Wenn nicht mehr viel von der religiösen Praxis bei Juden bleibt, dann wird immerhin noch die Beschneidung beibehalten. Die Großeltern Knoll hätten kein Verständnis dafür gehabt, wenn unsere Eltern das nicht gemacht hätten. Sie beabsichtigten nicht, nach der Shoah die Brücken zum Judentum abzubrechen. Sie sorgten dafür, dass Juden sich ihrer Identität wieder bewusst wurden, auch wenn sie nicht gläubig waren. Aber unsere Großeltern hatten beiderseits beschlossen, sich möglichst unauffällig zu verhalten und so wenig wie möglich über ihr Judentum zu sprechen. Wenn wir dieses Thema unvorsichtigerweise bei den Großeltern Knoll aufs Tapet brachten, dann bedeutete Oma Yetti uns, leiser zu sprechen. Da wir in unserer Jugend und Unwissenheit das dumm fanden, sagten wir: »Aber die Eingangstür ist doch zu, keiner kann uns hören!« Darauf antwortete die Großmutter uns: »Ja, aber wenn jemand sein Ohr an die Tür legt, dann kann er uns doch hören!« Das war die Devise: nicht auffallen. Niemals. Nur für den Fall. Genauso verhielten sich auch die Kerbels – sie hatten weniger Angst, waren aber ebenso vorsichtig.

Nach dreieinhalb Jahren kehrten unsere Eltern aus Kanada zurück, weil mein Großvater mütterlicherseits, mein geliebter

Opa Émile, große gesundheitliche Probleme hatte. Seit dem Jahr 1955 schlug er sich mit einem Dickdarmkrebs herum. Die Geschäfte unseres Vaters hatten sich in Montreal nicht so entwickelt, wie er es sich erhofft hatte, aber in Wirklichkeit sollte er nie richtig erfolgreich sein, auch wenn er uns, manchmal mit sehr beschränkten Mitteln, in ordentlichen Verhältnissen aufzog. Unsere Eltern ließen sich in der Avenue Philippe-Auguste 36 nieder, wo ich am 10. September 1956 auf die Welt kam. Oder vielmehr im Spital in Neuilly-sur-Seine, in einem schicken, grünen Vorort, wo Opa Émile, der die Geburt des ersten Sprösslings seiner geliebten Tochter verpasst hatte, beschloss, seiner Tochter einen Platz in der damals beliebtesten Geburtsklinik zu verschaffen. Doch meine ersten Schritte machte ich in der Avenue Philippe-Auguste 36, einer Wohnung, aus der wir auszogen, als ich sechs Jahre alt war, um in der gleichen Straße in die Nummer 26 zu übersiedeln, weil dort ein Gemeindebau errichtet wurde, der moderner und komfortabler war, drei Zimmer und einen kleinen Balkon hatte. In diesem Gebäude mit der Nummer 26, die man später auf 30 änderte, wurde unsere Mutter 56 Jahre später mit elf Messerstichen ermordet, ihr wurde die Kehle durchgeschnitten, und sie wurde verbrannt. Sie, die dort so glücklich gewesen war ...

Eine Ehe im Zeichen der Fröhlichkeit

Für unsere Mutter war das Leben ein Fest. Und wenn es das nicht war, dann machte sie es zu einem. Sie lachte und tanzte gerne, ging gerne aus und hörte Musik, fühlte sich wohl, wenn sie vor allem ihren Mann, aber auch ihre Freunde um sich hatte oder im Kreise der Familie am Wochenende bei den einen oder anderen Großeltern ein gemeinsames Essen genoss. Sie war nie so gut aufgelegt wie dann, wenn sie sich schick machte, um mit Papa auszugehen. Sie war immer geschminkt, trug Wimperntusche und Lippenstift, war sorgfältig frisiert und gekleidet. Die Kleidung immer Ton in Ton, dazu trug sie passenden Modeschmuck. Sie schaffte es, wie eine feine Dame auszusehen, obwohl die Mittel zu Hause sehr beschränkt waren, sosehr sich unser Vater auch abmühte. Um ihn zu unterstützen, arbeitete sie manchmal für kurze Zeit als Gesellschaftsdame oder Sekretärin für einen Schriftsteller. Was sie traurig machte, war nicht die Tatsache, dass das Geld im Haushalt fehlte, sondern dass unser Vater, damit wir über die Runden kamen, alles Mögliche unternahm und dadurch oft längere Zeit nicht zu Hause war. Er übte den Beruf eines Vertreters zuerst weit weg von der Stadt und später in Deutschland aus. Er bekam eine Kommission für das, was er verkaufte – manchmal Wäsche, manchmal Möbel, er wechselte öfter die Sparte. Wenn er dann am Freitagabend heimkam, war unsere Mutter im siebten Himmel. Manchmal brachte er ihr kleine Geschenke mit. Sie bereitete ihm Mahlzeiten aus der aschkenasischen Küche zu, die er mochte, wie die berühmte polnische *Kneidlersuppe*, eines seiner Lieblingsgerichte, am besten noch mit Hase in Senfsauce. Das zeigt schon, wie genau sie die Regeln der koscheren Ernährung nahmen, denn eigentlich ist Hase nach den Nahrungsvorschriften des Judentums ein unreines Tier. Unser Vater kannte ebenfalls einige Rezepte und stellte sich manchmal selbst an den Herd, was damals für einen Mann selten war. Er konnte *Latkes* zubereiten, die berühmten Kartoffelpuffer mit Karotten, Zwiebeln und Eiern, die er in der Pfanne herausbriet. Doch mehr noch als das Kochen zu Hause liebte meine Mutter es, wenn er sie, die sich herausgeputzt hatte, ins Kino, ins Restaurant oder zum Tanzen ausführte.

Wenn unsere Mutter die Wahl gehabt hätte, dann hätte sie ihr Leben mit Ausgehen, Tanzen und Singen verbracht, hätte Menschen getroffen, sich vergnügt und gut gegessen, auch wenn sie auf ihre schlanke Linie achtete, weil sie elegant bleiben wollte. Unsere Eltern gewannen Preise für Walzertanzen. In den 1950er und 1960er Jahren war das Leben in Paris prickelnd und fröhlich, die Menschen wollten den Krieg vergessen. Es wurden Bälle in den Bezirken veranstaltet, Theatercafés schossen aus dem Boden wie Pilze, die Theater waren voll, die Kinofilme strotzten nur so vor Kreativität. Unsere Mutter liebte Filme – vor allen Dingen solche, in denen schöne Schauspieler wie Gabin, Belmondo oder Delon auftraten. Sie ging viel mit uns ins Kino, und wir sahen uns alle möglichen Filme an: jene von Costa-Gavras, Komödien mit Bourvil und Louis de Funès, denn sie lachte gerne, Liebesdramen mit Annie Girardot, bei denen sie mitlitt, und vor allen Dingen Filme mit Romy Schneider, einer Österreicherin, wie unser Vater einer war. Damals wusste man noch nichts über die Vergangenheit der Familie der Schauspielerin im Umfeld von Hitler. Wir sahen mit unserer Mutter romantische Filme wie die von ihr geliebte *Love Story* und Komödien mit amerikanischen Liebesgeschichten. Ich bin auch ziemlich sentimental, und mittlerweile frage ich mich, ob ich nicht durch die Filme geprägt wurde, die unsere Mutter mit uns ansah. Sie hörte von früh bis spät Musik, auch, als sie schon älter war: Claude François, Piaf, Aznavour, Ferrat, Brel, Bécaud, Joe Dassin, Sardou. Sie kannte die Texte auswendig und sang aus vollem Hals mit. Noch bis kurz vor ihrem Tod sang sie und forderte die Pflegehilfen auf, doch dazu zu tanzen, wenn es ihnen Spaß machte. Und dann war da noch Mike Brant, der nicht unerwähnt bleiben darf.

Unsere Mutter verehrte Mike Brant, nicht, weil er aus Israel kam, das damals ein winzig kleines Land war, das noch nicht die Emotionen hochgehen ließ, sondern weil sie den Mann unglaublich schön fand. Er hatte volle Lippen und jenes strahlende Lächeln, das auch unseren Vater auszeichnete, nach dem sich ebenfalls viele Frauen umdrehten, wenn auch nicht so viele wie nach Mike Brant. Unsere Mutter liebte Männer, wenn sie höflich waren – und obendrein schön. Um sich eine Vorstellung davon zu machen, welchen Stellenwert Mike Brant in unserem Leben einnahm, musste man sich nur die Bilder ansehen, die bei unserer Mutter an der Wand hingen – auch mit achtzig Jahren noch. Da prangten die Bilder aller Männer, die in ihrem Leben eine Bedeutung für sie gehabt hatten, angefangen von ihrem Vater über ihre beiden Söhne, bis zu ihren Enkeln, und dann war da noch ein Eindringling, der kein Verwandter war – Mike Brant. Für sie gehörte er zur Familie. Papa und sein *Veigele* hatten einen großen Kreis an Freunden, mit denen sie ausgingen, meist jüdischer Abstammung, obwohl wir zu Hause nicht den Glaubensvorschriften folgten und die Freunde ebenso wenig. Man könnte sich fragen, warum es zu diesen Bekanntschaften kam, doch man muss sich der Tatsache bewusst sein, dass das Judentum eine Kultur ist, genauso wie es mehr Gemeinsamkeiten zwischen einem Bretonen und anderen Bretonen als mit jemandem aus Nizza gibt. Im Übrigen kamen alle aus der gleichen Gegend, nämlich aus Osteuropa. Somit ist dieser Zusammenhalt durch die gemeinsame Geschichte erklärbar. Die meisten hatten im Exil gelebt oder waren in Lagern interniert gewesen, waren von ihren Familien getrennt worden, hatten voller Angst im Untergrund gelebt und viele Angehörige verloren. Das ist eine unauflösliche Verbindung, umso mehr, als die Überlebenden wussten, dass sie nicht gehört wurden, nicht einmal von den Angehörigen. Was sie zu erzählen hatten, überstieg alle Möglichkeiten des Begreiflichen und zerstörte alles innerhalb von fünf Minuten. Die Haltung aller Franzosen, jüdisch oder nicht, bestand darin, den Krieg vergessen zu wollen. Die Juden, und insbesondere jene, die Konzentrationslager überlebt hatten, waren durch ihr Schweigen miteinander verbunden. Sie wussten, dass der andere Bescheid wusste. Und das war absolut ausreichend.

Die Geschichte von Jacques und Dolly B., die wir bei einem Ferienaufenthalt in Italien kennengelernt hatten und die sich nicht als Juden fühlten, zeigt, wie komplex Judentum ist. Trotz dieser Abkehr vom Judentum verkehrten sie viel in jüdischen Kreisen. Dolly behauptete von sich, dem Judentum und Israel gegenüber sehr negativ eingestellt zu sein. Sobald wir als Jugendliche verstanden, dass wir Juden waren, fanden wir das einigermaßen seltsam und sehr einseitig. Die B.s hatten ein Wäschegeschäft in der Rue Lafayette im 9. Bezirk, und Allan freundete sich mit ihrem Sohn an. Gleich daneben befand sich ein Modesalon des Ehepaars Suzy und Jacques. Er war ein Überlebender der Shoah und schwieg ebenso wie alle anderen. Mehr als zwanzig Jahre danach beging er Selbstmord. Thérèse und Georges arbeiten ebenfalls im *schmattes*, der Konfektionsbranche. Thérèse, Suzy und Mutter waren in der gleichen Klinik unseres Bezirks zur Welt gekommen, eine Gemeinsamkeit, die sie einander näherbrachte. Oft sahen wir auch die »kleine Paulette« und Gérard, die mit Schuhen handelten. Und dann waren da noch Simone und Albert J., die ebenfalls Modekonfektion machten. Simone war eine Jugendfreundin unserer Mutter, die beiden hatten einander kennengelernt, als sie fünfzehn Jahre alt waren. Die J.s hatten einen Sohn und zwei Töchter, von denen ich mit derjenigen befreundet war, die das gleiche Alter hatte wie ich. Mit denjenigen, die Kinder in unserem Alter hatten, gingen wir sonntags in den Park von Saint-Cloud picknicken. Manchmal fuhren wir auch zusammen in die Ferien. Die Freundschaften zwischen den Ehepaaren dauerten oft Jahrzehnte an, die Lebensfreude unserer Eltern wirkte sehr anziehend. Unser Vater war stets zum Scherzen aufgelegt, unsere Mutter kehrte das *Veigele* hervor. Sie schlossen so schnell Freundschaft, dass Simone, mit der wir immer noch in Kontakt sind, sich erinnert, manchmal einfach kaum zueinanderpassende Paare an einem Tisch gesehen zu haben, die sich erst am Vorabend oder wenig früher getroffen hatten. Alle sagten: »Diese Leute saufen ja wie Löcher« oder »Die sind unglaublich unhöflich!« Aber unsere Eltern sahen nur die guten Seiten an Menschen und versuchten sogar, sie eine Zeit lang zu verteidigen. Auf Bemerkungen wie diese sagten sie nur: »Wirklich? Glauben Sie?«, bevor sie den anderen dann manchmal recht geben mussten.

Sehr oft luden unsere Eltern Freunde zu sich nach Hause ein. Allan und ich hörten sie aus unserem gemeinsamen Zimmer lachen, tanzen und Rummy spielen. Man organisierte sogar Abende in Verkleidung, wie es damals Mode war. Alles war voller Leben, ein wenig Wein und viel Lärm waren auch dabei. Unsere Mutter war im siebten Himmel, sie posierte für Fotos und lächelte ihr reizendstes Lächeln in die Kamera. Man drehte kilometerweise Super-8-Filme – Mutter liebte das. Wir wussten, dass am nächsten Tag ein Festessen auf uns wartete, denn die Frauen sprachen sich untereinander ab und brachten jede etwas zu essen mit. Und irgendwann kam dann der Sonntagabend, und die Laune unserer Mutter verdüsterte sich ... Auf dem Sofa sitzend drückte sie sich noch enger in die Arme unseres Vaters und sah in den Schwarz-Weiß-Fernseher, den wir sehr bald erstanden hatten. Sie wusste, dass ihr Kurt am nächsten Tag wieder unterwegs sein würde, während fast alle anderen Frauen aus dem Freundeskreis mit ihrem Mann arbeiteten. Unsere Mutter hielt das kaum aus – und wir auch nicht.

Wir litten sehr unter der häufigen Abwesenheit unseres Vaters, auch wenn Mutter uns sehr liebevoll erzog, kaum je die Stimme erhob und uns mehr oder weniger machen ließ, was wir wollten, wodurch wir in der Pubertät keinerlei Dummheiten machten. Wogegen hätten wir uns denn auflehnen sollen, wo doch ohnehin alles erlaubt war? Wir waren sehr brav. Sie begleitete uns zur Schule unseres Bezirks, bog in der Rue de Montreuil ab, um zur Volksschule in der Rue de Bouvines zu gehen, bis Allan groß genug war, dass er mich hinbringen konnte. Er selbst war im katholischen Kindergarten in der Rue Fabre-d'Églantine gewesen, weil es keinen öffentlichen Kindergarten gab. Es gab keinen Religionsunterricht, dafür aber eine gute Erziehung, auf die unsere Eltern großen Wert legten. Höflichkeit und Achtung waren unverzichtbare Elemente. Unsere Mutter ließ nicht zu, dass wir uns am Abend zu Tisch setzten, wenn wir nicht Hände gewaschen hatten und frisiert waren: »Wenn du dich nicht gewaschen hast, dann gibt's nichts zu essen!« Sie musste nicht erst ihre Stimme erheben – wir hatten schnell verstanden, wie das Leben in unserer Familie funktionierte. Unsere Noten waren mehr oder weniger in Ordnung, und niemand verlangte mehr von uns. Doch die Präsenz des Vaters fehlte uns.

Allerdings war die Autorität unseres Vaters ungefähr wie die unserer Mutter – gegen null. Ich erinnere mich, dass er uns eines Tages – ein einziges Mal? – bestrafen wollte, wahrscheinlich, weil wir spätabends noch im Zimmer herumtollten. Er versohlte uns den Hintern – allerdings nicht, ohne vorher eine dicke Decke untergelegt zu haben … mit dem Ergebnis, dass wir nichts spürten und vor allem unbändige Lust hatten, über den Zorn unseres Vaters zu lachen, der es nicht einmal schaffte, zu schreien, sondern einfach immer nur wiederholte: »Das gefällt mir gar nicht!« Ich glaube, er hatte sein Leben lang genug von Gewalt und Autoritarismus. Er war extrem nett. Auch wenn er sich nicht alles gefallen ließ, ließ er sich nicht aus der Ruhe bringen. Wenn er am Ende der Woche von seinen Reisen zurückkam, dann verspürten wir so etwas wie ein Sicherheitsgefühl, vielleicht deshalb, weil wir verstanden, dass unsere Mutter immer noch wie ein junges Mädchen war, das niemals erwachsen werden würde. Seine Gelassenheit und Reife vermittelten uns Ruhe. Deshalb waren wir unserer Mutter oft böse, weil sie ihn, oft von dem Augenblick an, an dem er die Schwelle übertrat, für sich haben wollte. Wenn es nach ihm gegangen wäre, hätte er sich ein Glas guten Weins eingeschenkt, seinen Pyjama angezogen und wäre bald zu Bett gegangen. Er war keiner, der immer zu Hause hockte, in den Ferien ging er gern aus. Aber da er die ganze Woche weit weg von zu Hause war, musste er am Wochenende seine Eltern oder Schwiegereltern besuchen, etwas Zeit mit seinen Kindern verbringen, und die zwei Tage vergingen im Nu, ohne dass er auch nur zum Durchatmen gekommen wäre. Ich glaube, dass sein *Veigele* ihn manchmal ermüdete. Mit der Ungerechtigkeit eines Jugendlichen sagte ich damals oft voller Überzeugung, dass mir unser Vater lieber war als unsere Mutter. Wir vergötterten ihn, weil er nie da war. Ich wusste nicht, welches Glück es sein kann, einen fröhlichen Vogel um sich zu haben.

Unsere Großeltern –
jüdisch, aber so unterschiedlich,
unsere Eltern – ein klein wenig wie sie

Unsere Großeltern mütterlicherseits und väterlicherseits waren von Grund auf verschieden. Doch wir mochten beide Haushalte, denn überall kamen wir auf unsere Rechnung – sowohl, was die Zuneigung, als auch, was das Essen betraf. An den Sonntagen und hohen jüdischen Feiertagen Rosch ha-Schana, dem jüdischen Neujahrsfest, Jom Kippur, Pessach, zum Sabbatessen am Freitagabend oder, bei den Großeltern väterlicherseits, manchmal am Samstag zu Mittag, gingen wir entweder zu den einen oder den anderen Großeltern. Der Unterschied war augenscheinlich: Die Knolls waren traditionalistisch, aßen koscher, gingen jede Woche in die Synagoge, während die Kerbels nur einmal, an Jom Kippur, die *Synagogue Tournelles* ganz in ihrer Nähe besuchten. Unsere Großmutter väterlicherseits zündete am Freitagabend die Sabbatkerzen an, ohne das Ritual jedoch so weit zu treiben, dass sie das Licht nicht aufgedreht oder keinen elektrischen Strom verwendet hätte. Sie hatte gerne einen oder mehrere ihrer Söhne in Begleitung von Kindern und Ehefrauen um sich, die alle Jüdinnen waren, zumindest zur Zeit der ersten Ehen. Die Familien der Brüder unseres Vaters, unsere Onkel und ihre Ehefrauen, waren keineswegs religiös, ebenso wenig wie wir. Ich bin mir nicht einmal sicher, dass den Kindern unseres Onkels Leo bewusst ist, dass sie Juden sind. Nach der Shoah ließen viele Juden die Religion, den Glauben und/oder die Rituale hinter sich.

Ganz besonders liebte ich Onkel Max, der für mich noch immer vom Glanz seiner Vergangenheit als Boxer überstrahlt war und den wir am häufigsten zu Gesicht bekamen, weil er ganz bei uns in der Nähe wohnte, ebenso wie Onkel Erwin, der Papa emotional am nächsten stand. Onkel Robert und Onkel Erwin waren die Intellektuellen der Familie unseres Vaters. Papa und Robert waren zwar gemeinsam durch die Hölle gegangen, doch das hatte sie einander keineswegs nähergebracht. Sie hielten immer einen Sicherheitsabstand zueinander, vielleicht um nicht an die schlimmen Dinge erinnert zu werden, die sie durchgemacht hatten. Die anderen Knoll-Brüder übten im Laufe ihres Lebens mehrere Berufe aus, meist in Paris, doch sie trafen einander nur selten, außer bei ihren Eltern. Manchmal erzählte Papa nur, dass er mit diesem oder jenem seiner Brüder ein Glas Wein getrunken habe. Das Leben hatte sie schlecht auf enge Familienbande vorbereitet. Väterlicherseits hatten wir somit mit unseren Cousins ein eher lockeres Verhältnis.

Bis zum Tod von Großvater Joseph in den 1970er Jahren und Großmutter Yetti, die in den 1980er Jahren starb, gab es bei den Knolls immer ein Ritual. Solange wir uns erinnern können, und selbst, als wir schon groß waren, lief unsere Großmutter, sobald sie uns die Tür geöffnet hatte und egal, wie spät es war, sofort in die Küche. Dort bereitete sie uns unser Lieblingsgericht *Zwiebeles mit Eier*, wie sie auf Jiddisch sagte, zu. So lernten wir die Grundlagen der Sprache – Allan viel besser als ich, weil er vier Jahre älter war. Oma Yetti hackte mit einer beeindruckenden Geschicklichkeit die Zwiebel und die harten Eier in ihrer Handfläche, gab Salz, Pfeffer und etwas Öl dazu, vermischte alles, und schon war unser Lieblingsgericht fertig. Wir genossen es! Die Großeltern Knoll hatten keinen Groschen, sie waren mit leeren Händen ins Exil gegangen und lebten nun als Pensionisten ohne Pension. Sie verreisten nicht, gaben kein Geld aus, und doch waren sie unglaublich warmherzig. Sie hatten sich trotz vieler schwieriger Umstände immer gut um ihre Kinder gekümmert, und nun unterstützten ihre Kinder sie finanziell, zumindest jene, die sich das leisten konnten. Unser Vater gehörte wohl kaum zu jenen, die viel zu ihrem Unterhalt beitrugen. Opa Joseph sprach den *Kiddusch* und *Ha-Mozi lechem*, die Segnung von Wein und Brot, beim Sabbatmahl. Er kannte auswendig die Haggada, die Erzählung der Geschichte der Juden und ihres Exils in Ägypten, die man am Vorabend des Pessachfestes zur Erinnerung rezitiert und die, weiß »Gott«, lang ist. Die jüdischen Feste feierten wir oft bei ihnen. Die Frömmigkeit der Knolls hatte etwas Sentimentales. Sie waren einfache Menschen, die nicht viel mehr vom Leben verlangten, als nicht leiden zu müssen. Sie hatten keine Vorstellung von Politik und schrieben niemandem irgendetwas vor. Sie gaben uns hauptsächlich die menschliche Wärme des Judentums weiter. Ich glaube nicht, dass sie eine genaue Vorstellung davon hatten, wo sich Israel befand, und sie kommentierten in keiner Weise die geopolitische Lage. Sie waren wie Papa tief in ihrem Herzen nach wie vor Österreicher. Ihr ganzes Leben war in diesem Land geblieben, und sie wussten, dass sie es sich nicht noch einmal aufbauen würden können.

Bei den Kerbels sah es ganz anders aus – sowohl, was den Alltag, als auch, was das religiöse Leben betraf. Es war ungefähr wie bei uns zu Hause, wo unsere Mutter an Jom Kippur fastete – so lange, bis sie am Nachmittag einfach zu hungrig war ... Was allerdings die kulinarische jüdische Tradition betraf, so konnten die Kerbels es sehr wohl mit den Knolls aufnehmen, und sie hatten auch andere finanzielle Möglichkeiten. Daher gab es bei jeder Mahlzeit Fleisch, weshalb unsere Mutter uns, wenn zu Hause Schmalhans Küchenmeister war, zu unseren Großeltern schickte, damit wir uns ordentlich sattessen konnten. Ich erinnere mich, wie der »große« Allan mich von der Metro-Station

Nation zu ihnen in die Rue de Turenne 41 führte, die sie immer noch mieteten. Dort diskutierten wir gerne mit Oma Sarah, die eine kluge Psychologin mit viel Hausverstand war und die Fähigkeit hatte, einem gute Ratschläge zu erteilen. Von Zeit zu Zeit trafen wir dort Jacques, den Bruder unserer Mutter, Allans Lieblingsonkel, und unsere Cousine Patricia, die etwas jünger war als wir. Unser Vater verstand sich gut mit Jacques. Er war nicht nur sein Schwager, sondern auch sein alter Jugendfreund, dem er die Bekanntschaft mit unserer Mutter und die Heirat verdankte. Von Zeit zu Zeit trafen die beiden einander auf ein Gläschen, denn beide hatten eine Vorliebe für guten Wein. Manchmal nahmen wir Patricia in die Ferien mit, denn sie lebte nun mit ihren Eltern bei Oma Sarah. In der Tat wollten Onkel Jacques und seine Frau unsere Großmutter nicht allein lassen, nachdem Opa Émile seine Frau zurücklassen und sich in medizinische Behandlung begeben hatte müssen. So lautete zumindest die offizielle Version ...

Allan hatte seine Bar-Mizwa mit dreizehn Jahren bereits hinter sich, als ich mich auf die meine vorbereitete. Ich hatte mitbekommen, wie er die Thora auf Hebräisch in der Synagoge *de la Victoire* vortrug, wo der Rabbiner, der ihn instruierte, auch heute noch tätig ist. Allan war sehr beeindruckt, ebenso wie ich. Ich begann meine eigene Parasche zu studieren, jene Passage des biblischen Textes, die sich jede Woche ändert und die man an dem vorher bestimmten Tag vor der gesamten in der Synagoge versammelten Gemeinde lesen und analysieren muss. Es ist eine frühe Lektion in Ethik und Philosophie. Ich hatte natürlich Lampenfieber. Einige Zeit vor dieser »Prüfung« waren wir, wie so oft, mit Oma Sarah in den Ferien, die wir häufig mitnahmen, seit Opa Émile krank war. Ich lag also still in meinem Bett, hatte mich im kalten Winter in den Bergen an meine Oma geschmiegt und flüsterte ihr zu: »Ich hätte gerne, dass Opa Émile zu meiner Bar-Mizwa kommt.« Schon seit Jahren hatte er sein Altersheim nicht mehr verlassen. Da begann meine Großmutter zu weinen – und ich verstand auf der Stelle, dass er tot war.

Bevor ich Trauer verspürte, wurde ich sehr zornig, dass man mir etwas so Wichtiges verheimlicht hatte. Ich hatte Großvater Émile sehr geliebt. Er war 1962 gestorben, und man hatte mich sieben Jahre lang belogen! Die ganze Zeit über hatte man mir falsche Nachrichten überbracht. Meine Großmutter rechtfertigte sich damit, dass sie mir nicht wehtun habe wollen. Es war eine typische Haltung, nicht nur gegenüber dem Tod, sondern selbst gegenüber der Vorstellung vom Tod: nichts sagen, nicht darüber sprechen, ein Geheimnis daraus machen. Nur nichts tun, was zornig oder traurig macht. Seit dieser Erfahrung habe ich einen Horror vor Geheimnissen: Ich habe meinen Kindern nie irgendetwas verheimlicht.

Der Tod meines Großvaters war die Erklärung dafür, warum Onkel Jacques, seine Frau und Patricia bei Oma Sarah in die große Dreizimmerwohnung in der Rue de Turenne 41 eingezogen waren, die sie dann, dank der finanziellen Hilfe von Oma Sarah, kaufen konnten. Auch mein Bruder Allan hatte dichtgehalten. Zum Zeitpunkt des Todes unseres Großvaters Émile war er zwar auch nicht informiert worden, erfuhr aber zwei Jahre danach ebenfalls unbeabsichtigt davon. Oma Sarah und Mutter waren wie jeden Donnerstagnachmittag mit ihm zu den weitläufigen Grünflächen am Place des Vosges gefahren und hatten dort leise Jiddisch miteinander gesprochen, als Mutter Oma zugeflüstert hatte: »Pst! Er weiß es nicht!« Sofort hatte Allan gefragt, was er nicht wisse, und da verriet man ihm die traurige Wahrheit. Obwohl er seinen Großvater im Spital besucht hatte, hatte man ihn, jedes Mal, wenn er nach ihm fragte, belogen: »Es geht ihm gut, es geht ihm gut.« Allan hatte mir gegenüber geschwiegen, weil er sehr an Opa Émile gehangen hatte und mir den Schmerz ersparen wollte, den er empfand. Ich hatte einen sehr netten älteren Bruder, und das ist bis heute so geblieben.

Später erzählte uns unsere Mutter, wie sehr sie unter dem Tod ihres Vaters gelitten habe, was ich damals nicht bemerkt hatte. Er war ihr Vater, aber auch ihr Held, die sichere Stütze der Familie. Sie war dreißig Jahre alt, als er starb, und bis zu seinem Ende verwöhnte und behandelte er sie, als sei sie noch ein Kind. Ich erinnere mich, wie Opa Émile, als wir einmal die Großeltern in der Avenue Philippe-Auguste besuchten, furchtbar zornig auf Mutter wurde. Als Kind war ich äußerst verwundert darüber, dass unsere Mutter auf viel heftigere Weise zurechtgewiesen wurde als wir. Ich weiß nicht, was sie falsch gemacht hatte, aber Dummheiten waren ihr durchaus zuzutrauen. Unsere Mutter behielt ihr ganzes Leben etwas Kindliches, Naives bei, sie weigerte sich, die Verantwortung des Erwachsenenalters auf sich zu nehmen, und schaffte es nie, richtig zu kalkulieren. Oder genauer gesagt, sie konnte gar nicht kalkulieren. Diese mangelnde Fähigkeit, vorauszuplanen, verursachte einige Jahre später einen großen finanziellen Verlust – aus Liebe, natürlich. Da unsere Mutter sehr unter der Abwesenheit unseres Vaters litt, hatte sie sich in den Kopf gesetzt, dass er ein Geschäft eröffnen sollte. Schließlich machten das fast alle in ihrem Umfeld. Dadurch würden sie ein Leben wie jedes andere Ehepaar führen können, so wie unsere Mutter es sich wünschte, mit einem Mann, der nie von ihrer Seite wich, sie mit Liebe überhäufte und ihr Sicherheit vermittelte. Zu Beginn der 1970er Jahre, in unserer frühen Pubertät, fand unser Vater eine Damenmodenboutique in der Rue Louise-Michel. Aber man musste eine

Garantie hinterlegen, und unser Vater hatte keinen Groschen. Mutter hatte von ihrem Vater das Werkstattlokal in der Rue d'Aboukir 71 geerbt, das vermietet war und Oma Sarah ein wenig Geld einbrachte. Jacques hatte wiederum das Wohnrecht in der Wohnung in der Rue de Turenne geerbt und lebte dafür mit seiner Mutter. Natürlich zögerte unsere Mutter keine Sekunde, als sie eine Hypothek auf die Rue d'Aboukir aufnahm. Was würde man nicht alles machen, um seinen Mann an der Seite zu haben, wenn man Mireille Knoll hieß? Doch unser Vater war zwar ein guter Vertreter, aber absolut kein Unternehmer. Er musste Bestellungen aufgeben, die Buchhaltung machen, sich um Kunden kümmern – was einerseits zu viel für eine Person war und ihm andererseits nicht lag. Vielleicht hätte unsere Mutter ihn unterstützen müssen. Er hatte auch den Eindruck, dass das Lokal auf der falschen Straßenseite lag. Jedenfalls musste unser Vater nach einem Zeitraum von nur zwei Jahren, in dem bei uns manchmal sogar schon die Gerichtsvollzieher vor der Tür gestanden hatten, die Firma zusperren. Dadurch verlor unsere Mutter ihr Erbe und Oma Sarah ihre karge Einnahmequelle. Unser Vater versuchte, das nach besten Kräften wiedergutzumachen und auszugleichen. Bereits in diesem frühen Jugendalter lernten wir den Wert von Geld kennen, weil wir sehr oft keines hatten.

Zurück zu Papas Ursprüngen – und zu seiner Sprache

Unser Vater musste mit seinem Geschäft einen Misserfolg einstecken, aber ich glaube, dass es ihm auch keine Freude machte. Er war nicht für Sesshaftigkeit gemacht, es langweilte ihn, jeden Abend zur gleichen Stunde heimzukommen. Der Beruf eines Vertreters war zwar anstrengend, bedeutete für ihn aber eine gewisse Form von Freiheit, und er wollte sich nicht mehr einsperren lassen. Also kehrte er wieder zu seinem alten Beruf zurück und verkaufte französische Weine auf Messen, zuerst im Osten von Frankreich, dann in der Schweiz und schließlich längerfristig in Deutschland, wo französische Weine sehr geschätzt werden. Außerdem fühlte unser Vater sich dort wohl.

Dort sprach man seine eigene Sprache, jene Sprache, in der er die Zeitung las. Unser Vater assoziierte Deutschland keineswegs mit dem Land der ehemaligen Nazis, im Gegensatz zu vielen Juden, die die Shoah durchgemacht hatten. Er machte zu Recht einen Unterschied zwischen dem Volk der Deutschen und den Nazis, die dieses regiert hatten, auch wenn manche Deutsche sie an die Macht gebracht hatten, zumindest die Vorfahren der Deutschen. Kinder sind nicht für die Verbrechen ihrer Eltern verantwortlich.

Wir mochten Deutschland, weil wir regelmäßig die Urlaube mit unserer Familie dort verbrachten, auf die unser Vater niemals verzichtete und für die er sich finanziell ausblutete. Wir lernten Deutsch als erste Fremdsprache in der Schule, und nach einigen Ferienlagern und Urlauben konnten wir uns auch in dieser Sprache verständigen. Nun versuchten wir auch zu verstehen, was unsere Eltern sagten, wenn sie Jiddisch miteinander sprachen, was sie immer dann taten, wenn sie nicht wollten, dass wir sie verstanden – mit mehr oder weniger Erfolg. Mutter sprach selbst bald gut Deutsch. Es war ihre fünfte Sprache, die sie aktiv beherrschte, nach Jiddisch, Französisch, Portugiesisch und Englisch. Mich zog es später nie mehr nach Deutschland, während Allan weiterhin mit seiner Frau hinfuhr und sich am Zauber der Musik und der Gedichte erfreute.

Allerdings hörte ich bei einem Ferienlager in einem Bus voller nichtjüdischer Jugendlicher, wie jemand rief: »Du bist verrückt wie ein Jude!« Natürlich war es nur ein Witz, aber diese Beschimpfung verletzte mich dennoch. Ich war sehr erstaunt darüber, denn in der Schule im 11. Pariser Gemeindebezirk verkehrten Juden, die bereits seit langer Zeit ansässig waren, mit Arabern aus Nordafrika, die erst vor kurzem eingewandert waren, und mit anderen Personen, die keine Juden waren, ohne dass jemals irgendeine Beschimpfung laut geworden wäre. Als Einziger gegen alle sagte ich nichts. Aber wie hätte ich mich danach nicht als einer fühlen sollen, der »anders« ist? Klarerweise dachte ich mir, dass es vorsichtiger wäre, wenn ich schwiege. Damit der Blick der anderen sich nicht änderte. Dabei litten weder Allan noch unsere Eltern, noch ich weder zum damaligen Zeitpunkt noch später unter Antisemitismus. Unser Äußeres entspricht nicht den rassistischen Stereotypen. Wie alle wissen, hat ein polnischer Jude oder ein algerischer Jude viel mehr mit der lokalen, nichtjüdischen Bevölkerung gemeinsam als die Juden untereinander, was schon genug über gemischte Verbindungen aussagt, die offiziell oder inoffiziell immer existierten, auch wenn einige das gar nicht gerne hören.

In Deutschland besichtigten wir Schlösser, Kirchen, Synagogen, Museen, und manchmal nahmen unsere Eltern an Tanzwettbewerben teil. In der Zwischenzeit ließen sie uns im *Kinderheim*, wo die Kinder beaufsichtigt wurden. Es kam vor, dass die

Aufsichtspersonen uns in die Kirche mitnahmen und uns nur baten, nicht zur Kommunion zu gehen. Einmal pro Jahr fuhren wir nach Bad Reichenhall, eine Therme in der Nähe von München, wo unser Vater eine Kur machte, um seine Atemwegsprobleme zu lindern, unter denen er litt, seit die Kapos ihm seine Nasenscheidewand zertrümmert hatten. Es mag verrückt erscheinen, nach Deutschland zu fahren, um eine Therapie für gesundheitliche Schäden zu machen, die von den Nazis verursacht worden waren, aber unser Vater sah die Dinge nicht so. Für ihn war es, als hätte die Kultur, aus der er kam, einen Bürgerkrieg durchgemacht: Es gab Ungeheuer, aber nicht alle waren solche Monster, und es war und blieb seine Welt. Wir spürten, dass er sich zwischen den Bergen und Wäldern, die einen idealen Hintergrund für *Sissi* abgegeben hätten, wohlfühlte.

Wir hingegen hatten eine Vorliebe für den Süden. Wir machten im Opel unseres Vaters weite Reisen. Unsere Mutter hatte keinen Führerschein, sie zog es selbstverständlich vor, sich chauffieren zu lassen. Sie liebte es, wenn wir auf Reisen gingen, egal wohin, solange wir nur eine andere Umgebung, andere Menschen und eine andere Art zu leben kennenlernten. Wenn Papa am Steuer saß, sang er mit Vorliebe fröhliche Tiroler Lieder. Wir waren oft in Italien, in Jugoslawien, in der Schweiz und sogar in Österreich, alles Länder, die wir mit dem Auto erreichen konnten, weil uns für das Flugzeug das Geld fehlte. Wir machten Ferien in Wintersportorten und am Meer, besonders in Trouville, wo unser Vater des Öfteren eine Wohnung für einen ruhigen Urlaub mietete und Schlauchboot fuhr. Mutter mochte alles – das Meer, das Gebirge –, solange wir nur hinauskamen und Papa bei uns war. Von ihr lernten wir, Reisen und andere Menschen zu schätzen, uns für andere zu interessieren und sie zu mögen. Sie war eine sehr zärtliche Mutter und zeigte offen ihre Zuneigung zu Papa, aber ihre Familie allein wäre ihr nicht genug gewesen, auch wenn sie ihre Grundlage war, von der aus sie sich anderen gegenüber öffnete. Immer unterhielt sie sich mit den Menschen am Nachbartisch im Restaurant, machte Bekanntschaft mit den Nachbarn am Strand und schlug vor, gemeinsam zu einem Konzert oder Volksfest zu gehen. Alles war recht, wenn sie sich nur richtig unterhalten konnte. Papa folgte ihr, angesteckt von der Freude seines *Veigele*, die alle mit sich riss, die um sie herum waren.

Unsere Jugend – ohne irgendwelche Vorschriften

Erst heute, wo wir einen gewissen Abstand haben und andere Erziehungsmethoden kennen, wissen wir, wie offen und großzügig unsere Eltern waren. Bei uns stand die Liebe im Mittelpunkt, sie war ein geheiligter Wert. Unsere Mutter war sehr liebevoll und bereitete uns unsere Lieblingsmahlzeiten zu, ohne deshalb jedoch zur Karikatur einer jüdischen Mutter zu werden, die ständig wiederholt: »Iss, mein Sohn!« Viel lieber aß sie im Restaurant bei Kerzenlicht. Wir konnten tun und lassen, was wir wollten. Im Lycée machte ich meine Pubertätskrise durch, fühlte mich einsam, die Noten wurden schlecht, und ich wechselte in eine Privatschule. Rückblickend schäme ich mich dafür, weil diese zusätzlichen Ausgaben ein Luxus waren, den meine Eltern sich eigentlich nicht leisten konnten. Allan war ruhiger, das war er sich als Älterer schuldig. Da Allan und ich ein Zimmer teilten, aber jeder Raum für sich brauchte, waren unsere Eltern sogar bereit, uns ihr Schlafzimmer zu überlassen, und begnügten sich mit dem Sofa im Wohnzimmer. Jahrelang nahmen sie dieses Opfer auf sich, so lange, bis wir den elterlichen Haushalt verließen. Selbst wenn man bedachte, dass unser Vater – zum Leidwesen unserer Mutter – manchmal zwei oder drei Wochen in Folge nicht zu Hause war, während derer sie ihn dann manchmal, mit oder ohne uns, in Deutschland besuchte, war das sehr großzügig. Im Gegenzug dafür machten wir keinerlei Dummheiten. Wir spielten Schach, Allan hörte klassische Musik in ohrenbetäubender Lautstärke, und ich machte Kampfsport.

Wir wurden nicht gefragt, was wir taten, und auch nicht, welche Bekanntschaften wir hatten. Wir durften Freunde und Klassenkollegen mit nach Hause bringen, ohne dass man uns über sie ausfragte, später dann auch Mädchen. Mutter nahm jeden und jede auf, ohne irgendeine Bemerkung zu machen, sogar dann, wenn Mädchen bei mir übernachteten. Ich muss gestehen, dass ich ihr nicht wenige junge Damen jeder Art und Nationalität vorstellte. Muss ich noch dazusagen, dass es ihr gleichgültig war, ob es sich um Jüdinnen handelte oder nicht? In der Tat waren eher wenig jüdische Freundinnen darunter, was einfach statistische Gründe hat: Die jüdische Bevölkerung Frankreichs beläuft sich nur auf ein Prozent, weshalb wir es gerne hätten, wenn wir weniger oft das Gesprächsthema wären und nicht gezwungen wären, uns zu tragischen Themen zu äußern. Unsere Mutter verhehlte nicht, dass sie Jüdin war, und setzte damit der Familientradition des Schweigens ein Ende, aber sie war auch nicht missionarisch. Solange wir glücklich waren, reichte ihr das. Sie versuchte in keiner Weise, uns zu verheiraten, und im Übrigen hätte sie damit auch keinen Erfolg gehabt, denn sie hatte uns so sehr beigebracht, wie wichtig Freiheit ist, dass wir ihr nicht gehorcht hätten. Dass wir unser Leben in vollen Zügen genossen, störte sie natürlich nicht, denn das war genau das, was auch sie tat, selbst wenn sie sich dabei auf einen einzigen Mann beschränkte. Das einzige Mal, als ich meine Mutter beunruhigt sah, war während der Ereignisse von Mai 1968, als Allan, der noch im Gymnasium war, aber schon eine ausgeprägte soziale Ader hatte, Mitglied des Französischen Roten Kreuzes wurde und bei den Barrikaden zum Einsatz kam. Sie hatte Angst, dass ihm in einer Auseinandersetzung mit den Einsatzkräften etwas zustoßen könnte. Im Grunde war sie eine nicht allzu besorgte Mutter, ebenso wenig wie Papa, außer dass die Geschichte ihn gezeichnet hatte. Als er die Ausschreitungen auf der Straße und die Unentschlossenheit der Regierung sah, beschloss er aus Vorsicht, dass wir nach Mondorf-les-Bains in Luxemburg ziehen würden, bis die Lage sich wieder beruhigt hätte. Im September begannen wir mit der Schule in dieser kleinen Thermalstation, bevor wir im Laufe des Herbstes wieder in unsere Wohnung in der Avenue Philippe-Auguste zurückkehrten. Ein Trauma in der Größenordnung einer Deportation kann man wohl nie zur Gänze überwinden.

Das Erwachen unseres jüdischen Bewusstseins

Juden haben die Angewohnheit, nach vorne zu schauen, um nicht voller Verbitterung und mit Rachegelüsten zu leben, die man ohnehin kaum angemessen befriedigen könnte, wenn man sich für die Shoah revanchieren wollte. Die Gründung von Israel im Jahre 1948 wurde zu Hause kaum kommentiert. In den Augen vieler europäischer Juden, unter anderem meiner Eltern, handelte es sich um eine von den Vereinten Nationen gefundene Lösung, die darauf abzielte, einen neuen Anfang zu setzen:

Von nun an würden die Juden ein Land haben, wo sie in Frieden und Sicherheit leben könnten, ein Land, dessen offizielle Religion der Bevölkerungsmehrheit das Judentum wäre und wo diejenigen, die sehr orthodox waren, sich nicht fühlen würden, als stünden sie im Widerspruch zum Rest der Welt: Samstag war der offizielle Ruhetag, die Nahrung war koscher etc. Ich war nie der Ansicht, dass Gott den Juden ein Land gab, ebenso wenig wie die Entscheidungsträger in den Vereinten Nationen dies dachten. Ganz einfach deshalb, weil ich nicht an Gott glaubte.

Auch für Allan, der ein religiöser Mensch ist, ist die Gründung Israels keine Sache des Glaubens. Im Übrigen hat der ursprüngliche Zionismus sozialistische Wurzeln und ist links angesiedelt. Sein Ideal sind Gleichheitsbestrebungen und soziale Gerechtigkeit. Die Mehrheit der Israelis war nicht religiös, heute gilt das etwa noch für die Hälfte der Bevölkerung. Bis 1967 gab es in Israel Zusammenstöße, Massaker und Gewalttaten. Gleich bei der Staatsgründung im Jahr 1948 kam es zu einem ersten Krieg mit den ursprünglichen Einwohnern Palästinas, die von Anfang an, und im Gegensatz zu der von den Vereinten Nationen vertretenen Meinung, die Teilung nie akzeptieren wollten. Die UNO dachte wohl, dass die jüdischen und arabischen Bewohner Palästinas sich schon arrangieren würden ... Unsere Eltern interessierten sich für das Geschehen in diesem Land etwas mehr als für Nachrichten aus anderen Ländern, aber wir waren Kinder, und es kam nicht in Frage, dass wir in den Ferien hinfuhren, schon deshalb nicht, weil unsere Mittel es uns nicht erlaubten, mit dem Flugzeug in ferne Länder zu fliegen.

Als Israel 1967 angegriffen wurde und der Krieg in allen Medien kommentiert wurde, war es für mich daher das erste Mal, dass ich mich als Jude fühlte. Ich wusste, dass die »Unseren« attackiert wurden. Diese Gefühlsregung hatte natürlich nichts mit einem politischen Standpunkt zu tun. Ich war elf Jahre alt, aber trotzdem erklärte ich meinen Eltern, dass ich in den Kampf ziehen wollte, was diese erheiterte. Gegen alle Erwartungen gewann Israel, ein junges und alleinstehendes Land, gegen mehrere arabische Armeen und errichtete neue Grenzen rund um die eroberten Gebiete. Darauf folgten die Proteste, die wir alle kennen und die sich seither nur noch ausweiteten.

Wir fuhren auf Ferienlager – manchmal auf jüdische, manchmal auf solche, die mit unserem Glauben nichts zu tun hatten. Unsere Eltern weigerten sich, uns abgeschottet vom Rest der Gesellschaft zu erziehen, denn auch sie lebten nicht so. Allan stand zu seinem Judentum. Kollegen hatten ihn gefragt: »Bist du vielleicht Jude?«, und diese Frage hatte nicht wirklich nett geklungen. In einem Alter, wo mein Bewusstsein erst zu erwachen begann, war er bereits fünfzehn Jahre alt – ein Alter, in dem man sich die großen ethischen Fragen stellt. Als Gymnasiast und später als Student nahm er an Debatten und philosophischen Gesprächen teil und beteiligte sich am Kampf gegen Rassismus und Antisemitismus. Insgesamt war er viel ernsthafter als ich. Allerdings lehrten unsere Eltern uns nicht, ein Leben zu führen, das von der jüdischen Identität durchdrungen war, und noch weniger brachten sie uns Angst vor Antisemitismus bei. Sie fürchteten sich nicht mehr. Niemand hatte mehr Angst.

Man fühlt sich als Jude, wenn man spürt, dass es gefährlich ist, Jude zu sein, oder wenn man versteht, dass dies zu einer bestimmten Zeit in der Vergangenheit der Fall war. Das Bewusstsein meines Judentums wurde konkreter, als ich die Geschichte klarer verstand, als das im Unterricht in der Schule der Fall war. Meine Eltern nahmen das Angebot einer jüdischen Vereinigung an, die für die Information und die Förderung der *Alija*[13] in Frankreich arbeitete, und schickten mich nach Israel, wo sie selbst noch nicht gewesen waren. Damals war ich vierzehn Jahre alt. Unsere Gruppe fuhr gemeinsam nach Yad Vashem[14], einem gigantischen Dokumentationszentrum und einer Gedenkstätte der Shoah auf einem Hügel im Westen Jerusalems. Der Name des im Jahr 1953 erbauten Zentrums stammt aus einem Satz aus der Bibel aus dem Buch Jesaja: »Ihnen allen errichte ich in meinem Haus und in meinen Mauern ein Denkmal (Yad), ich gebe ihnen einen Namen (Vashem), der niemals getilgt wird.« Das Prinzip ist dasselbe wie jenes der Kriegerdenkmäler, die man in jedem französischen Dorf findet und wo die Namen der Opfer in Stein gemeißelt sind, um ihr Andenken zu bewahren. In diesem Fall ging es darum, den Menschen eine Identität zu verleihen und damit eine symbolische Beerdigung zu geben. Im Falle mehrerer Hundert Menschen kam noch ein Gesicht und eine kurze biographische Anmerkung hinzu, um uns an die konkrete Existenz dieser Menschen als Beispiele unter vielen anderen zu erinnern. Eines Tages gingen wir zu den Mauern dieses Saals, wo der Name von zweieinhalb Millionen Deportierten eingetragen ist. In Registern sind alle Namen zu finden, nämlich 6 500 000 Namen.

Da geschah etwas, was ich nicht erwartet hatte: Ich weinte. Und während der nächsten zwei Tage passierte mir das noch öfter. Ich wusste, dass sich unter diesen Namen auch der unseres Vaters und Onkel Roberts befanden, die überlebten, sowie jener

---

13 Hebräisches Wort, bedeutet »Aufstieg« und meint die Auswanderung nach Israel.
14 https://yvng.yadvashem.org/ Die Datenbank von Yad Vashem ist öffentlich zugänglich. In ihr ist der Name jeder deportierten Person verzeichnet.

von Nathan Finkel, dem Bruder von Oma Sarah und dem Vater von Cousine Huguette, der niemals wieder zurückkam.

Später, als ich schon erwachsen war, führte ich meinen Vater zu dieser Gedenkstätte. Ich zeigte ihm ebenfalls den Garten der Gerechten, wo jeder Baum zur Ehrung eines der Gerechten gepflanzt wurde, der Juden im Zweiten Weltkrieg geschützt hatte. Es gab allerdings mehr Gerechte als Bäume. Die Namen von etwa 30 000 Personen sind auf einer Gedenktafel eingraviert, und ein weiteres Denkmal wurde für all jene errichtet, die anonym geblieben waren. Da sah ich, dass auch mein Vater sehr betroffen war, ebenso wie ich beim ersten Mal. Er dachte sicherlich an jene, die ihm geholfen hatten, seine Familie in Grenoble wiederzufinden. An diesem Tag, an dem ich zum ersten Mal Yad Vashem besichtigte, verstand ich, dass es ein Wunder war, dass die Namen aller meiner Großeltern und unserer Mutter nicht auf diesem Denkmal standen, dass mein Vater nicht gestorben war und ich dadurch geboren wurde. An diesem Tag verstand ich, dass mein Leben an sich an ein Wunder grenzte, wenn schon nicht des Himmels, so zumindest an ein Wunder des Schicksals.

Meine Verbundenheit mit Israel entstand zu dieser Zeit, bei diesem ersten Besuch im Alter von vierzehn Jahren. Diese Tatsache hatte konkrete Folgen, führte zu bestimmten Entscheidungen im Leben, wohingegen die Dinge für Allan ganz anders aussahen. Er war während seines ganzen Lebens ein religiöser Mensch und in seiner Glaubensgemeinschaft Beth 'Habad verankert, deren Offenherzigkeit und Großzügigkeit in Bezug auf die Genauigkeit der Einhaltung – oder Nichteinhaltung – der Glaubensvorschriften er sehr schätzte. Mein Bruder war dreimal in Israel, ohne sich dort jemals zu Hause zu fühlen. Er ist in seinem tiefsten Herzen Franzose, während ich mich überall daheim fühle, sogar auf den Philippinen, dem Land, aus dem meine jetzige Frau kommt.

Bei einem späteren Aufenthalt im Kibbuz meines Großonkels Isaac, dem sagenumwobenen Bruder Opa Émiles, jenem Brasilianer, der seinen Regenmantel verschenkt hatte, verstand ich, was eine jüdische Identität im Zusammenhang mit einem ungewöhnlichen Lebensverlauf sein kann.

Gleich nach meinem Gymnasialabschluss beschloss ich, mit einem Freund eine große Reise per Autostopp durch den Mittelmeerraum zu machen, die uns zuerst nach Israel und später in die Türkei, nach Bulgarien etc. führen würde. Mein Freund sollte einige Tage später zu mir stoßen. Mutter hatte die Idee, mich bei dieser völlig unorganisierten Reise zu Großonkel Isaac, dem Bruder von Opa Kerbel, zu schicken. Sicherlich war es für sie eine Art, sich in Gedanken ihrem geliebten Vater, der sieben Jahre zuvor verstorben war, anzunähern, und deshalb wollte sie, dass ich den Kontakt zu diesem Zweig der Familie aufrechterhalten möge. Onkel Isaac hatte sehr unstet gelebt, sodass wir nichts von ihm wussten, als dass er sich viele Jahre zuvor im Kibbuz Yagour in der Nähe von Haifa niedergelassen hatte. Ich war siebzehn Jahre alt, als ich mich mit der Adresse in der Tasche aufmachte, einen alten Herrn von siebzig Jahren zu besuchen, den ich noch nie gesehen hatte. Ich kann nicht behaupten, dass ich begeistert darüber war, die drei freien Tage vor dem Beginn meiner abenteuerlichen Reise mit einem unbekannten Alten zu verbringen. Die Gesellschaft großartiger Mädchen aus aller Herren Länder, die in diesem Land lebten, erschien mir weitaus spannender – aber ich wollte Mutter eine Freude machen. Als ich vor der kleinen Hütte in der Mitte des Kibbuz stand, hörte ich klassische Musik in ohrenbetäubender Lautstärke herausschallen, sodass ich lange klopfen musste, bevor mir jemand öffnete. Ich dachte mir: »Mutter hatte recht, ich bin beim Original der Familie angekommen.« Er brauchte eine gewisse Zeit, bis er mir öffnete, und sah mich groß mit seinen durchdringenden blauen Augen an, als ich mich vorstellte: »Ich bin Mireilles Sohn Daniel, einer der Enkelsöhne von Émile.« Er bat mich herein und löcherte mich eineinhalb Stunden lang mit philosophischen Fragen. Ich saß einem Mann gegenüber, der unglaublich gebildet war. Glücklicherweise war Philosophie eines meiner Abschlussfächer gewesen, und so konnte ich halbwegs mit ihm mithalten. Er sah sehr russisch aus, strahlte die Entschlossenheit eines jungen Mannes aus und zeigte mir seine Büchersammlung, die aus allen Nähten platzte. Ich hatte noch nie so viele Bücher im Besitz einer einzelnen Person gesehen! Er erzählte mir, sein Leben mit Büchern verbracht zu haben, insbesondere, seit er in Israel war, also seit mehreren Jahrzehnten, wie es schien. Davor hatte er sich, wie er erzählte, als militanter Kommunist an Revolutionen beteiligt – in Spanien, Südamerika und Asien. Er konnte sogar Chinesisch, und ich denke, er war der einzige Mensch in Israel, der eine chinesische Zeitung abonniert hatte. Er sprach zehn oder zwölf Sprachen, und als ich ihn fragte, ob er verheiratet gewesen sei oder Kinder habe, antwortete er mir: »Nein. Dazu habe ich keine Zeit gehabt.« Ich, ein junger Mensch, war bei dieser Antwort völlig perplex. Keine Zeit für eine Ehe! Am nächsten Tag sah ich, wie sein Zeitplan aussah. Auch mit seinen siebzig Jahren war er noch jeden Morgen um sechs Uhr auf den Beinen, um im Kibbuz zu arbeiten – an diesem Tag mit Rohrleitungen. Man hatte ihm angeboten, sich in den Ruhestand zu begeben, denn das Gemeinschaftsleben sichert den Älteren aus Solidarität ab einem bestimmten Alter ein Leben ohne Arbeit zu, aber er hatte abgelehnt: »Das Leben ist zum Arbeiten da!« Aus diesem Grund schickte er mich bereits am frühen Morgen Trauben pflücken, obwohl ich mich weder in der Landwirtschaft noch mit Pflanzen auskannte. Ich war eine richtige Null. Aber im Kibbuz ging es darum, vielseitig zu sein. Großonkel Isaac schien sehr glücklich, gelassen und zufrieden, diese Art von Leben gelebt zu haben. Ich war sehr beeindruckt von diesem charmanten Großonkel, und der Satz, den er mir zum Abschied sagte, klingt mir immer noch in den Ohren nach: »Ich habe in meinem Leben immer das gemacht, was ich wollte!« Mein ganzes Leben erinnerte ich mich dieses Satzes und versuchte, seinem Beispiel zu folgen. Ich hoffe, dass mir das annähernd gelungen ist.

Den tatsächlichen Lebensweg meines Großonkels Isaac erfuhren wir erst nach Mutters Tod, jenem Drama, das es für uns notwendig machte, nach unseren Wurzeln zu suchen, um nicht ins Wanken zu geraten. Von unserer wunderbaren brasilianischen Informantin kamen die ersten Angaben, die sie in einem lokalen Archiv recherchiert hatte.[15] »Isaac Kerbel wurde 1904 oder 1905 geboren. Er galt als kommunistischer Jude und nahm an mehreren Streikbewegungen teil, weshalb die Polizei ihn immer im Auge behielt. Im September 1929 wurde er ins Gefängnis geworfen, weil er an einer antizionistischen Demonstration teilgenommen hatte. Am 2. November 1929 wurde er aus Brasilien ausgewiesen und fuhr mit dem Schiff *Baden* nach Hamburg (Deutschland).« Diese Informationen schockierten uns, gelinde gesagt: ein militanter Antizionist, der seinen Lebensabend in Israel verbringt, das war wirklich stark, sehr jüdisch und ein klares Beispiel für die Kunst der Infragestellung, die eine unab-

---

15 Judaica latinoamericana: Estudios histórico-sociales, volume 4, World Union of Jewish Studies, Editorial Universitaria Magnes, Universidad Hebrea, 1988.

dingbare Grundvoraussetzung darstellt. Doch das war noch nicht das Ende unserer Überraschungen. Wir holten auch Informationen aus dem Kibbuz Yagour ein.

Großonkel Isaac starb am 14. Mai 1976, was heißt, dass ich viel Glück hatte, ihn kennengelernt zu haben. »Er hatte gelebt wie ein einsamer Wolf, mit linken Ideen, er war ein Kämpfer. Er kam im Jahr 1949 nach Israel und 1950 in den Kibbuz Yagour. Keine Information über eine Frau oder Kinder. Er lebte allein. Im Kibbuz galt er als guter und mutiger Arbeiter, er war in der Verpackungsfabrik tätig. Angeblich nahm er am Spanischen Bürgerkrieg, natürlich auf Seiten der Republikaner, teil, vielleicht war er auch in den Internationalen Brigaden. Er beherrschte Hebräisch niemals vollkommen, sprach aber mehrere andere Sprachen.«

Shanghai war ein Ort, der viele Juden anzog, das ist nicht weiter erstaunlich – aber mit zehn Jahren? War das ein Irrtum oder hieß das, dass Opa Émile und Isaac von der Ukraine nach Asien ausgewandert waren, bevor sie zahlreiche Jahre in Brasilien verbrachten? Und was tat er in Hamburg, als er Rio im Jahr 1929 verließ? Wie lange kämpfte er auf Seiten der spanischen Republikaner? Wie sah sein Leben bis 1949 aus? Wahrscheinlich werden wir auf all diese Fragen keine Antwort finden, zumindest nicht über offizielle Kanäle. Da der Weg der Familie nach und nach durch die Kontakte mit wertvollen unbekannten Personen klarer wird, wird uns vielleicht jemand, der diese Passage liest, eines Tages mehr über meinen Großonkel mitteilen können. Das bleibt zu hoffen.

DIE SCHEIDUNG –
EINE ZWEITE JUGEND

Heirat der Kinder, Scheidung der Eltern

»Mach, was du willst« – so lautete die Devise. Nach meinem Militärdienst, den ich 1973 in Tahiti ableistete, begann ich Jura zu studieren, weil ich auf internationaler Ebene arbeiten wollte. Mit neunzehn Jahren lernte ich in einem Hörsaal der Universität unter witzigen Umständen meine erste Frau kennen. Irgendwann sagte ein Kollege während einer Vorlesung ziemlich laut: »Ich verstehe kein Wort, für mich ist das wie Hebräisch!« Natürlich drehte ich mich um, und auch eine Studentin wandte zur gleichen Zeit ihren Kopf. Unsere Blicke trafen sich, und wir lächelten einander an, denn wir verstanden sofort, was uns verband. Ich fand Maryline fantastisch, sie war eine brillante, junge Frau.

In der Folge arbeitete ich im Tourismusbereich, in gewisser Hinsicht war das ein »internationaler« Beruf, um uns beide durchzubringen, während Maryline, die meine Frau geworden war, mit Begeisterung ihr Studium weiterverfolgte. Sie wurde Verantwortliche für die Presseabteilung bei einem Verlag für juristische Werke. Maman liebte meine Frau vom Fleck weg, sobald ich sie ihr vorgestellt hatte, selbst dann noch, als ich das nicht mehr tat.

Ich heiratete 1977. 1978 war mein Bruder Allan an der Reihe. Beide heirateten wir in der Synagoge, aber, wie die Zukunft zeigen sollte, wäre man uns nicht böse gewesen, wenn wir es nicht getan hätten. Papa schenkte mir eine schöne Hochzeit im *Grand Hotel Scribe* im 9. Pariser Gemeindebezirk. Rückblickend bedauere ich, ihm nicht ausreichend für all die Mühen und Ausgaben gedankt zu haben, die ihm unsere Hochzeit verursacht hatte. Wir hatten das Glück, unglaublich nette Eltern zu haben.

Maman wurde zum ersten Mal 1982 Großmutter, als Alexandre, Allans Sohn, im Jahr 1982 geboren wurde, und zum zweiten Mal, als 1983 meine Tochter Noa auf die Welt kam. Diese Tatsache ließ unsere Mutter keineswegs altern, im Gegenteil, es war wie ein Jungbrunnen für sie. Sie fand, dass mit fünfzig Jahren Großmutter zu werden einen richtigen Energieschub für sie darstellte!

Unsere Mutter war nie eine vollendete Hausfrau gewesen und auch keine jüdische Mutter, die immer hinter dem Herd steht. Insofern wurde sie auch nicht zu einer Oma, die ständig Mehlspeisen für ihre Enkelkinder buk. Süßigkeiten liebte sie zwar – aber die, die man ihr aus der Konditorei brachte! Leider sah unsere Mutter nicht viel von ihren Enkelkindern, weil diese, durch Wechselfälle des Lebens, sehr oft weit weg waren. Allan zog von 1978 bis 1985 nach Lyon, die Stadt, aus der seine erste Frau stammte. Als er dann wieder in Paris war, war er geschieden, und sein Sohn blieb bei seiner Mutter. Ich selbst lebte zwischen 1981 und 1986 in Israel, wohin wir Hals über Kopf aufgebrochen waren, nachdem ich eine Stelle in einem Reisebüro gekündigt hatte, das sich wenig erkenntlich für die viele Mühe zeigte, die ich in diese Arbeit steckte. Mutter sah unserem Kommen und Gehen zu, ohne irgendwelche Kommentare abzugeben, und vor allen Dingen, ohne uns zurückzuhalten. Wir hatten bei jedem neuen Wohnort ihren Segen.

»Mach, was du willst« – dieser Satz von Onkel Isaac klang mir noch im Ohr. Das galt für Arbeitsstellen ebenso wie für

Wohnorte im Ausland. Ich war mobil und lehnte es ab, mich mit einer unangenehmen Situation abzufinden. Maryline hatte Familienangehörige in Israel, und die jüdische Agentur organisierte unsere *Alija*. Wie vorgesehen lernten wir in Gratiskursen Hebräisch, und wir erhielten einen kleinen Betrag, um uns niederlassen zu können. Allerdings wurde für uns als Wohnort Be'er Scheva ausgesucht. In dieser, mitten in der Wüste erbauten Stadt wurde meine damalige Frau, die ein Stadtkind war, fast verrückt! Glücklicherweise hatte sie sehr nette Tanten in Tel Aviv, die uns halfen, an einen für uns vertrauteren Ort, nämlich die Küste, zu ziehen. Mehrere Monate lang führten wir das *Yamit*, ein Restauraunt in dem an Tel Aviv angrenzenden Jaffa, das der Familie gehörte und über die schönste Terrasse der Stadt verfügte. Die Stadt war damals noch nicht jene moderne Großstadt, wie man sie heute kennt, es gab noch viele alte Gebäude auf brachliegendem Gelände. Wir aber hatten uns in einem touristischen Viertel niedergelassen, das unendlich viel fröhlicher war als die Wüste. Unsere Arbeit war schwierig, insbesondere, weil wir schlecht Hebräisch verstanden. Ich hatte den Eindruck, ständig Opfer bringen zu müssen. Im Alltag war Israel wirtschaftlich gesehen ein schwieriges Land mit einer Inflation von zweihundert Prozent. Ich fand schließlich eine Arbeit im Tourismusbereich, wo ich besser verdiente und mich nicht bei Bestellungen im Restaurant mit den Namen von Fischen auf Hebräisch herumschlagen musste. Meine Frau begann wieder zu studieren und arbeitete dann in der Hotellerie. Mutter akzeptierte die viertausend Kilometer, die uns von ihr trennten, und machte keinerlei Bemerkung zu unserer Initiative, auch wenn sie niemals auf die Idee gekommen wäre, in Israel zu leben. Das Wichtigste in ihrem Leben war und blieb die Liebe – und sie war der Ansicht, dass wir erwachsen waren. Zu dieser Zeit musste sie ihr Leben vollkommen neu aufbauen, weil unser Vater beschloss, in Deutschland zu bleiben – ohne sie.

Der für unsere Mutter normale Zustand bestand darin, verliebt zu sein, wie ein junges Mädchen. Im Übrigen sagte sie oft zu Freunden: »Ich, ich werde nie alt werden.« Zum großen Leidwesen unseres Vaters, der sicherlich froh gewesen wäre, wenn sein *Veigele* mit der Zeit etwas ruhiger geworden wäre. Sie aber war quirlig wie eh und je. So leitete er zu Beginn der 1980er Jahre die Trennung ein. Die offizielle Erklärung, die unsere Mutter ihren Freunden gegenüber abgab, lautete »Wir trennen uns«. Wahrscheinlich waren die Dinge auf diese Weise für sie leichter zu ertragen. Denn sie hatte ihren Stolz, und die Wahrheit war, dass unser Vater beschlossen hatte, sein Leben mit einer anderen Frau fortzusetzen, die er wahrscheinlich nicht erst kurz vor der Trennung kennengelernt hatte. Was diese Frau unserer Mutter voraushatte? Das erklärte er uns ganz unumwunden: »Sie ist ruhig und kümmert sich gut um mich.« Mit anderen Worten, das Gegenteil von unserer Mutter, die äußerst lebhaft war und wollte, dass man sich in erster Linie um sie kümmerte, was eine schlechte Gewohnheit aus ihrer Kindheit war. Mutter war sehr unglücklich über diese Scheidung, was sie uns aber kaum zeigte. Im Grunde genommen hatte sie ein sehr optimistisches Naturell und einen starken Lebensdrang, der sie immer das Beste vom kommenden Tag erhoffen ließ.

Ich fuhr als Erwachsener mehrere Male nach Deutschland, um unseren Vater zu besuchen, wenn er nicht selbst nach Paris kam, auch wenn mein Reiseziel mich nicht in Begeisterung versetzte. In Hannover lernten wir seine neue Lebensgefährtin kennen, eine Deutsche namens Ruth, die jedoch keine Jüdin war. Dieser biblische Vorname ist bei den Protestanten häufig anzutreffen. Ruth war die Witwe eines Richters, der ihr ein schönes Haus hinterlassen hatte, wo sie bequem leben konnte. Ich bin mir nicht sicher, ob unser Vater ihr gesagt hatte, dass er Jude war. Jedenfalls hatte er sein gesamtes jüdisches Leben weit hinter sich gelassen. Keine *Zwiebeles mit Eier* mehr! Nichts in seinem Alltag verband ihn mehr damit, auch seine Eltern lebten nicht mehr. Obwohl Papa weiterhin arbeitete, führte er nun mit seinen fünfzig Jahren ein ruhiges Dasein, das er sich nach dem harten Leben verdient hatte. Er liebte es, wenn seine Lebensgefährtin ihm Fußbäder zubereitete, wenn er erschöpft am Abend heimkam. Dennoch mochte Papa unsere Mutter weiterhin sehr und stattete ihr immer Besuche zu Hause ab, wenn er in Paris war. Sobald Mutter die Scheidung verkraftet hatte, nahm sie ihren ehemaligen Mann wieder mit offenen Armen auf.

Wie alle Kinder haben wir keine wirkliche Vorstellung vom Leben unserer Eltern vor der Scheidung, insbesondere dann, wenn unser Vater nicht zu Hause war. Ich denke, dass unsere Mutter treu war. Was unseren Vater betrifft, habe ich da so meine Zweifel, auch wenn mir nie irgendwelche Affären zu Ohren gekommen sind. Er war mit achtzehn Jahren deportiert worden, hatte zwei Jahre unter grauenhaftesten Umständen gelebt, und man kann sich vorstellen, welchen Lebenshunger er danach empfand. Vielleicht war Treue für ihn ein Luxus ohne tieferen Sinn. Er genoss die schönen Zeiten, war verführerisch, die Frauen schätzten seine Gegenwart, sein Äußeres, aber auch seine Liebenswürdigkeit, die man auf den ersten Blick erkennen konnte. Im Übrigen war er bei den Frauen der befreundeten Paare sehr beliebt, umso mehr, als er gut kochen konnte und es schaffte, jeden aufkeimenden Konflikt im Keim zu ersticken. Er war ein Mann, der das Leben leichtnahm und der überall gut ankam. Angesichts des Zeitpunktes der Trennung unserer Eltern, der kurz nach unseren Hochzeiten lag, denke ich, dass unser Vater sicherlich wartete, bis wir selbst sicher im Hafen der Ehe angelangt waren, bevor er die seine auflöste – und sich Fußbäder zubereiten ließ.

Man hätte erwarten können, dass unsere Mutter mit 48 Jahren, nach 29 Jahren Ehe, etwas gereift wäre, aber das entsprach in keiner Weise ihrem Naturell, das in einem überbordenden Gefühlsleben und permanenter Begeisterung bestand. Das Leben begann von vorne!

Liebesgeschichten

Unsere Mutter war sich vollkommen sicher, dass alle ihr wohlgesonnen waren. Das hatte sie bei ihrem Vater Émile erfahren, und egal, was ihr passiert wäre – sie meinte, alle wollten ihr nur Gutes. Wenn ein Mann ihr gegenüber Interesse, Zuneigung oder mehr bezeugte, dann war sie sofort bereit, ihm bis ans Ende der Welt zu folgen, was sie dann manchmal auch tatsächlich tat. Natürlich erzählte sie uns nicht alles, umso mehr, als wir zu diesem Zeitpunkt weit entfernt von ihr lebten – ich in Israel und Allan in Lyon. Eines ist sicher: Unser Mutter hatte es sich in den Kopf gesetzt, ihr Leben wieder neu zu beginnen, denn sie hatte mit unserem Vater gelebt, seit sie sechzehn Jahre alt war. Zuerst war sie gut von ihrem Vater beschützt worden, dann hatte ihr Mann diesen Part übernommen. Sie hatte keine fixe Vorstellung von dem Mann, den sie kennenlernen wollte, aber sie schloss nichts aus. In physischer, psychischer, kultureller und religiöser Hinsicht setzte sie keinerlei Grenzen, weder bei Freundschaften noch in der Liebe. Sie liebte, sobald man ihr gegenüber Interesse bezeugte und sobald sie feststellte, dass sie der anderen Person wichtig war. Das war für sie umso klarer, als dass Liebe in ihren Augen der Grundpfeiler des Lebens war. Weder ein spannendes Berufsleben noch ihr Dasein als Mutter beeinträchtigten die Kraft ihrer Gefühle und die Unmenge an Liebe, die sie für einen Mann bereithielt. Da sie nicht in der Lage war, allein zu leben, träumte sie von der »ewigen Liebe«, wobei sie ein Faible für gutaussehende und aufmerksame Männer hatte. In der Tat war unser Vater ein sehr attraktiver Mann, ebenso wie später der mysteriöse Australier ...

Mutter lernte Jack bei einem der seltenen Male kennen, die sie uns besuchte, als wir zwischen 1981 und 1986 in Israel lebten. Sie hatte nicht die Mittel, Reisen zu machen, und auch ich konnte sie ihr nicht ermöglichen. Sie lebte nach der Scheidung von den Unterhaltszahlungen, mit denen sie ihre bescheidene Miete und ihr Essen bestreiten konnte. Ich besichtigte Masada mit ihr, ein steiles antikes Ausgrabungsgelände, wo ich es fast geschafft hätte, sie müde zu machen. Als wir den felsigen und stark abfallenden Weg wieder hinabstiegen, sagte sie zu mir: »Viel hätte nicht gefehlt, und ich wäre müde geworden!« Das war eine Seltenheit. Ihre Wissbegierde war unersättlich, und sie liebte es, uns zu besuchen. Sie war begeistert von ihrer Schwiegertochter. Natürlich stellte sie uns Jack nicht auf der Stelle vor, als sie ihn kennengelernt hatte, aber einige Zeit danach kündigte sie mir von Paris aus per Telefon an, dass sie nach Sydney in Australien fliegen würde, wo der Mann lebte, den sie bei diesem Aufenthalt kennengelernt hatte. Sie war bis über beide Ohren verliebt. Und wir waren erleichtert, sie glücklich zu wissen.

Dieser Jack wollte unsere Mutter heiraten, aber für ihn kam es nicht in Frage, längere Zeit in Paris zu bleiben, weil er sich ein Leben in Australien aufgebaut hatte. Allan hatte das Glück, ihn kennenzulernen, als er einmal unsere Mutter besuchte. Jack war ein großer, braun gebrannter, muskulöser Mann, ein aschkenasischer Jude, von dem wir nicht genau wissen, wo er herkam und warum er nach Australien ausgewandert war, doch diese Verwurzelung war eine Schwierigkeit, denn unsere Mutter hatte Bindungen in Paris, vor allen Dingen ihre Mutter, die Unterstützung brauchte. In jüdischen Familien, ebenso wie in allen alten Kulturen, lässt man alte Eltern nicht allein. Man bindet sie in das Leben der Jüngeren ein, was leichter geht, wenn der Platz fürs Wohnen nicht so eingeschränkt und teuer ist wie in Paris. Oma Sarah war doppelt wichtig für Mutter, nachdem sie ihren geliebten Vater verloren hatte. Oma Sarah hatte einige Zeit bei ihrem Sohn Jacques in der Familienwohnung in der Rue de Turenne 41 gelebt, zog aber irgendwann in eine kleine Zweizimmerwohnung in der Rue de la Folie-Mericourt 84 im 9. Pariser Gemeindebezirk, die für einige Jahre bequemer für sie war. Aber als sie etwas über achtzig Jahre alt war, wollte sie nicht mehr allein zu Hause bleiben und suchte um einen Platz in einem Altersheim an. Mutter, die sich zu diesem Zeitpunkt gerade in Sydney aufhielt, eilte sofort herbei, ebenso wie Allan, der extra aus Lyon anreiste, und unser Vater, der gerade auf der Durchreise in Paris war. Als sie alle in dem Zimmer standen, das Oma Sarah mit jemandem teilte, sahen sie eine solche Traurigkeit in ihren Augen, dass Mutter den Eindruck hatte, ihre eigene Mutter in ein Sterbelager abgeschoben zu haben. Oma Sarah beklagte sich nicht, doch als Allan das Zimmer verließ, sagte er: »Hier können wir sie nicht lassen…« Sein Herz wäre bei diesem Anblick fast gebrochen, unserer Mutter ging es nicht anders, und so fasste man stehenden Fußes die Entscheidung, sie aus dem Heim zu holen. Mutter sagte spontan: »Ich nehme sie zu mir!« Allan fiel die Rolle zu, dem Direktor zu erklären, dass man die Großmutter mitnehmen würde. Man packte den

Koffer, setzte sie ins Auto und fuhr sofort in ein Restaurant, um diese glückliche Entscheidung zu feiern. Oma Sarah war glücklich, und Mutter hatte keine Gewissensbisse mehr. Sie fuhr nie wieder nach Sydney.

Die Geschichte mit Jack endete nach sechs Monaten einer intensiven Leidenschaft auf diese Weise. Mutter betonte ihr ganzes Leben, dass er einer jener Männer gewesen sei, die sie am meisten geliebt hatte. Der Beweis: Sein Foto prangte neben Papa und Mike Brant an der Wand ihres Wohnzimmers.

Unsere Mutter gab Oma Sarah ein Zimmer, das sie für sich hatte, in einer bekannten Umgebung. Damals erhielt unsere arme Großmutter eine Nachricht von der brasilianischen Botschaft, dass man ihr, im Anschluss an die Annahme eines neuen Gesetzes, mit dem man die Anzahl der Staatsangehörigen beschränken wollte, die brasilianische Staatsbürgerschaft entzog. Da unsere Großmutter niemals die französische Staatsbürgerschaft beantragt und die polnische seit Ewigkeiten verloren hatte, wurde sie auf einmal staatenlos. Eine gewisse Zeit lang versuchte Oma Sarah daher, die französische Staatsbürgerschaft zu bekommen. Man wollte Papiere von ihr, dann wieder Papiere und dann noch einmal Papiere. Irgendwann einmal sagte sie dann: »Jetzt reicht es! Ich lebe seit siebzig Jahren in diesem Land, wenn Frankreich mich nicht will, dann ist mir das auch egal!« Und so starb sie – staatenlos. Mutter hatte sich zwei oder drei Jahre lang um unsere Großmutter gekümmert – bis zu ihrem ungewöhnlichen Ableben im Beisein unseres Vaters. Unser Vater schaffte es immer, in den wichtigen Augenblicken des Lebens anwesend zu sein. Er war gerade auf der Durchreise und besuchte unsere Mutter, als diese die Großmutter zum Zähneputzen ins Bad begleitete. Dort sah Oma Sarah in den Spiegel und brach plötzlich über dem Waschbecken zusammen – ein

Herzstillstand. Mutter rief unseren Vater zu Hilfe, da sie die alte Dame nicht halten konnte. Unser Vater nahm Oma Sarah in seine Arme und trug sie zum Bett. Es war vorbei.

Mutter war stolz, Oma Sarah betreut zu haben. Es hatte sie auch nie gestört, früher Oma Yetti beim Aufstehen und Duschen zu helfen, als sie das nicht mehr allein schaffte. Für sie war diese Sorge um die Alten etwas ganz Natürliches, und ich denke, dass sie, als sie selbst eine alte Dame geworden war, sehr froh gewesen wäre, wenn wir ebenfalls auf diese Art für sie gesorgt hätten. Doch die Welt hatte sich geändert, und Kinder kümmerten sich nicht mehr in dieser Weise um ihre Eltern. Allan und ich hatten nach unserer Scheidung beide wieder geheiratet.

Allan ließ sich 1985 scheiden und heiratete dann Colette, seine jetzige Frau, die Mutter sofort in ihre Arme und ihr Herz schloss. Er lebte nun in Paris und machte es sich zur Gewohnheit, unsere Mutter mehrere Male pro Woche zu besuchen. Im darauffolgenden Jahr kam ich mit meiner ersten Frau und unserer dreijährigen Tochter aus Israel zurück. Unser Lebensstandard war in diesem Land einfach zu eingeschränkt. Wir mochten die Menschen, egal, ob Juden oder Araber, und hatten gute Freunde kennengelernt. Es gibt keinen Ort auf der Welt, wo so viele unterschiedliche Nationalitäten im Alltag zusammenleben, so viele Kulturen, die sich gegenseitig bereichern, und so viele verschiedene kulinarische Traditionen und Bräuche. Es ist ein junges, dynamisches Land, doch die Kehrseite dieser Medaille ist ebenfalls deutlich spürbar. Im Vergleich zu Frankreich, diesem reichen Land, wo wir das Glück hatten, auf die Welt zu kommen, und das jahrhundertelang sein Staatswesen und seine Verwaltung perfektionierte, ist die Funktionsweise einer Gesellschaft, die erst im Entstehen begriffen ist, im Alltag ziemlich schwierig. Als wir uns mit dem Eintritt unserer Tochter Noa in den Kindergarten dauerhaft in dem Land niederlassen hätten müssen, entschieden wir uns, nach Frankreich zurückzukehren. 1988 kam Jessica auf die Welt, 1990 Keren, wodurch unsere Mutter zu einer stolzen vierfachen Großmutter wurde. Drei von den Enkeln lebten in Paris. Ich besuchte meine Mutter mit meiner Familie jeden Sonntag, Allan besuchte sie sogar noch öfter als ich. Als ich mich 1994 scheiden ließ, hielt meine ehemalige Frau Maryline den Kontakt mit meiner Mutter weiterhin aufrecht, die sich, ihren Grundsätzen getreu, nicht in unser Privatleben einmischte. Als ich mich in andere Frauen verliebte, die ich im Ausland getroffen hatte oder die aus irgendeinem fremden Land gekommen waren, nahm Mutter sie mit ebensolcher Liebenswürdigkeit auf. Mady, eine Portugiesin, mit der ich sieben Jahre lang zusammenlebte, erfreute sich der gleichen Wertschätzung meiner Mutter, die selbst Portugiesisch sprach und in diesem Land im rettenden Exil gelebt hatte, wie meine zweite Frau Olga, eine Weißrussin, oder meine Lebensgefährtin aus Ecuador, die ich in Buenos Aires kennengelernt hatte. Meine Freundinnen waren selten Jüdinnen, weil ich im Rahmen meiner Arbeit, meist dem Tourismus, viel reiste. Wie unsere Mutter liebte ich die Fremde.

Unsere Mutter machte sich keine großen Sorgen um uns, weil sie wusste, dass wir arbeitsam waren, es war ihr aber bewusst, dass sie uns kein Erbe hinterlassen würde können. Sie litt ihr ganzes Leben darunter, ihre kleine Einnahmequelle, das Lokal in der Rue d'Aboukir, verloren zu haben. Wir kamen immer durch – es blieb uns keine andere Wahl. Ich arbeitete im Tourismus, im Bereich des Ferienwohnrechts, mit Frankiermaschinen, im Immobilienneubau, bei der Störungsbehebung in der Informatik, als Statist, in der Autovermietung, ganz egal, wohingegen mein Bruder im Handel tätig war. Auch wenn wir nie

Großverdiener waren, versuchten wir doch, unsere Mutter zu unterstützen, indem wir sie in ein Restaurant ausführten, ihr Einkäufe brachten oder sie in die Ferien mitnahmen. Doch das, was für sie am meisten zählte und was wir ihr nicht bieten konnten, war die Liebe eines Mannes. Glücklich war sie nur, wenn sie in einer Paarbeziehung mit jemandem lebte, der für sie sorgte.

Manchmal konnten wir an ihrer Stimmung und ihrem Zeitplan feststellen, dass sie mit jemandem eine Beziehung hatte, wenn wir diese Person nicht gar bei ihr antrafen. Aber keiner schien auf die Dauer der Passende zu sein. Und schließlich machten wir eines Tages die Bekanntschaft eines Geigers, der nicht Geige spielen konnte und der uns nicht besonders aufgefallen wäre, es sei denn durch die Tatsache, dass unsere Mutter ihm mehr Aufmerksamkeit schenkte, als er verdiente.

Einige Zeit später kündigte unsere Mutter zu unserer großen Überraschung an, dass sie wieder heiraten würde – und zwar diesen Herrn. Es handelte sich um einen Mann, der keine Papiere hatte, aus einem östlichen Land stammte, keinen Groschen in der Tasche und nicht die Absicht hatte, irgendeiner Arbeit nachzugehen. Außer Geige spielen. Er besaß tatsächlich eine, holte sie jedoch nie aus ihrem Koffer heraus. Er war zwar nett und schmeichlerisch zu unserer Mutter, aber nichtsdestotrotz war er ein weiterer Esser, der nichts tat, um ihre Lebenssituation zu verbessern. Die große Schwäche unserer Mutter war das Bedürfnis nach der beständigen Anwesenheit einer anderen Person, und in dieser Hinsicht war der Mann perfekt, weil er obdachlos und ohne jeden Anhang war. Unsere Mutter wollte ihn also heiraten, weil der Mann keine Aufenthaltsgenehmigung hatte und sonst wieder aus Frankreich ausreisen hätte müssen – dabei hatte sie nie zu jemandem etwas über ihre Gefühle gesagt. Das war typisch Mutter – die Großzügigkeit in Person, ohne irgendwelche berechnenden Hintergedanken. Sie überlegte sich nicht einmal, dass sie, wenn sie wieder heiraten würde, keine Unterhaltszahlungen mehr von unserem Vater bekäme, keine Witwenpension, wenn er vor ihr sterben sollte, und auch keine Wohnbeihilfe mehr. Unsere Mutter erhielt eine minimale Unterhaltszahlung und einige Befreiungen, wie die Herabsetzung der Miete im Gemeindebau, aber sie war eindeutig nicht in der Lage, einen Mann durchzufüttern.

Da ich damals in Israel wohnte, lud sie Allan und Colette zu einem kleinen informellen Hochzeitsessen ein – mehr war aufgrund von Geldmangel nicht drin. Unsere Mutter und der glückliche Auserwählte wussten, dass wir dieser Verbindung gegenüber nicht positiv eingestellt waren. Aber sie sollte glücklich sein. Doch das Glück war nur von kurzer Dauer. Einige Monate später konnte unsere Mutter einfach nicht mehr, war finanziell vollkommen ausgeblutet, weil sie jemanden durchfütterte, der im arbeitsfähigen Alter war, sich aber als Künstler fühlte. Ein Geiger, den wir nie spielen gehört hatten. Wenn er unserer Mutter eine Serenade versprochen hatte, dann konnte sie nicht anders, als weich werden. Alle in der Familie haben eine romantische Veranlagung. Wenn unser Vater unsere Mutter überraschen wollte, dann bereitete er ein Dinner bei Kerzenlicht vor. Sie änderte sich nie – sie war mit achtzig genauso wie mit sechzehn Jahren.

Unsere Mutter wurde mit 48 Jahren geschieden und bedauerte noch mit sechzig und siebzig, nicht den Traummann ihres neuen Lebens getroffen zu haben. Sie lernte zwar manchmal Männer kennen, die ihr gefielen, in die sie sich vielleicht sogar verliebte, aber ohne dass dies zu einer dauerhaften Paarbeziehung geführt hätte, von der sie träumte. In solchen Fällen vertraute sie sich Freundinnen an, die versuchten, sie zu bremsen, um ihr eine weitere Enttäuschung zu ersparen. Doch trotz dieses Singledaseins war ihr Leben sehr kurzweilig. Abgesehen von der Beziehung zwischen Eltern und Kindern hatten wir nie ein sehr intensives Familienleben, aber sie hatte eine sehr enge Beziehung zu ihrer Cousine Huguette und ihrem Bruder Jacques, bis dieser zu Beginn der 1990er Jahre verstarb. Da sie nie mit irgendjemandem stritt, traf sie weiterhin nicht nur Maryline, meine erste Frau, sondern auch William, meinen ehemaligen Schwager, ebenso, wie sie weiterhin Kontakt zu ihrem Ex-Mann hielt. Einer ihrer neuen Freunde wunderte sich eines Tages darüber und sagte: »Was macht denn der hier?« Wenn Mutter jemanden liebte, dann für immer. Sie hielt Einsamkeit so schlecht aus, dass sie weiterhin ausging, ins Café gegenüber, ins Kino, zu Abendveranstaltungen, wo sie sich mit ihren Freunden unterhielt und auf den Märchenprinzen wartete.

Die Paare, mit denen unsere Eltern während ihrer Ehe Kontakt hatten, blieben meist Mutters Freunde, aber nach der Scheidung sah man sich weniger, denn Paare gehen eher mit Paaren aus und Singles mit Singles. Sehr oft waren die Ehen nicht mehr das, was sie früher waren, und alle Kinder waren mittlerweile ausgeflogen. Im Laufe der fast vierzig Jahre, die auf die Scheidung im Jahr 1980 folgten, kamen einige neue Gesichter hinzu. Sie schaffte es weiterhin, in einem Lokal einen Kaffee zu trinken und uns voller Begeisterung zu erklären, dass sie jemand Wunderbaren kennengelernt habe. Mit ihrem Freundeskreis ging sie essen, ins Kino, wo sie sich immer die Filmpremieren ansah, und wenn ihre Mittel es ihr erlaubten, auch ins Theater. Sie las viel, Bücher und Zeitungen, hörte Radio, sah lange fern und stand als richtige Nachteule spät auf. Sie war immer auf dem Laufenden, und ihre Gesellschaft war angenehm, auch für uns, ihre Kinder. Sie blieb ihr ganzes Leben lang neugierig, kokett und immer bereit, sich zu unterhalten. Sie liebte es, wenn man sie besuchte, und mehr noch, wenn man sie ins Restaurant ausführte. Sie erzählte uns von den Filmen, die bald ins Kino kommen würden, von den Höhen und Tiefen im Leben dieser oder jener Schauspielerin oder Fernsehmoderatorin und war über das Gesellschaftsleben sehr viel besser informiert als wir. Bald konnte sie schon richtige Gespräche mit ihrer ältesten Enkeltochter Noa führen, die fünfzehn Jahre alt war und die bei ihr die Liebenswürdigkeit und Fröhlichkeit vorfand, die man in diesem Alter so schätzt. Doch ihrem Großmutterdasein stand eine bedeutsame Änderung bevor, ohne dass unsere Mutter darin einen Grund für Kummer gesehen hätte.

Die israelischen Enkeltöchter einer kosmopolitischen Großmutter

Im Jahr 1998 baten meine Exfrau Maryline und ihr neuer Lebensgefährte, der in der Folge ihr Mann werden sollte, mich zu einem Gespräch, und, wenn möglich, um meine Zustimmung zu einer für mich wenig erfreulichen Entscheidung: Sie wollten sich mit unseren drei Töchtern Noa, Jessica und Keren, die fünfzehn, zehn und acht Jahre alt waren, in Israel niederlassen. Ich kann nicht gerade behaupten, dass ich begeistert war, aber die Stimmung in der Schule hier gefiel mir auch nicht: Meine älteste Tochter war in einem kurzen Rock hingegangen und wurde von einem Jugendlichen als »dreckige Hure« beschimpft. Dabei gingen die Mädchen nicht in einem Bezirk zur Schule, der als »schwirig« galt, sondern im 19. Pariser Gemeindebezirk. Ich hatte Zweifel, was die Sicherheit junger Mädchen anging, weil viele Menschen, die normalerweise Autoritätspersonen sind, tatenlos zusehen. Das gilt nicht nur für die Polizei, sondern für wichtige Personen im Alltagsleben – zu Hause, in der Schule, im öffentlichen Raum. Beschimpfungen werden oft nicht geahndet. Schon bevor ich Antisemitismus befürchtete, waren mir Unhöflichkeit, mangelnde Erziehung und komplettes Laissez-faire in Bezug auf »Jugendliche« immer ein Gräuel, eine Bezeichnung, die in den Medien praktisch zu einem Synonym für »Delinquent« geworden ist. Man sagt, die »Jugendlichen« hätten dies oder jenes getan, und gleich darauf werden Verfehlungen genannt, als wären diese beiden Dinge untrennbar miteinander verbunden. Das stimmt aber nicht, denn wir waren alle einmal jung und haben trotzdem ordentlich gesprochen, ohne Mädchen zu beschimpfen, ältere Menschen anzurempeln und Mauern oder U-Bahnen zu besprühen. Schwerwiegende Probleme beginnen mit diesen Unhöflichkeiten, die einen so perplex machen, dass einem das Wort wegbleibt, und die der Einstellung, »ein Recht auf alles und jedes« zu haben, den Weg bereitet. Also gab ich meine Zustimmung und hoffte, dass meine Töchter unter gebildeten Personen aufwachsen würden, auch wenn Israelis sehr direkt, ja schroff miteinander umgehen.

Ich fürchtete nicht, dass meine Töchter extrem religiös werden würden, wie das bei dem Sohn meines besten Freundes Bernard der Fall war, nachdem er nach Israel ausgewandert war. Er beachtete die Ernährungs- und Ritualvorschriften in Übereinstimmung mit dem religiösen Kalender derart genau, dass es manchmal schwierig für den Vater und den Sohn wurde, auch nur gemeinsam zu essen. Aber irgendwie schafften sie es dann. Meine Ex-Frau war nicht sehr religiös. Ihr Mann hielt zwar den Sabbat ein, indem er weder kommunizierte noch arbeitete, aber er war nicht fanatisch und würde es nie werden. Sie ließen sich in Herzlia, einer lebhaften und fröhlichen Stadt in der Nähe von Tel Aviv, nieder, wo meine Töchter zu modernen jungen Mädchen heranwuchsen, wie das auch in Frankreich der Fall gewesen wäre, und dies ohne die Risken, die einem Vater Kopfzerbrechen machen. Die Tatsache, dass sie Frankreich verließen, tat mir weh, aber ich stimmte dennoch zu. Die direkt spürbare Auswirkung für unsere Mutter bestand darin, dass sie nunmehr keine Enkelkinder mehr in Paris hatte. Sie war jedoch sofort bereit, die ganze Sache positiv zu sehen: Wenn man ihr half, ein Flugticket zu finanzieren, dann war sie mit Freuden bereit, die lange Reise mit mir auf sich zu nehmen, um Maryline und ihre geliebten Enkeltöchter zu sehen.

Maryline und die Mädchen kamen einmal pro Jahr, um Mutter zu besuchen, die sich ansonsten daran gewöhnte, jede Woche zu telefonieren und die Fotos zu betrachten, über die sie sich immer so freute. Natürlich hat Noa als Älteste die engste Beziehung zu ihrer Großmutter behalten, weil die beiden einander am besten kannten. Zu Beginn der 2000er Jahre hatte Mutter mehrere Monate lang einen sehr engen Kontakt zu ihrem Enkelsohn Alexandre, weil er bei seinem Praxisjahr in Paris, als er in der Gastronomie arbeitete, bei ihr wohnte. Sie war äußerst glücklich über diese ständige und überdies noch junge Gesellschaft, denn sie sagte oft: »Die Alten, die deprimieren mich.«

Je älter unsere Mutter wurde, desto mehr schätzte sie es, wenn sie Jüngere um sich hatte, denn sie war ihnen an Energie, Begeisterungsfähigkeit und geistiger Frische gleich. Sie waren weder krank noch langweilig, waren auf dem Laufenden wie sie selbst und ließen sie nicht allein, indem sie wegstarben, was bei Mutters Freunden immer häufiger der Fall war. Irgendwann war dann unser Vater an der Reihe, der doch immerhin neun Jahre älter war als sie.

Als unser Vater, der mit seiner Lebensgefährtin Ruth in Hannover lebte, im November 2003 verstarb, war das ein großer Schock für uns. Er kam mehrmals pro Jahr extra nach Paris, um uns zu sehen, so wie wir manchmal die Reise zu ihm auf uns nahmen. Wir gingen gemeinsam essen und genossen seine stille Gesellschaft und den immer wohlwollenden Blick seiner blauen Augen. Auch er wurde natürlich älter, und mit etwa achtzig Jahren musste er sich einer Herzoperation unterziehen. Technisch gesehen war die Operation ein Erfolg – nur leider wachte er nicht mehr auf. Allan und ich fuhren sofort nach Hannover, als er noch im Koma lag, und Ruth nahm uns sehr liebenswürdig bei sich auf. Wir wollten die Hoffnung nicht aufgeben, aber zehn Tage später überbrachte uns Ruth die schlechte Nachricht. Mutter litt sehr unter dem Ableben ihres »Kuti«. Er war der erste Mann ihres Lebens – nach ihrem Vater natürlich –, derjenige, der für sie am wichtigsten gewesen war. Ihr ganzes Leben lang erzählte sie Menschen, die sie neu kennenlernte, wie sehr sie ihn geliebt hatte. Papas deutsche Lebensgefährtin, der sicherlich bewusst war, dass Papa sein ganzes Leben eine sehr liebevolle Beziehung zu unserer Mutter gehabt hatte, war so rücksichtsvoll, unsere Entscheidung mitzutragen, als wir beschlossen, Papa in der Nähe des Familiengrabs der Kerbels am Friedhof von Bagneux zu beerdigen. Allan und ich fuhren erneut nach Hannover, um die Bestattung zu organisieren. Der Körper unseres Vaters wurde überführt, und seine Lebensgefährtin äußerte nicht den Wunsch, der Bestattungsfeier in Frankreich beizuwohnen. Allans und meine Existenz hatten ein unzerreißbares Band zwischen unserem Vater und unserer Mutter geknüpft, auch wenn Vater irgendwann nicht mehr mit ihr leben wollte. Diese Tatsache respektierten beide Frauen nach dem Ableben unseres Vaters, über alle eigenen Gefühle hinweg. Allan hielt lange Jahre den Kontakt mit Ruth aufrecht, aus Anerkennung für das Glück, das unserem Vater mit ihr zuteilwurde. Dann verloren wir sie irgendwann aus dem Blickfeld. Das ist zwar in gewisser Hinsicht idiotisch, aber sie war weder unsere Mutter noch unsere Stiefmutter und gehörte zu dem Leben, das unser Vater sich in Deutschland aufgebaut hatte. Wir achteten immer sehr auf die Privatsphäre aller Beteiligten.

Mutter überwand diesen Schlag, wie sie schon so viele verwunden hatte, und der Alltag nahm wieder seinen Lauf. Von Zeit zu Zeit ging sie auf Reisen, die sie immer lieber machte und die zu moderaten Preisen für Senioren mit geringem Einkommen von der Gemeinde Paris organisiert wurden: Sie fuhr nach Spanien, zu den italienischen Seen und an viele andere Orte. Sie zog den Süden vor, auch wenn sie unserem Vater zuliebe seinerzeit oft nach Deutschland gefahren war. Der Liebe wegen wäre sie bis ans Ende der Welt gefahren – sogar nach Australien! Sie fand neue Freunde, vor allem Renée, eine Pensionistin, die ebenso unternehmungslustig und dynamisch war wie sie, Geneviève, Jacques und andere, von denen wir nicht einmal den Vornamen kannten.

DAVID –
DIE GROSSE LIEBE

75 Jahre und kein bisschen weise:
Mutters zweiter Frühling

Wir schrieben das Jahr 2007. Wir hatten den Eindruck, unsere Mutter würde mit jedem Tag jünger. Allerdings war sie ja auch erst 75 Jahre jung ... Die Höhen und Tiefen ihres Gefühlslebens hatten ihre Koketterie in keinster Weise beeinträchtigt: Sie war noch immer sehr auf ihr Äußeres bedacht, trug nach wie vor Kleider in lebhaften Farben, dazu passenden Modeschmuck und – ihr Markenzeichen – einen Ring an jedem Finger! Nichts davon war wirklich wertvoll, noch dazu, wo sie ihre schönsten Stücke an ihre Schwiegertöchter und Enkelinnen weitergab. Wenn eine von ihnen da war, konnte sie einfach nicht anders, als ihr Schmuckkästchen zu öffnen, es hinzuhalten und zu sagen: »Nimm dir, was du willst!« Selbst Jovita, meiner jetzigen Frau, machte sie dieses Angebot schon einige Stunden, nachdem sie sie kennengelernt hatte – obwohl sie gar nichts mehr anzubieten hatte.

Wenn ein besonderes Ereignis bevorstand, wie zum Beispiel die Hochzeit ihrer ältesten Enkeltochter in Israel, dann rief sie wie ein junges Mädchen ihre Freundinnen an, um sich die besten Einkaufsadressen geben zu lassen, durchkämmte die Boutiquen, wählte ein Kleid, ließ ein Foto von sich machen und holte die Meinung ihrer Freundinnen ein, bevor sie es kaufte. Wenn man zu ihr kam, fragte sie besorgt: »Bin ich auch hübsch so?« Glücklicherweise hatte sie niemals selbst ein Smartphone oder eine E-Mail-Adresse besessen und war nie Mitglied in einem sozialen Netzwerk, denn sie wäre total süchtig gewesen – obwohl sie es wohl immer vorgezogen hätte, Menschen im wirklichen Leben zu treffen. Sie war immer geschminkt, mit Kölnischwasser parfümiert und ging etwa alle zwei Wochen zum Friseur in ihrem Viertel, um sich die Haare kolorieren und eine Frisur machen zu lassen, auch wenn diese Ausgabe eine schwere Belastung für ihr Budget darstellte.

So fuhr sie also in diesem Jahr unternehmungslustig wie immer im Rahmen einer von der Gemeinde Paris organisierten Reise nach Venedig. Renée, mit der sie seit siebzehn Jahren eng befreundet war, teilte das Zimmer mit ihr. Sie erinnert sich noch heute daran, dass Mutter das Licht immer erst sehr spät abdrehte und noch fernsah oder las. Sie war so fröhlich und nett, dass man ihr alles verzieh, und das nutzte sie manchmal aus.

Es regnete ständig in Venedig. So kam es, dass vom ersten Tag an ein Herr aus der Gruppe Mutter mit seinem Schirm vor dem Regen schützte. Selbstverständlich war er ihr bereits aufgefallen. David nannte sich aus einem alten Reflex heraus seit dem Krieg Daniel, wenn er in Gesellschaft war – er hatte die dunklen Seiten der Geschichte erlebt. Er gefiel ihr vom Fleck weg: Er war groß, kräftig gebaut, ein noch immer sehr gutaussehender Mann, und sein Leben wies einige Gemeinsamkeiten mit dem unseres Vaters auf. Er war elf Jahre älter als unsere Mutter und hatte sein Geld mit dem Verkauf von Hüten, Kappen und Kleinigkeiten auf Ständen im Freien bei der Porte de Saint-Ouen verdient. Er war ein aschkenasischer Jude, stammte wie sie aus Polen und war deportiert worden. Im Unterschied zu unserem Vater war er nach dem Krieg beruflich sehr erfolgreich gewesen. In der Pension hatte er genügend Mittel, um unsere Mutter auszuführen. Er wohnte in der Rue Amelot im 9. Pariser Gemeindebezirk, also einige Metro-Stationen von unserer Mutter und der Avenue Philippe-Auguste entfernt. Er gab ihr Sicherheit, war äußerst liebenswürdig und sehr witzig. Und schließlich war er frei, seine Frau, deren Tochter er adoptiert hatte, war verstorben. Er selbst hatte keine Kinder.

Aus diesem Grund wurde Renée, die Zimmerkollegin unserer Mutter, von beiden Seiten, die begannen, den Kopf zu verlieren, in die Zange genommen. Nach den Besichtigungen und Spaziergängen tagsüber überließ unsere Mutter ihre Freundin sich selbst – die so endlich zu ausreichend Schlaf kam – und ging mit David aus. Mutter und David hatten unzählige Themen, über die sie sich unterhalten konnten, und die Liebenswürdigkeit dieses Mannes war für unsere Mutter unwiderstehlich. So begannen sie, mit 74 und 85 Jahren, zu flirten. Unsere Mutter kehrte wie mit fünfzehn Jahren mit klopfendem Herzen heim und hielt Renée mit Fragen wach wie: »Glaubst du, dass er seriös ist? Glaubst du, dass er nur seinen Spaß haben will?« Mit einem Wort: Liebesqualen. Renée erklärte, dass sie ihn für zuverlässig und seriös hielt. Am nächsten Morgen belagerte David Renée: »Meint Mireille es ernst? Sie kennen sie doch schon lange – ist sie wankelmütig? Ist sie tatsächlich interessiert?« Renée sagte ihm, wie viele gute Seiten ihre Freundin hatte. Abgesehen von dieser Rolle einer Vertrauten, die Renée sehr rührte, erinnert sie sich, dass David ihr am Ende dieser »Woche voller Kindereien«, wie Renée es ausdrückte, anvertraute: »Ich denke, ich werde ein Stück des Weges mit Mireille gemeinsam gehen …« Renée überbrachte diese Worte unserer Mutter, die sich wie im siebten Himmel fühlte!

Zurück in Paris, begann der Honigmond von David und unserer Mutter. Sie verbrachten jede einzelne Nacht ausnahmslos miteinander, lebten eine Ehe, auch wenn sie diese aus Gründen des Erbrechts nicht am Standesamt absegnen ließen, was allerdings nur für David galt, weil unsere Mutter nichts besaß. Sie verbrachten die Nacht einmal bei ihr, einmal bei ihm, im Winter eher bei David, weil die Wohnung gut geheizt war, im Sommer eher bei Mutter, wo es luftiger war. David war sehr aufmerksam, sehr stolz, öffentlich mit ihr am Arm spazieren und sich zeigen zu können, und er behandelte sie tatsächlich wie eine Prinzessin – wahrscheinlich viel mehr noch als unser Vater. Renée meinte, dass sie mit David wohl noch glücklicher gewesen sei, als sie es mit unserem Vater war, weil das Alter die Intensität der Gefühle wohl verstärkte. Das war eine gute Nachricht für uns alle. Maman nannte David »Chouchou«, für ihn war sie »Bébé«. Manchmal tauschten sie ihre Spitznamen. Sie küssten sich wie Jugendliche und waren voller Zärtlichkeit. Es war einfach umwerfend.

Sie langweilten sich nie miteinander. Sie gingen oft in Restaurants essen, eine von Mutters Lieblingsbeschäftigungen. Sie speisten mit Riesenappetit Austern in der Brasserie *Marco Polo* bei der U-Bahn-Station Nation – Mutter schaffte es tatsächlich, 25 Stück auf einen Sitz zu verzehren, zusammen mit dick bebutterten Brotschnitten, was man mit einem guten Glas Weißwein begießen musste. Wenn wir sie so sahen, hatten wir Angst, es könnte ihr zu viel werden, was sie lachend abtat und behauptete, sie könne all das sehr gut verdauen. So war unsere Mutter – sie genoss das Leben in vollen Zügen. Wenn das Wetter schön war, fuhren sie aufs Land und genossen die gute Luft in Liegestühlen am Plateau de Gravelle, im Wald von Vincennes oder einem Tennisclub, der von einem Sohn von Freunden unserer Mutter geführt wurde. Manchmal kochte sie ihm gehackte Leber, Heringe, rohen Lachs oder andere Speisen, die David so liebte, denn im Laufe der Zeit hatte unsere Mutter fast kochen gelernt, ohne dass dies jedoch jemals zu einer wirklichen Leidenschaft geworden wäre. David ging mit ihr in Filmpremieren, lud sie ins Theater ein und nahm sie auf Reisen mit. Gemeinsam besichtigten sie Städte, manchmal machten sie Busreisen, die von der Gemeinde Paris organisiert wurden, nach Budapest, nach Rom, Belgien, aber auch auf die Balearen und die Kanarischen Inseln. Nach Israel reisten sie nur zu zweit. Mutter wollte David natürlich ihre Enkelkinder vorstellen, und David wurde zum Keren Kayemeth LeIsrael, dem »Fonds zur Gründung von Israel«, eingeladen, der bereits vor der Existenz des Staates Israel im Jahr 1901 einen Wiederaufforstungsplan erstellt hatte und später dann Umweltschutzprogramme entwickelte. Mit Spendengeldern konnten mehrere Hunderttausend Hektar Wald gepflanzt werden. David, der keine eigenen Kinder hatte und der seiner Wurzeln beraubt aufgewachsen war, lagen diese Aktionen sehr am Herzen. Auf den Mauern eines KKL-Zentrums hatte er eine Gedenktafel für seinen Vater, seine Mutter und seine Geschwister anbringen und ihre Namen, die niemals auf einer Grabtafel standen, hier eingravieren lassen. Es war ein starkes Symbol, das ihm sehr wichtig war. Als es ihm aufgrund seines Alters nicht mehr möglich war, an diesen Ort zu reisen, schickte er für Veranstaltungen eine Videobotschaft. Wir fanden es sehr bedauerlich, dass wir nach seinem Tod nie mehr etwas vom KKL hörten und dass diese Vereinigung auch keinen Vertreter zu seiner Beisetzung schickte.

David hatte eine sehr lebendige Beziehung zum Judentum, auch wenn sie nicht religiöser Natur war. Er war Mitglied in Vereinigungen, die Tanzabende organisierten, nahm an Konferenzen mit Intellektuellen und Künstlern teil, die eine Welt wiederaufleben ließen, die er im Grunde genommen wenig oder gar nicht gekannt hatte. Mit ihm begann unsere Mutter, sich mehr Filme im Fernsehen anzusehen, die mit ihrer gemeinsamen Identiät zu tun hatten. In diesem Fall kündigte man uns an: »Heute Abend gibt's einen jiddischen Film!« Dennoch versteckte David die auf seinem Arm eintätowierte Nummer und zog seine Hemdsärmel herunter, wenn er sich nicht im familiären Umkreis bewegte. In der Öffentlichkeit sprach er nie über die Shoah. Wir wussten, dass er seine ganze Familie in den Konzentrationslagern verloren hatte, aber Details erzählte er uns nie. Erst als wir vor kurzem in der Datenbank der Shoah-Gedenkstätte[16] recherchierten, fanden wir einige Details: Seine Eltern waren Salomon und Rosa, 48 und 42 Jahre alt, seine Schwester Sarah war achtzehn und sein Bruder Sylvain dreizehn Jahre alt. Er sprach mehr als unser Vater über das, was sich in den Lagern abgespielt hatte, aber immer nur in Form eines Monologs, wo er leise vor sich hin murmelte und man ihn nicht mit Fragen unterbrechen durfte. Manchmal brach es aus ihm hervor, aber niemals antwortete er auf Fragen, die ihm gestellt wurden. Wir hörten zu, entsetzt über das, was er erlitten hatte – und plötzlich ging er dann zu einem anderen Thema über.

David und Mutter waren keine Freunde von Traurigkeit. Sie mieden sie um jeden Preis, auch wenn sie ernst sein konnten. Sie liebten die Fernsehserie *Un village français* von der ersten Staffel im Jahr 2009 an, in der die schreckliche Zeit des Krieges behandelt, aber nicht die schlimmsten Schattenseiten dargestellt wurden, die manche zu dieser Zeit durchlebten. In Bezug auf Israel hatte unsere Mutter eine klare Meinung – sie erklärte,

---

16 http://bdi.memorialdelashoah.org/internet/jsp/core/MmsGlobalSearch.jsp.

was ihr gefiel und was ihr nicht gefiel. Sie gehörte zu einer Generation, die derart darunter gelitten hatte, dass man sie ausschloss, dass sie dazu nicht in der Lage war. Besonders mochte sie den Film *Geh und lebe* über äthiopische Juden. Es lag ihr, wohl noch mehr als anderen Menschen am Herzen, dass alle einander lieben und in Frieden miteinander leben sollten, denn daran glaubte sie mit voller Überzeugung. Wenn in den Nachrichten oder im Radio über Konflikte berichtet wurde, dann kam es vor, dass sie ärgerlich abdrehte und rief: »Mir reicht's!« Dann legte sie eine Schallplatte auf. David und sie gingen tanzen, sobald sich eine Gelegenheit dazu bot, und nutzten dazu von Zeit zu Zeit sogar Davids Wohnzimmer, wo Mutter eine große CD-Sammlung angelegt hatte, die wir regelmäßig erweiterten.

Mutter alterte zwar, aber langsam, und sie war gut in Form. Meine Tochter Noa, die heute zwei Mädchen von acht und fünf Jahren hat, machte sie zur Urgroßmutter, und schließlich bekam auch Keren einen Sohn, der heute zwei, und eine Tochter, die ein knappes Jahr alt ist. Zu dem Zeitpunkt, als unsere Mutter ermordet und verbrannt wurde, erwartete sie gerade Besuch von ihnen. Diese ständig größer werdende Nachkommenschaft beunruhigte sie keineswegs, im Gegenteil, sie machte sie sehr stolz. Jedes Mal, wenn ein Kind unterwegs war, kündigte sie dies voll Freude allen Freunden an. Sie, die niemals ihre Großeltern kennengelernt hatte, hatte auf diese Weise das Gefühl eines gelungenen Lebens. Sorgfältig stellte sie alle Fotos ihrer Urenkelkinder in einer Vitrine auf. Mutter sah weder ihre Enkel noch ihre Urenkel oft, höchstens einmal pro Jahr, wenn sie auf der Durchreise waren, und das auch nicht jedes Jahr. Je mehr Zeit verging, desto mehr hatten sie ihr eigenes Leben, ihre Familie und ihre Arbeit. Sie litt nicht darunter, weil sie gelernt hatte, ohne sie zu leben, und Mutter war es vor allen Dingen wichtig, die Menschen glücklich zu wissen. Was ihr sehr wichtig war, waren die Fotos, und sie bat uns oft, ihr die Jüngsten auf unseren Mobiltelefonen zu zeigen. Nur von ihrem Enkelsohn Alexandre erhielt sie lange Zeit keinerlei Nachricht, da dieser auch mit seinem Vater Allan keinen Kontakt hatte. Mit zwanzig Jahren hatte Alexandre beschlossen, zum großen Bedauern meines Bruders und unserer Mutter, sein Leben abseits der Familie zu führen. Diese Funkstille war sehr schmerzhaft und sollte mehr als fünfzehn Jahre lang andauern. Kein Tag verging, ohne dass Mutter sich nicht bei Allan nach Alexandre erkundigt hätte, und jedes Mal musste sie enttäuscht eine negative Antwort hinnehmen. Dennoch übte sie keinerlei Kritik an dieser Absonderung – unsere Mutter verurteilte niemanden. Das war manchmal sogar fast etwas ärgerlich, denn jeder normale Mensch hat Vorlieben oder fällt Urteile. Manchmal sagten wir zu ihr: »Komm, sag schon, was du dazu meinst ...« Aber sie blieb bei ihrer Position und meinte nur: »Ich sage ja, was ich denke ...« Es gab kaum Menschen, die keine Gnade vor ihren Augen gefunden hätten. David lernte die Enkelkinder und manche Urenkelkinder kennen, ebenso wie wir die Bekanntschaft von Davids erwachsener Adoptivtochter machten. Mutter liebte es, wenn alle beisammen waren. Selbst im fortgeschrittenen Alter waren ihr Familienzusammenkünfte niemals zu anstrengend, und wir waren immer dafür zu haben!

Es ist wohl nicht nötig zu sagen, wie sehr wir David, der unsere alternde Mutter so glücklich machte, mochten. Seine Anwesenheit beruhigte uns: Wir wussten, dass jemand mit großer Aufmerksamkeit das Leben unserer Mutter verfolgte. Sofort, als sie ihn uns vorstellte – nicht ohne Stolz, eine solche Perle gefunden zu haben –, schlossen wir ihn in unser Herz. Wir waren froh, dass unsere Mutter eine gute Wahl getroffen hatte ... Zu seinem neunzigsten Geburtstag lud er die ganze Familie in ein schönes Restaurant am Quai Voltaire ein. Mutter strahlte vor Freude. Unsere einzige Sorge bestand darin, dass ihm etwas passieren könnte, doch das erste gesundheitliche Problem hatte unsere Mutter.

Als David und sie 2013 aus einer Vorstellung des Cirque d'Hiver kamen, wurde unsere Mutter von einem anderen Zuschauer gestoßen, verlor das Gleichgewicht und zog sich einen Oberschenkelhalsbruch zu. Sie wurde operiert, kam in ein Rehabilitationszentrum und machte das ganze Programm durch, das alte Menschen durchmachen, um wieder gesund zu werden. Leider teilte man ihr einen blinden Physiotherapeuten zu, und sie fiel hin, weil er meinte, sie auf einen Stuhl gesetzt zu haben. Bei dieser Gelegenheit brach sie sich den zweiten Oberschenkelhals! Kurz überlegten wir, ob wir das Zentrum klagen sollten, denn wenn ein blinder Physiotherapeut Massagen macht, dann geht das ja vielleicht gut, aber mit einer Patientin von 81 Jahren, die rekonvaleszent ist, wieder gehen lernen, kann eben auch danebengehen ... Doch wir entschieden uns dagegen, denn es war ja keine böse Absicht dabei. Mutter, die nur noch für die Zeit lebte, wo sie wieder gesund sein würde, musste wieder ganz von vorne beginnen. Sie war verzweifelt. Bis dahin hatten David und unsere Mutter ihre Einkäufe gemeinsam im Viertel gemacht, ein Gläschen im Café gegenüber getrunken, sie waren oft wie Turteltäubchen Hand in Hand und einander küssend dahingeschlendert. Es tat Mutter furchtbar leid, dass ihr geliebter David nun trotz seines fortgeschrittenen Alters an ihr Krankenbett kommen musste, aber da sie im Herzen immer ein Kind geblieben war, hielt sie es einfach nicht aus, wenn er sie nicht besuchte!

Als sie das Rehabilitationszentrum verlassen konnte, kehrte sie nach Hause zurück, hatte aber ihre ganze Lebensfreude verloren, weil alles, was ihr im Leben Spaß machte, durch ihren unsicheren Gleichgewichtssinn und ihre Angst, wieder hinzufallen, unmöglich geworden war. Sie schaffte es nicht einmal mehr, zu David in die Rue Amelot zu fahren! Ab diesem Zeitpunkt kam immer er zu ihr. Sie fühlte sich umso trauriger, als sie nun auch noch an Parkinson erkrankte und die Medikamente, die sie schon haufenweise zu sich nahm, nicht wirklich halfen. Sie, die immer behauptet hatte, dass sie nie alt werden würde, musste sich nun eingestehen, dass auch ihr nicht die ewige Jugend beschert war. Offensichtlich passierte ihr nun wirklich das, was allen anderen passierte ... Es wäre wichtig gewesen, ihr zu helfen, wieder Vertrauen zu sich zu fassen, mit ihr zu gehen und Kräfte zu sammeln, aber David war mit der Zeit selbst schon zu gebrechlich, um auszugehen. Sie bekam für eine Stunde pro Tag Unterstützung von einem Physiotherapeuten, aber das war nicht genug. Da trat Jovita auf den Plan, das Glück meines Lebens, und jenes der alten Tage unserer Mutter.

Jovita – Mutters rettender Engel

In meinem Leben gab es mehrere Frauen, die ich alle ehrlich und aufrichtig liebte, wie Mutter es in ihrem Liebesleben getan hatte. Im Jahr 2000 lernte ich, als ich meine Töchter besuchte, eine Weißrussin in Israel kennen, die bereits Mutter war und keine Arbeit hatte und die ich in der Folge heiratete. Wir lebten sieben Jahre zusammen. Mutter war ihr gegenüber sehr offenherzig, allerdings entstand keine besondere Beziehung zwischen ihnen, ganz anders, als es bei Maryline, meiner ersten

Frau, der Fall war. Im Jahr 2012, als ich mich wieder anlässlich eines Besuchs meiner Töchter in Israel aufhielt, lernte ich über eine Internetseite Jovita kennen. Nicht, dass ich denke, dieses Land würde mir Glück bringen, aber wenn man im Urlaub ist, hat man einfach den Kopf frei, jemanden kennenzulernen! Jovita, die jetzige Frau Knoll, ist Philippinerin und katholisch wie die meisten ihrer Landsleute. Sie ist gläubig und betet für zwei, wofür ich ihr sehr dankbar bin. Sie ist keine Jüdin, hat aber neun Jahre in Israel gelebt und versteht unsere Widersprüche, wie zum Beispiel die Tatsache, dass ich einmal pro Jahr an Jom Kippur in die Synagoge gehe, aber bei allen Gebeten zum Andenken unserer Mutter in der Synagoge bin. Sie hatte für jüdische Familien in Israel gearbeitet, die zu Jom Kippur fasteten, und für andere, die vor dem laufenden Fernseher aßen. Sie hatte viel gelernt, wenn sie Sendungen im Fernsehen ansah, die oft auch auf Englisch liefen, denn sie spricht nicht wirklich Hebräisch: Sie wusste, dass es eine 25 Jahrhunderte alte jüdische Kultur gibt, die so geartet ist, dass man sich im tiefsten Herzen als Jude fühlt, auch wenn man die Religion nicht praktiziert. Aus diesem Grund ist Antisemitismus eine Art Dummheit. Man kann Juden dazu zwingen, ihre Religion aufzugeben, kann sie zwangsweise konvertieren, wie die Geschichte der vergangenen Jahrhunderte zeigt, aber man kann ihnen nicht ihre Ursprünge und ihre Erinnerung nehmen. Es gibt viele verschiedene Arten von Juden – orthodoxe, die ihre Gebete machen, andere, die nur bestimmte Feste feiern, und solche, die gar nichts tun. Das Typische an Juden ist die Tatsache, dass sie alle ihr Judentum auf unterschiedliche Weise leben. Die Familie Sandler aus Toulouse, Ilan Halimi, ein jüdischer Jugendlicher, der aus Nordafrika stammte, und unsere Mutter, die alte aschkenasische Dame, die sogar das Fest der Heiligen Drei Könige feierte –

sie alle lebten ihr Judentum auf ganz unterschiedliche Weise, aber es nützte ihnen nichts – sie alle wurden aus ein- und demselben Grund ermordet: weil sie Juden waren.

Jovita weiß sehr gut, was Antisemitismus ist. Sie hat verstanden, dass es nicht um den Kampf gegen eine bestimmte Religion, sondern eine tief verwurzelte Identität geht, die man nicht ändern kann. Meine Frau wurde zwar nicht in dieses jüdische Universum geboren, sie ist aber sehr flexibel und schaffte es, sowohl Sabbatessen in sehr religiösen Familien zuzubereiten als auch Käse in Frankreich zu genießen! Sie kennt zwar nicht alle Intellektuellen, Künstler, Küchenrezepte, traditionellen Lieder und Festrituale, die zu unserer Seele gehören – aber kenne ich die ihren? Menschen müssen nicht identisch sein und alle gleich leben. Das wäre der Beginn des Totalitarismus – und der Langeweile. Ich liebte Frauen jeder Konfession, Hautfarbe und Kultur. Mutter hatte uns beigebracht, andere zu lieben, wenn sie nur die entsprechenden menschlichen Qualitäten aufwiesen, manchmal auch andere in ihrer Andersartigkeit.

Als ich Jovita traf, machte sie nicht etwa eine christliche Pilgerfahrt, sondern lebte wie viele andere Philippiner längere Zeit im Land und arbeitete für ältere Personen. Ein Visum wird nur dann ausgestellt, wenn ein Arbeitgeber nachgewiesen werden kann. Sie hätte lieber ihren ursprünglichen Beruf als Englischprofessorin ausgeübt, aber dafür bekam sie in Frankreich keine Nostrifikation. Zweieinhalb Millionen Philippiner arbeiten im Ausland als Altenpfleger oder als Heimhilfe, denn für sie ist das die einzige Möglichkeit, Geld für ein Studium oder medizinische Betreuung für ihre Kinder zu finanzieren, wenn sie diesen einen guten Start im Leben geben wollen. Binationale Organisationen versuchen, Arbeiter in verschiedenen Ländern unterzubringen, und in Israel werden sie weitgehend im Bereich der

Altenpflege eingesetzt. Jovita war drei Jahre zuvor mit ihrer Schwester, die übrigens neun Jahre vorher einen amerikanischen Juden geheiratet hatte, nach Herzlia ausgewandert. Ihre Kinder haben eine zweifache Kultur, sie feiern Weihnachten und Chanukka, das jüdische Lichterfest. Jovita hatte ihre vier Kinder ihrem Onkel zur Betreuung überlassen, weil deren Vater verstorben war. Sie hat eine Tochter von 21 Jahren, die davon träumt, in die USA zu emigrieren, einen Sohn mit neunzehn Jahren, der studiert, und zwei Jugendliche mit achtzehn und sechzehn Jahren, die noch zur Schule gehen. Ihre vier Kinder nennen mich »Dad«, und die drei jüngeren schicken mir mehrmals täglich Nachrichten über Messenger. Ich wurde eine Bezugsperson für sie, weil ich ihre Mutter in ihrem Heimatland heiratete, bevor ich sie nach einigen administrativen Schwierigkeiten im März 2013 nach Frankreich kommen lassen konnte. Natürlich habe ich damit die Verpflichtung übernommen, für die ganze Familie zu sorgen, aber ich mag es, wenn ich helfen kann, und vor allen Dingen liebe ich die Liebe. Und ich hatte mich bis über beide Ohren verliebt. Niemand hatte sich mein ganzes Leben lang so gut um mich gekümmert, und wie meine Mutter mochte ich es immer, verwöhnt und liebkost zu werden.

Jovita liebt Frankreich sehr, auch wenn wir nicht inmitten eines schönen Parks, sondern in einem sehr verschrienen Vorort im Norden von Paris leben. Darauf werde ich noch zurückkommen ... Aus unserer kleinen Terrasse zauberte meine Frau ein Blumenparadies, das den Augenblicken, in denen wir uns entspannen, einen Hauch von Ferienstimmung verleiht. Sie machte mehrere Monate lang einen Französischkurs von 8 bis 14 Uhr in Stains und lernte unsere Mutter kennen, mit der sie sofort Englisch sprach, was unsere Mutter in Begeisterung versetzte.

Jovitas Beruf besteht darin, betagten Personen zu helfen, und sie hatte schon für so viele mürrische Despoten gearbeitet, dass unsere Mutter ihr im Vergleich wie ein Geschenk des Himmels erschien. Ihre Beziehung zu David berührte sie sehr, ebenso wie ihre große Liebenswürdigkeit. Sehr bald beschloss sie ganz von selbst, nach ihren Kursen, während ich arbeitete, mit der Metro zu unserer Mutter zu fahren, für sie einzukaufen, sie zu unterhalten und, wenn nötig, Essen für sie zuzubereiten. Sehr schnell nannte sie sie »Maman«, und unsere Mutter erklärte ihrerseits: »Sie kümmert sich wie eine Tochter um mich.« Das stimmt. Im Gegensatz zu meinem Bruder, seiner Frau und mir, die wir alle Vollzeit arbeiten, stand Jovita, die keiner bezahlten Arbeit nachging, mehr Zeit zur Verfügung.

Als Mutter während ihrer Rekonvaleszenz langsam verzweifelte, erklärte Jovita einfach: »Wir nehmen sie zu uns nach Hause.« Ihr schien das selbstverständlich, denn niemals würde auf den Philippinen jemand eine betagte Person in ein Altersheim stecken. Abgesehen von ihren Pflichten entwickelte Jovita eine große Liebe zu älteren Menschen. Auch wenn Jovita von ihrem Zeitplan her die Möglichkeit hatte, unsere Mutter zu uns zu nehmen, hätten viele andere das nicht getan. So zog Mutter bei uns ein, bekam eine maßgeschneiderte Pflege mit viel Einfühlungsvermögen, Betreuung, gutem und so gesundem Essen wie möglich, Nahrungsergänzungsmitteln, auf die Jovita schwört und an die ich nicht ganz so fest glaube, Massagen und psychische Unterstützung wie: »Maman, du willst doch nach Hause zurückkehren und wieder mit David ausgehen, nicht wahr? Der wartet nämlich auf dich!« Das Ergebnis: Nach einem Monat war unsere Mutter wieder auf den Beinen.

Sie kehrte in ihre Wohnung zurück und konnte ihr Leben mit David fortsetzen. Wir besuchten sie zumindest am Sonntag, brachten ihr ihre bevorzugte Mehlspeise Paris-Brest und erledigten manchmal Einkäufe für sie. Mutter konnte nicht mehr so ausgehen, wie sie wollte. Man musste sie begleiten. David liebte sie wie eh und je. Er behauptete, keine Haushaltshilfe zu brauchen, während unsere Mutter, die immer stärker unter Parkinson litt, jemanden benötigte, der ihr beim Duschen und Anziehen half. Sehr oft bereitete er die Mahlzeiten zu. Manchmal lud er uns bei unserer Mutter zu Boeuf bourguignon, Spaghetti bolognese oder hausgemachter Suppe ein, Speisen, für die unsere Mutter eine Schwäche hatte, und bei ihm gab es Sauerkraut. Aber nach und nach ließen auch Davids Kräfte nach. Mutter war sehr traurig darüber und vertraute sich manchmal ihren Freundinnen an. Sie wusste ganz genau, dass er ihre letzte Liebe sein würde. Und sie hatte so lange auf ihn gewartet – seit ihrer Scheidung zu Beginn der 1980er Jahre …

Die Zeit ohne David

Vor zwei Jahren wurde David wegen eines Herzproblems ins Krankenhaus eingewiesen. Wir besuchten ihn alle und nahmen Mutter mit, die ihn nicht mehr allein besuchen konnte. Und einige Tage später rief sie uns mit tonloser Stimme an, um uns mitzuteilen, dass David gestorben sei. Er war 94 Jahre alt geworden, unsere Mutter war damals 83 Jahre alt. Der Schock saß so tief, dass sie es nicht schaffte, einigen nahestehenden Freundinnen davon zu erzählen. Sie hatte nicht die Kraft, mit uns auf die Beerdigung zu kommen – sie war wie gelähmt.

Mit einem Schlag alterte sie sehr. Das Leben war nicht mehr, was es zuvor war. Lieben, geliebt werden, gefallen – daraus hatte ihr ganzes Leben bestanden.

Sehr oft sagten wir zu unserer Mutter: »Aber was wirst du mit all diesen Fotos machen! Du hast mindestens vierzig Alben!« Denn sie wollte richtige Fotos – mit einem flüchtigen Blick auf den Bildschirm unserer Telefone gab sie sich nicht zufrieden, und sie ordnete sie alle sehr genau. Nach Davids Tod lebte unsere Mutter in ihren Erinnerungen, auf den Spuren einer Zeit, in der sie noch in Form gewesen war. Ihre Jugend, ihre Liebe, die guten alten Zeiten. Sie sah die Fotos so lange und gründlich an, dass sie manchmal darüber ihre Parkinsonerkrankung, ihre Schmerzen und ihren Alltag vergaß, der aus Massen an Medikamenten und einer immer größer werdenden Immobilität bestand. In solchen Augenblicken wurde sie wieder fröhlich, erzählte uns, als wäre es erst am Vortag gewesen, wie glücklich sie an diesem oder jenem Abend gewesen sei oder wie gut sie sich an diesem oder jenem Tag mit einer bestimmten Person unterhalten habe. Ihr Geist war jung geblieben, aber ihr Körper kam nicht mehr mit.

Kurze Zeit nach den Oberschenkelhalsbrüchen zog sie sich eine sehr starke Darminfektion zu, aufgrund derer sie mehrere Monate ins Spital musste. Sie hasste es, im Spital zu liegen, aber genauso wenig mochte sie es, allein zu Hause zu sein, nachdem sie entlassen wurde. Für eine Stunde täglich gestand man ihr eine Haushaltshilfe zu, die den Haushalt erledigte und ihr das Essen zubereitete. Manchmal besserten wir ihren Alltag mit einer Portion Sauerkraut aus dem Restaurant oder mit einem guten Stück Fisch auf. Jovita, Allan und ich wechselten uns je nach unserem Zeitplan mit den Besuchen ab, sprachen uns täglich ab, um auszumachen, wer hingehen würde. Selbstverständlich telefonierten wir jeden Tag mit ihr, um zu wissen, ob es ihr gut ging. Mutter mochte es, wenn man sich um sie kümmerte. Sie wagte zwar nicht mehr, allein wegzugehen, weil sie Angst hatte, hinzufallen, aber immer noch war ihr ihr Aussehen wichtig. Wenn sie jemanden erwartete, dann machte sie sich schick. Wenn Jovita kam, dann sagte sie manchmal zu ihr: »Maman! Du hast Parkinson, nimm keine Wimperntusche und keinen Lippenstift mehr, das klebt überall im Gesicht!« Sie tat es aber trotzdem, also musste Jovita die Stellen wegputzen, an denen sie über die Konturen hinausgemalt hatte.

Mutter hasste ihre Krankheit, und die Symptome wurden immer stärker. Manchmal hielt sie ihren Freundinnen ihre Arme hin und sagte: »Schaut, wie ich zittere!« Wir versuchten alle, sie zu beruhigen. Sie wurde auch von ihrer Cousine Huguette besucht, von ihren treuen Freunden Renée, Paulette, Jacques, Geneviève, von einem sehr netten Altenbetreuer, von William, meinem ehemaligen Schwager, und seiner Frau, doch je älter sie wurde, desto öfter rief sie uns an und beklagte sich: »Ich habe den ganzen Tag heute niemanden zu Gesicht bekommen!« Im Laufe des Gesprächs wurde dann meist klar, dass mindestens ein oder zwei ihrer treuen Besucher oder Besucherinnen bei ihr gewesen waren. Niemand fiel auf diese Taktik herein, doch eines war klar: Maman litt unter Einsamkeit. Wir konnten unserer Mutter noch so oft sagen, dass nur wenige betagte Personen derart gut betreut und verwöhnt wurden – für sie war es nie genug. Kaum hatten wir die Tür hinter uns zugemacht, rief sie uns oder ihre Freunde an, um zu fragen, wann wir sie endlich besuchen kämen. Dann sagten wir, dass wir eben bei ihr gewesen seien. Es war nicht so, dass sie ihr Gedächtnis verlor, sondern sie wollte einfach, dass wir sie nicht mehr allein ließen. Den meisten Menschen, die betagte Eltern haben, wird diese Art von Gespräch zur Genüge bekannt sein.

Manchmal sagte sie zu Jovita, wenn sich diese am Ende eines Besuchs zum Gehen bereitmachte: »Hast du nicht Lust, bei mir zu übernachten?« Jovita gab ihr dann folgende Antwort: »Wenn du willst, Maman. Aber frag deinen Sohn. Wenn er einverstanden ist, dann bleibe ich.« Mutter verzog das Gesicht und sagte: »Lieber nicht. Er wird nein sagen, und wir werden uns streiten.« Jovita hätte ihr alles zugestanden, denn dies entsprach ihren Moralvorstellungen, die sie mir erklärte und denen ich tatsächlich nichts entgegenzusetzen hatte. Sie sagte, man müsse alles sofort geben, denn man wisse nicht, wie es morgen aussähe.

Im Sommer 2016 stellten wir fest, dass sich auch die Haltung unserer Mutter grundlegend geändert hatte. Als Jovita und ich nach Spanien auf Urlaub fahren wollten, freute Mutter sich keineswegs und lehnte dieses Vorhaben kategorisch ab: »Ich will nicht ganz allein bleiben! Ihr könnt mich nicht einfach im Stich lassen!« Sie im Stich lassen! Sie kannte unglaublich viele Menschen, und Allan besuchte sie sehr häufig. Das entsprach überhaupt nicht ihrem Charakter. Sie hatte mich, ohne zu protestieren, nach Israel auswandern und mehrere Jahre in Spanien wohnen oder wochenlang auf Reisen gehen lassen. Aber nun wollte sie nicht Vernunft annehmen. Da hatte Jovita die Idee, eine philippinische Freundin zu engagieren. Wir boten ihr Kost und Quartier an, wenn sie bei Mutter wohnte. Doch die beiden verstanden sich nicht. Dann versuchte Allan, jemanden zu suchen.

Wir wollten, dass Mutter sich nicht einsam fühlte, und andererseits war es uns auch wichtig sicherzustellen, dass sie nicht hinfiel und nicht mehr aufstehen konnte. Wir fanden zuerst eine Kunststudentin, dann eine weitere. Aber nie war Mutter zufrieden. Die eine war nicht präsent genug, die andere unterhielt sich nicht genug mit ihr, die Dritte kochte schlecht. Selbstverständlich handelte es sich um junge Frauen, die kostenlos wohnten, die aber nicht die Aufgabe hatten, sie zu unterhalten, und noch weniger, sie zu pflegen, wie zum Beispiel ihr beim

Duschen zu helfen, was immer schwieriger für sie war. Manche hatten auch keinerlei Gefühl für alte Menschen. Daher fiel unsere Wahl schließlich auf eine vierzigjährige Frau, was uns ein gutes Alter erschien, die uns ersuchte, mit ihrer zwölfjährigen Tochter bei Mutter wohnen zu können, was kein Problem war. Valentine und ihre Tochter Margaux[17] sollten dennoch in weiterer Folge ursächlich mit dem Drama, das sich später ereignete, in Zusammenhang stehen. Sie wohnten fast ein Jahr bei Mutter, und die Dinge liefen im Grunde genommen ganz gut.

Mutter verbrachte ihre Tage vor dem Fernseher oder mit ihren zahlreichen Besuchern. Sie beschloss, nicht mehr ins Kino zu gehen, auch nicht im Rollstuhl in Begleitung eines Bekannten. Die Karte mit einem unbeschränkten Kinoeintritt, die sie sich zwei Jahre zuvor besorgt hatte, hatte sie ziemlich viel gekostet. Nun verfolgte sie ständig Filme auf ARTE, am liebsten »jiddische Geschichten«. Sie mochte aber auch Sendungen wie *C'est dans l'air* mit Yves Calvi und Michel Drucker und Reportagen und Sendungen von Michel Cymes. Mit Mühe gelang es ihr, die Zeitschrift mit dem Fernsehprogramm *Télé loisirs* zu entziffern, aber ihre geliebten Romane konnte sie fast nicht mehr lesen, weil sie an Grauem Star litt. Dennoch hatte sie mit Überzeugung und Interesse die Biographie Simone Veils *Une vie* in Angriff genommen. Wir gingen, sooft es uns möglich war, mit ihr im Rollstuhl spazieren. Sie aß immer noch so gerne und liebte es, wenn wir am Sonntag einen Ausflug zum Plateau de Gravelles machten, Eis aßen oder eine heiße Schokolade tranken. Und eines Tages unterbrach ein Ereignis den ruhigen Altersalltag unserer Mutter – wir wussten damals noch nicht, wie schwerwiegend es war.

---

17 Die Vornamen wurden verändert.

MUTTER, EINE ALTE GEBRECHLICHE DAME

Der verfluchte Y – erster Teil

Mutter war immer bei ihren Nachbarn beliebt. Ihre Tür stand offen, sie hatte immer ein freundliches Wort für alle, und selbstverständlich war die kulturelle Veränderung in ihrem Haus im Laufe der Jahrzehnte für sie ein Grund zur Freude. In ihrem Gemeindebau, der auch jener unserer Kindheit war, wohnten im Laufe der Zeit Menschen, die aus Nordafrika, später aus Schwarzafrika und schließlich aus China stammten. Ihr Ursprungsland war nie für irgendjemanden ein Problem und verursachte auch keine Spannungen zwischen den Nachbarn. Solange die Menschen respektvolle Mieter waren, nahm das Leben seinen gewöhnlichen Lauf. In der Etage über unserer Mutter wohnte eine Frau, die Alleinerzieherin war, unter anderem hatte sie einen Sohn namens Y, den unsere Mutter ab seinem siebten Lebensjahr kannte. Obwohl er seit etwa zwanzig Jahren in dem Haus wohnte und später dann regelmäßig seine Mutter besuchte, hatten wir ihn nie mit eigenen Augen gesehen. Wir wussten nur von seiner Existenz, weil wir unsere Mutter von ihm erzählen hörten oder weil seine Mutter ihr von ihm erzählte. Alle Kinder wurden im Laufe der Zeit erwachsen, und es gab keinerlei besondere Vorkommnisse. Schließlich begann der junge Mann, unserer Mutter ab und zu einen Besuch abzustatten, Brot für sie zu holen und fünf Minuten mit ihr zu sprechen. Er kannte sie gut und wusste, dass sie ein sehr bescheidenes

Leben führte. Dieses Wissen sollte in den Augen der Justiz ein entscheidendes Element darstellen, als der junge Mann Diebstahl als ursprüngliches Motiv für den Mord angab.

Mutter lebte im gleichen Wohnhaus wie Ys Mutter, weil ihr Einkommen äußerst bescheiden war. Y sah, dass Mutter sehr einfach lebte und keine anderen Ausgaben machte als Lebensmitteleinkäufe. Mutter öffnete sogar ihre Geldbörse vor seinen Augen, in der sich immer ungefähr zwanzig Euro befanden, nie mehr. Wir wollten, dass sie immer etwas Geld für kleinere Ausgaben hätte, die die Haushaltshilfe oder, auf ihre Bitte hin, einer ihrer Besucher für sie machte. Mutter öffnete ihre Geldbörse vor seinen Augen, um ihm manchmal eine Münze als Dank für seine Hilfe zuzustecken.

Mit ihrer unglaublichen Dankbarkeit für alle, die sich ihr gegenüber liebenswürdig verhielten, sagte Mutter am Telefon manchmal Dinge wie: »Der Sohn der Nachbarin ist nett, er hat mir das Fernsehprogramm gekauft, ihr braucht es mir nicht mehr mitzubringen.« Wir fanden das auch nett. Was hätten wir sagen sollen? Manchmal bot sie ihm eine Tasse Kaffee oder ein Glas Porto an, so wie sie ihm Süßigkeiten zugesteckt hatte, als er zehn Jahre alt war. Zu meiner Gattin Jovita hatte Mutter gesagt: »Y ist mein Freund. Er hilft mir und ist sehr freundlich, er hat für alte Menschen gearbeitet.« Das rührte sie. Der junge Mann, der bald dreißig Jahre alt war, lebte natürlich nicht mehr bei seiner Mutter und kam manchmal monatelang nicht zu Besuch. Mutter fragte sich, was aus ihm geworden sein mochte. Man kann es Ys Mutter nicht verdenken, dass sie nicht im ganzen Haus ausposaunte, warum ihr Sohn nicht auftauchte: Er verschwand oft lange, weil er im Gefängnis saß. Mutter wusste nicht, dass er zuerst mit zwanzig Jahren eine Strafe auf Bewährung für sexuelle Belästigung mit Körperverletzung erhalten hatte, und später Gefängnisstrafen für Diebstahl, Eindringen in eine Schule und Drohungen mit Erpressung. Sie wusste auch nicht, dass er das Kaufhaus Monoprix in der Nähe damit bedroht hatte, »es in Flammen aufgehen zu lassen«. Monoprix war Ys Arbeitgeber, er war als Lieferpersonal tätig gewesen. Offensichtlich war Y in der Lage, in die Hand zu beißen, die ihn ernährte, wie viele desorientierte Menschen, denn offensichtlich setzte er mit einem Komplizen den toten Körper unserer Mutter in Brand, zündete anscheinend ihr Nachthemd an und legte danach an drei anderen Stellen in der Wohnung Feuer, vielleicht weil er sichergehen wollte, dass sie wirklich verbrennen würde, nachdem er sie ermordet hatte.

In der Angelegenheit mit dem Kaufhaus Monoprix hatte Y behauptet, mit der Brandlegung gedroht zu haben, weil er sich ungerecht behandelt fühlte, nachdem er entlassen worden war. In Wirklichkeit handelte es sich nicht um eine Ungerechtigkeit, sondern er war alkoholisiert gewesen, wie wir im Nachhinein erfuhren. Was mochte unsere 81-jährige Mutter getan haben, um so viel Hass auf sich zu ziehen? Das wirkliche Gesicht ihres Besuchers kannte sie nicht. Wie hätte sie auf die Idee kommen können, dass ihr »Freund«, der Brot für sie holte und für betagte Menschen gearbeitet hatte, bereits neun Verurteilungen in seinem Strafregister für Vergehen wie Angriff auf Personen, Bedrohung, illegaler Waffenbesitz, Drogenbesitz etc. angesammelt hatte? Daher öffnete sie ihm ohne irgendwelche Hintergedanken ihre Tür, und auch bei uns rief diese Tatsache keinerlei Argwohn hervor, wenn sie uns davon erzählte.

Mutter war kaum mehr mobil, sie schaffte es nur noch mit Mühe, aus ihrem Lehnstuhl aufzustehen und zur Tür zu gehen, um sie zu öffnen. Aus diesem Grund hatten wir einige Jahre zuvor einen elektronischen Schlüsselkasten mit einem Zahlenschloss installieren lassen. Er wurde mit einem Zugangscode geöffnet, damit wir oder Pflege- und Hilfspersonal Zutritt zur Wohnung bekamen, ohne dass Mutter aufstehen musste. Anscheinend hatte Mutter eine ihrer Hilfskräfte nach dem Code gefragt, aber sie hatte die Anweisung, nicht wahllos irgendwelchen Unbekannten die Tür zu öffnen. Diese Empfehlung wäre jedoch im Fall von Y ganz sinnlos gewesen, weil er für sie kein Unbekannter war. Sie hatte zu einer ihrer Heimhilfen gesagt: »Y ist wie ein Sohn für mich.« Wie soll man nicht schon beim Schreiben solcher Worte zu zittern beginnen?

Die Wohnung unserer Mutter hatte 55 Quadratmeter und befand sich in der zweiten Etage des Gemeindebaus. Wenn man in die Wohnung kam, befand sich links die Küche und rechts ein Wohnzimmer mit einem Balkon, der sich über einer Krippe befand. Mutter hatte sich natürlich mit der Leiterin angefreundet. An den schönen Tagen machte Mutter einmal pro Woche mit ihrem Physiotherapeuten ihre Mobilitätsübungen und winkte der Leiterin der Krippe dabei zu. Gegenüber von der Eingangstür befand sich ihr Schlafzimmer mit einem großen Kleiderschrank, ein zweites Schlafzimmer lag neben dem Wohnzimmer. Dort schliefen Valentine und ihre Tochter. Mutter mochte ihre Wohnung sehr, und es war ihr lieber, dort besucht zu werden, als mit dem Auto zu uns gebracht zu werden, was ziemlich kompliziert war, seit sie im Rollstuhl saß. Ihre Wohnung war ausgestattet wie die jeder alten Dame: Im Wohnzimmer stand das Buffet, das noch von ihrer Mutter stammte, die Teller hatten einen altmodischen Charme, dann standen da noch ein runder Tisch und ein komfortabler Lehnstuhl, um fernzusehen. Als Ersatz für ihre ursprüngliche Küche aus Resopalplatten aus den 1960er Jahren hatte ich ihr Teile meiner Kücheneinrichtung gegeben, als ich sie austauschte. Der Herd wurde zur Hälfte mit Strom, zur Hälfte mit Gas betrieben. Doch seit einigen Jahren kochte sie nicht mehr selbst. Wir achteten darauf, dass alle ihre Geräte gut funktionierten, und ersetzten sie zu gegebener Zeit, weil sie nicht wirklich die Mittel hatte, Elektrogeräte zu kaufen. Wenn wir gehört hätten, dass unsere Familienwohnung brennt, dann wäre unser erster Gedanke gewesen: Welches Elektrogerät mag hier einen Brand verursacht haben? Wir achteten klarerweise auf ihre Sicherheit. Ich hatte ihr einen zweiten Fernseher geschenkt, sodass sie auch im Bett fernsehen konnte, und vor dem sie – wie immer sehr spät – einschlief.

Vor diesem Fernseher passierten im Februar 2017 jene schwerwiegenden und alarmierenden Ereignisse, an einem Tag, an dem Y kurz vorbeigekommen war. Mutter rief Allan und mich etwas verlegen an und erzählte uns, dass ihr Schützling Y kurz zu Besuch gekommen sei und ein Glas Porto getrunken habe. Das war nichts weiter Ungewöhnliches. Er sah im angrenzenden Zimmer, in dem sich die kleine, zwölfjährige Margaux befand, etwas fern. Bis dahin hatte Mutter nichts Besonderes bemerkt. Y bewegte sich frei in der Wohnung, und natürlich konnte man nicht auf Mutter zählen, wenn es darum ging, ihn zurückzuhalten, eine scharfe Bemerkung zu machen, oder ihm nachzugehen, denn sie war in ihrer Bewegungsfreiheit eingeschränkt. Valentine, die Mutter des Mädchens, war ausgegangen, um Einkäufe zu machen. Das zeigt, wie vertrauenserweckend Y gewirkt haben muss. Doch als Valentine zurückkam, stürzte die Tochter in Panik zu ihr und erzählte ihr, dass Y ihr unsittliche Dinge gesagt und mit ihr gemacht habe. Mutter wusste nicht, mit welchen Worten sie uns auf anständige Weise beschreiben sollte, was in der Sprache der Justiz als »sexueller Übergriff auf Minderjährige unter fünfzehn Jahren« bezeichnet wird. Valentine war angesichts ihrer Tochter, die unter Schock stand, außer sich. Während Y floh, ging Valentine mit ihrer Tochter zur Polizeistation, um Anzeige zu erstatten.

Natürlich wollte Valentine nicht mehr im gleichen Gebäude wohnen bleiben wie die Person, die ihre Tochter sexuell belästigt hatte. Wir waren entsetzt, dass dieser Typ, den unsere Mutter für vertrauenswürdig hielt, in ihre Wohnung eingedrungen war und dort ein junges Mädchen von zwölf Jahren missbraucht hatte. Unsere Mutter machte achtzehn Jahre daraus und versuchte, die Sache herunterzuspielen: Wir hatten den Eindruck, dass sie sehr schwammig in ihrem Urteil war, fast als wäre die Sache nicht sonnenklar. Mutter erklärte weiterhin, dass die ganze Sache vielleicht gar nicht so schlimm gewesen sei, wie Valentine, die sich furchtbar aufgeregt hatte, meinte. Mehrmals sagten wir zu unserer Mutter, besonders nachdem die Justiz festgestellt hatte, dass die Tatsachen unzweideutig waren: »Aber Maman! Stell dir das vor! Was hättest du gesagt, wenn es deine Enkeltochter betroffen hätte?!«

War es ihre legendäre Nachsicht oder ihre Zuneigung zu Y, die sie die Sache so nachsichtig hinnehmen ließ? Oder waren es vielleicht die Sitten einer früheren Zeit, wo eine sexuelle Belästigung oft einfach als »unglückseliges Ereignis« heruntergespielt wurde? Wir waren geschockt – sowohl durch das, was passiert war, als auch durch die Haltung unserer Mutter. Immer noch war sie nicht bereit, sich zu einer negativen Aussage über Y hinreißen zu lassen, selbst nach seiner Verurteilung durch das Gericht. Nach dem Tod unserer Mutter erfuhren wir, dass Y auch wegen Morddrohungen verurteilt worden war, weil Valentine es gewagt hatte, die Sache anzuzeigen. Aufgrund dieser Tat wurde er zu zehn Monaten Gefängnisstrafe, gefolgt von vierzehn Monaten Bewährungsstrafe und bedingter Entlassung, verurteilt. Nach Ys Entlassung aus dem Gefängnis im September 2017 hatten wir Gelegenheit, die Effizienz dieser Bewährungsstrafe einzuschätzen: Obwohl es ihm verboten war, das Haus zu betreten, sahen die Nachbarn ihn regelmäßig, insbesondere an jenem Tag, an dem er mutmaßlich unsere Mutter getötet hatte. Wahrscheinlich wusste niemand, dass man ihm dieses Aufenthaltsverbot im Haus auferlegt hatte, und die Justiz kann ja nicht allen auf Schritt und Tritt folgen. Leider.

Mutters Leben änderte sich. Valentine und ihre Tochter erhielten angesichts der Dringlichkeit ihrer Anfrage sehr schnell eine Sozialwohnung. Immerhin hatte Valentine eine Morddrohung erhalten! Allan und ich waren so entsetzt, dass wir beschlossen, das Betreuungssystem für unsere Mutter abzuändern. Die Verbindung ihres Privatlebens mit dem eines Vollzeitangestellten hatte ein so schlechtes Ende genommen, dass wir es nicht noch einmal versuchen wollten. Wir führten einen Betreuungszyklus von einander ablösenden Heimhilfen ein, die sich zu bestimmten Zeiten um Mutter kümmerten. Am Morgen kam jemand, um ihr bei der Morgentoilette und beim Anziehen zu helfen. Am Abend half ihr jemand, das Nachthemd anzuziehen und sich hinzulegen. Seit einiger Zeit hatte sie ein medizinisches Bett, aber sie konnte nun nicht mehr allein in der Nacht aufstehen. Wenn irgendjemand ausfiel, dann sprang Allan ein, der sich durch die Intimsphäre unserer Mutter weniger peinlich berührt fühlte und etwas beherzter bei Hygienepflege war, wie man das etwas schamhaft nennt.

Mutter schlief spät in der der Nacht ein, nach und viel öfter auch während des Fernsehens, und sie schlief so lange, wie die Heimhilfe sie schlafen ließ. Sie hatte ihr Telefon immer in der Nähe, außerdem hatte sie ein Funkmeldegerät um den Hals, mit dem sie ein Bereitschaftszentrum anrufen konnte, falls sie hinfiel. Zumindest einmal am Tag kam jemand aus der Familie bei ihr vorbei, zum Beispiel Jovita oder meist Allan, weil ihr Zeitplan ihnen die Möglichkeit gab, ein oder zwei Stunden bei ihr zu verbringen. Mit der Zeit hörte Mutter schlechter, was sie sehr ärgerte, und sie sah auch weniger gut. Wir hatten eine Staroperation auf einem Auge machen lassen, und sie wartete mit Ungeduld auf die zweite.

Mutter ermüdete nun schneller, und sie hatte nicht mehr die Energie, physische Anstrengungen zu machen, die sie in Form gehalten hätten. Der Physiotherapeut kam dreimal pro Woche, um mit ihr zu arbeiten, aber sie empfand es eher als eine Qual denn als vielversprechendes Training. Sie hätte am liebsten weiterhin getanzt, es erschien ihr sehr lästig, dass sie sich nun schon anstrengen musste, um in ihrer Wohnung gehen zu können. Mittwochs kam eine Dame, um mit ihr spazieren zu gehen, aber es passierte, dass sie schon vor dem Aufzug kapitulierte und nach ihrem Rollstuhl verlangte. Sie aß weniger, außer wenn die Heimhilfe, die zwischen 11 und 15 Uhr kam, ihr eine Speise nach ihrem Geschmack zubereitete wie Spinat oder Püree. Manchmal war ihre Stimmung auf dem Nullpunkt. Aus diesem Grund fügte der Arzt zu der Unmenge an Tabletten, die sie bereits schluckte, noch ein Antidepressivum hinzu. Manchmal sagte unsere Mutter niedergeschlagen zu uns: »Ich glaube, in einem Altersheim wäre ich besser aufgehoben!« Wenn ich dann wieder einen Ausflug mit ihr zum Plateau de Gravelles machte, Allan ihr ein Paris-Brest brachte oder Jovita ihren Rollstuhl bis zum Kaufhaus Printemps Nation schob, wo die beiden schöne Kleider bewunderten, von denen sie wussten, dass sie sie aufgrund der Preise nie kaufen können würden, dann sagte Mutter sehr zufrieden: »Um nichts in der Welt ginge ich in ein Altersheim!«

Nach dem Drama tat es uns leid, sie nicht in ein Heim gegeben zu haben. Aber wie hätten wir ahnen sollen, was passieren würde?

Die Rückkehr des verfluchten Y

Die Heimhilfe unserer Mutter zwischen April 2017 und Januar 2018 hieß Leila. Die Organisation, mit der wir zusammenarbeiteten, achtete darauf, die Angestellten regelmäßig rotieren zu lassen, um jegliche persönliche Bindung zu vermeiden, aber das war schade: Mutter liebte sie. Sie fand, dass sie eine gute Köchin sei, was für uns ein Wunder und für sie ein toller Beginn war. Leila kochte ihr hausgemachtes Püree, Ratatouille, Lachs, würzige Gerichte und zerkleinerte das bisschen Fleisch, das unsere Mutter noch aß, sorgfältig. Manchmal ließ Leila sich sogar dazu überreden, Mutter zu füttern, was Mutter unter dem Vorwand, dass sie zitterte (womit sie recht hatte), verlangte, aber vor allen Dingen wollte, weil es sie freute. Sie hatte es einfach so gerne, wenn sie umsorgt wurde ... Die Beine taten ihr mittlerweile so weh, und sie war so schwach geworden, dass sie in ihrer Wohnung nur noch mit dem Rollator gehen konnte und sogar vor Spaziergängen mit dem Rollstuhl Angst hatte. Sie wartete sehnsüchtig auf Besuch von uns, von Freunden und nun auch auf Leila. Sie sagte uns:»Was mir an ihr gefällt, ist, dass wir Spaß zusammen haben!«

Leila erzählte uns im Nachhinein, dass Mutter und sie manchmal sehr schöne Augenblicke verbracht hatten, in denen sie zusammen lachten. Sie sangen im Chor zu den Liedern von Mike Brant, und Leila spielte unserer Mutter modernere Lieder wie *We Are the World* auf ihrem Mobiltelefon vor. Mutter zeigte Leila sogar Walzerschritte! Wie das mit einem Rollator ging, wagten wir uns gar nicht vorzustellen ... Sie holte die Fotoalben heraus, erzählte ihr aus ihrem Leben, unterstützt von Freundinnen, wenn sie auf Besuch waren, und man erinnerte sich an die vielen Erlebnisse aus einer Zeit, in der Ausgehen weder für die eine noch für die andere eine Expedition war. Mutter zeigte ihr Fotos von uns in jedem Alter, Bilder der Enkel- und Urenkelkinder, Fotos von Freunden aus der Zeit, als sie noch verheiratet war, und Bilder von Männern, die eine Rolle in ihrem Leben gespielt hatten. »Sie sind mir eine!«, scherzte Leila, als Mutter von dem Australier erzählte, der zehn Jahre jünger war als sie. Mutter kicherte darüber, als sei sie fünfzehn Jahre alt. Sie erzählte, wie sehr sie David geliebt hatte, den letzten Mann ihres Lebens, dessen Foto neben ihrem Bett stand, und unseren Vater, lange Zeit davor ... Leila zog sie ihrerseits ins Vertrauen, und Mutter gab ihr gute Ratschläge in Liebesdingen. Wenn Leila am Wochenende kam, dann nahm Mutter ihr Gesicht in die Hände und fragte sie: »Na, wie geht es meinem Mädchen?« Sie wollte sie sogar unbedingt mit einem Krankenpfleger verkuppeln, von dem sie fand, dass er perfekt für sie sei, und den sie sehr hübsch fand. »Sie flirten ja mit den Krankenpflegern!«, scherzte die junge Frau mit unserer 85-jährigen Mutter. Sehr kokett antwortete sie: »Was wollen Sie? Mir ist es lieber, wenn Männer mich pflegen, und ich bevorzuge die Jugend. Ich will nie in ein Altersheim, da sind ja lauter alte Knacker!« Sobald der Besuch von jemandem bevorstand, verdoppelte sie die Aufmerksamkeit, die sie ihrem Aussehen widmete, und erklärte: »Ich muss mich hübsch machen! Huguette kommt auf einen Tee!« Feuchtigkeitscreme und Kölnischwasser – Mutter vergaß nichts. Leila konnte ihr noch so oft erklären, dass ihre Lippen nun zu dünn für Lippenstift waren, Mutter bestand darauf, wie auf so vielen anderen Dingen. Sie war nach wie vor kapriziös, wollte Leila die ganze Zeit um sich haben, auch wenn diese in der Küche zu tun hatte. Aber Leila konnte gut damit umgehen und erklärte ihr, dass es eine Zeit für alles gäbe. Sobald wir aus dem Haus waren, lobte Mutter Allan, Jovita und mich offensichtlich über den grünen Klee, nannte uns ihre »Lieblinge« und Jovita ihre »neue Tochter«. Mutter sprach nie über den Tod mit Leila, ebenso wenig, wie sie ihn uns gegenüber erwähnte, sie sagte auch nicht, dass sie Angst davor hätte. Mutter sprach nur vom Leben. Es war, als rechnete sie mit ihrer Unsterblichkeit, wenn sie schon hinnehmen musste, dass sie gealtert war.

Mutter sprach mit Leila aber über etwas anderes, das sie uns gegenüber tunlichst nicht erwähnte, nämlich über Y und die Tatsache, dass sie ihm in keiner Weise böse sei. Wir hatten zu Mutter gesagt: »Es ist ausgeschlossen, dass du noch irgendeinen Kontakt zu diesem Typen hast, wenn er aus dem Gefängnis kommt. Hast du verstanden?« Mutter antwortete nichts und schmollte, wie ein kleines Mädchen. Leila gegenüber sagte sie nur Gutes über ihn. Als das Drama am 23. März 2018 passierte, erklärten die Nachbarn einhellig, dass Y sich seit Monaten im Gebäude aufgehalten habe. Wir wissen nicht, ob Mutter ihn bereits vor diesem Tag wiedergesehen hatte, aber es sieht nicht so aus, zumindest ist uns nichts bekannt. Y wusste jedenfalls, dass Mutter ihm nicht böse war, ja, ihn sogar in gewisser Weise verteidigt hatte. Später erfuhren wir, dass Mutter sogar eine Sammlung im Wohnhaus initiiert hatte, um die Familie von Y zu unterstützen, als seine Schwester, die an einer Überdosis Drogen gestorben war, in Algerien bestattet wurde. Natürlich führte sie sie nicht selbst durch, aber sie hatte sie initiiert, und das wusste Y. Ys Mutter war unserer Mutter sehr dankbar dafür, die beiden hatten ein sehr gutes Verhältnis. Wie hatte diese Frau die

Tatwaffe reinigen können, als ihr Sohn sich zu ihr flüchtete, nachdem er Mutter ermordet hatte? Aufgrund dessen, was man Blutsbande nennt?

Mutter war so vertrauensselig, dass sie, als sie erfuhr, dass Y wieder im Haus war, öfter zu Leila sagte, bevor sie einkaufen ging: »Wenn Sie ihn sehen, dann sagen Sie ihm, er möge vorbeikommen, ich würde mich darüber freuen.« Doch Leila hatte, als sie Valentine ablöste, Gelegenheit gehabt, mit dieser zu sprechen, und hatte als junge, moderne Frau keinerlei Verständnis für diese Art von Vergehen. Daher hütete Leila sich, wenn sie ihm begegnete, Mutters Botschaften auszurichten. Sie sagte auch oft zu Mutter, dass sie niemandem den Code für das elektronische Schloss geben dürfe. Aber Mutter hatte ganz allgemein keinerlei Bedenken in Bezug auf ihre Sicherheit, und noch weniger erwartete sie irgendetwas Böses vonseiten dieses Mannes. Kurz hatte Leila gestutzt, als Mutter sie an einem Montag bat, eine Flasche Porto zu besorgen, obwohl sie erst am Freitag eine gekauft hatte. Sie wusste, dass wir in der Familie kaum tranken, wenn man von dem Glas Aperitif, das wir am Sonntag mit Mutter nahmen, absah. War Y schon vor dem schicksalshaften Tag wieder bei ihr gewesen? Das ist die Frage, die aber letzten Endes nicht von großer Bedeutung ist. Wichtig ist, dass zwischen den beiden ein Vertrauensverhältnis bestand, ob man das gutheißen mag oder nicht.

Mutter hatte keine Angst. Seit dem Krieg hatte sie keine Angst mehr gehabt. Weder als alte Dame noch als Jüdin, noch als jüdische alte Dame fühlte sie sich bedroht. Alte Damen und auch Juden werden Opfer von Raubüberfällen, weil man einem Vorurteil zufolge annimmt, dass sie begütert sind. Doch bei Mutter konnte Y diesem Irrtum nicht aufgesessen sein, denn er war oft in der Wohnung. Mutters gesamtes Hab und Gut bestand aus zwanzig Euro, ihrer Kreditkarte und Modeschmuck. Das Teuerste in ihrer Wohnung waren die beiden Fernseher, und auch die waren kein Heimkino! Sie hatte ein paar Ritualobjekte wie einen neunarmigen Kerzenleuchter für das Lichterfest und eine Hand der Fatima, die sie nie versteckt hätte, denn sie aß auch die Süßigkeiten zum Fest des Fastenbrechens mit den Nachbarn und feierte Weihnachten beim Weihnachtsbaum des Gebäudes. Jedem seine Kultur, und im Grunde können alle Kulturen zusammen existieren, zumindest was die überwiegende Mehrheit der Franzosen angeht.

Als der Weihnachtsbaum des Gebäudes im Jahr zuvor einem anonymen Vandalenakt zum Opfer gefallen war, tippten die meisten auf einen bestimmten Schuldigen, was wir erst im Nachhinein erfuhren. Mutter hatte uns von der ganzen Sache gar nichts erzählt. Sie hatte im Januar das Dreikönigsfest würdig mit den Nachbarn gefeiert und sogar die im Kuchen versteckte Bohne bekommen.[18] Mutter hatte weder das Gefühl, ausgeschlossen zu sein, noch in ein übertriebenes Gemeinschaftsleben zu verfallen.

Natürlich stellte auch sie seit einigen Jahren ein Wiederaufleben des Antisemitismus fest. Sie war ganz besonders über die Morde von Mohamed Merah geschockt, der 2012 Kinder kaltblütig erschossen hatte. Sie war entsetzt, dass »das jetzt wieder beginnt«, wie sie traurig sagte. Doch sie hätte nie damit gerechnet, dass auch sie Opfer eines solchen Verbrechens werden würde. Sie war nicht »paranoid«, wie man das manchmal Juden vorwirft. Wer weiß schon, dass antisemitische Gewaltakte 38 Pro-

---

18 In Frankreich wird zum Fest der Heiligen Drei Könige ein Kuchen gebacken, in dem eine Bohne versteckt ist. Wer die Bohne bekommt, wird für einen Tag »König« oder »Königin«. Anm. d. Ü.

zent[19] aller rassistisch motivierten Verbrechen in Frankreich ausmachen, obwohl der Anteil der Juden nur bei etwa einem Prozent der Gesamtbevölkerung liegt? Aber Mutter las die Verlautbarungen des Innenministeriums nicht, ebenso wenig wie wir, und immerhin ist das Leben keine Sache der Statistik.

Der 11. Pariser Gemeindebezirk war in den letzten Jahren ganz besonders von antisemitischen Verbrechen betroffen: Hier wurde 2006 der Telefonverkäufer Ilan Halimi am Boulevard Voltaire 229, ganz in der Nähe der Wohnung unserer Mutter, ermordet, danach Sarah Halimi im Jahr 2017, zu der es kein Verwandschaftsverhältnis gab, in der Rue de Vaucouleurs 30, die ebenfalls nicht weit weg ist. Der eine war 24 Jahre alt, die andere 65. Auch der Angriff auf den Supermarkt *Hypercacher* bei der Porte de Vincennes im Januar 2015 nach den Attacken auf *Charlie Hebdo* fand in unserem näheren Umkreis statt. Doch Mutter wusste, dass dieses gehäufte Vorkommen von Delikten tatsächlich ein Zufall war bzw. mit der Bevölkerungsstruktur zusammenhing: In diesem Bezirk leben traditionell viele Juden. Es handelt sich auch um jenen Bezirk, in dem während des Krieges die meisten Juden bei Razzien festgenommen worden waren. Leider ist dieser Bezirk auch die Zielscheibe von stupiden Kleinkriminellen, die versuchen, etwas bei den »Reichen« zu erbeuten, die sich aber in Wirklichkeit einfach bei allen bedienen. Die Erfahrung zeigt, dass Juden nicht reicher sind als die Durchschnittsbevölkerung, und in Mutters Fall waren sogar sehr viel weniger Mittel vorhanden. Mutter war jedoch überzeugt davon, dass sie in einem sicheren Viertel lebte, und im

---

19 Zahlen aus dem französischen Innenministerium, 31. Januar 2018.
https:// www.interieur.gouv.fr/Le-ministre/Communiques/Bilan-2017-des-actes-racistes-antisemites-antimusulmans-et-antichretiens.

Prinzip hatte sie damit nicht unrecht. Außerdem bekam sie täglich so viel Besuch, dass sie das Gefühl hatte, gut geschützt zu sein.

Der verfluchte Y –
ein tödlicher Besuch

Wir schrieben Freitag, den 23. März 2018. Mutter war zufrieden, weil sie zwei Tage zuvor beim Friseur gewesen war, begleitet von ihrer neuen Heimhilfe, die Leila zu ihrem großen Bedauern im Januar 2018 abgelöst hatte. Der Besuch beim Friseur war ihre letzte kleine Freude, während sie ansonsten nicht mehr gerne die Wohnung verließ. Dieser Freitag hatte für ganz Frankreich sehr schlecht begonnen. Am Morgen wurde bekannt, dass ein Terrorist bei der Öffnung eines Supermarktes in Trèbes in der Nähe von Carcassonne vier Personen getötet hatte. Unter ihnen war auch Oberst Beltrame, der von allen Kollegen für sein moralisches Rückgrat gelobt wurde und der spontan beschlossen hatte, den Platz einer der Geiseln einzunehmen, was schon zeigt, wie pflichtbewusst er war. Ein weiteres Attentat.

Meine Frau Jovita hatte Mutter in der Früh besucht. Sie traf den berühmt-berüchtigten Y an. Meine Frau sah ihn zum ersten Mal, und seine Anwesenheit war ihr aufgrund der vergangenen Vorkommnisse unangenehm. Mutter war zwar nicht allein mit ihm, die Heimhilfe war auch da, aber wir waren immer noch zutiefst geschockt über das, was er dem jungen Mädchen angetan hatte. Jedenfalls hat ein Vorbestrafter von 29 Jahren nichts bei einer sehr gebrechlichen Dame von 85 Jahren zu suchen. Wir hatten das oft und oft zu unserer Mutter gesagt!

Als Jovita beschoss, die Heimhilfe bei den Einkäufen zu begleiten, sorgte sie dafür, dass Y die Wohnung verließ, damit er nicht allein mit Mutter bliebe. In ihrer Abwesenheit kam Allan gegen Ende des Vormittags, um unserer Mutter etwas zu essen zu geben und sich ein bisschen mit ihr zu unterhalten, wie er das mehrere Male pro Woche tat. Er traf Y im Erdgeschoss beim Aufzug. Er trug einen weißen Jogginganzug und war fast kahlgeschoren. Allan hatte ihn nie zuvor gesehen, aber Y trat auf ihn zu. Er hatte meinen Bruder dank der Fotos in Mutters Wohnzimmer erkannt. Y sagte zu ihm: »Ich komme gerade aus dem Gefängnis, ich habe meine Mutter besucht und wollte auch Ihrer Mutter einen Besuch abstatten.« Allan war alles andere als begeistert, aber er ließ ihn mit sich im Aufzug mitfahren. Was hätte er sonst tun sollen? Nein sagen? Das Risiko eingehen, ihn gegen unsere Mutter aufzubringen?

Sobald Jovita die Wohnung verlassen hatte, rief sie mich an und sagte zu mir, dass sie Y angetroffen und dafür gesorgt habe, dass er die Wohnung verließ. Ich war froh darüber und rief meinen Bruder an, um ihn zu informieren, dass Y wieder da sei und dass mir das gar nicht gefiel. Wir hatten in keiner Weise Angst um das Leben unserer Mutter, weder Allan noch ich. Welchen Zusammenhang gibt es zwischen einem sexuellen Übergriff auf ein junges Mädchen und einer Attacke auf eine alte Dame? Wir hatten einfach keine Lust, Kontakt mit ihm zu haben, weder direkt noch indirekt. Allan gab mir zu verstehen, dass er nicht sprechen könne: »Ich weiß, er sitzt mir gegenüber ...«

Mutter machte uns wahnsinnig mit ihrer beharrlichen Einstellung, nie und nirgends etwas Böses sehen zu wollen. Natürlich war das nichts Neues, darin lag ja auch ihr Charme, ihr ganzes Leben lang hatte sie diese Haltung eingenommen, aber für uns war es entnervend. Jovita verließ die Wohnung zu Beginn des Nachmittags. Nun befanden sich noch die Heimhilfe und

Allan in der Wohnung, dem es sehr unangenehm war, zu sehen, wie dieser Mann, dem er noch nie zuvor begegnet war, sich in unserer Wohnung bewegte, die Türen der Küchenschränke öffnete, um sich etwas zu holen, ohne um Erlaubnis zu fragen. Wir selbst hätten es nie gewagt, uns bei Mutter so zu benehmen, als wären wir bei uns zu Hause. Man hatte uns immer Respekt und Höflichkeit beigebracht – das waren immer wichtige Werte in der Familie, die unverzichtbar waren.

Als Allan die Wohnung gegen 14 Uhr verließ, war die Haushaltshilfe noch da, aber dennoch fragte er Mutter mit Blicken, ob sie sich nicht ausruhen und er Y nicht hinauskomplimentieren sollte. Wenn sie gewollt hätte, hätte sie sehr gut etwas auf Jiddisch sagen können, um nicht von den anderen verstanden zu werden. Sie hätte sagen können, *Bleib du* oder *Ich raub moyré* (ich habe Angst), Allan hätte der Aufforderung Folge geleistet. Aber Mutter sah Allan mit ihren großen blauen Augen an und war absolut ruhig und gelassen. Dennoch forderte Allan Y auf, die Wohnung mit ihm zu verlassen. Was hätte er noch tun können? Man konnte den Mann nicht gegen den Willen unserer Mutter hinausschmeißen, wenn man nicht offen unhöflich sein wollte, womit man die Feindseligkeit des Mannes heraufbeschworen hätte. Aber Y schien nicht gehen zu wollen. Er trank ruhig sein Glas Porto, das er sich selbst serviert hatte, und wirkte weder bedrohlich noch betrunken. Allan ging widerwillig fort und rief Mutter noch einmal gegen halb drei Uhr an, als die Heimhilfe gerade das Haus verlassen hatte. Mutter antwortete ihm mit ihrer warmherzigen Stimme: »Alles in Ordnung, Liebling.« Sie war ganz gelassen, ebenso wie gegen vier Uhr, als sie ihn anrief, um Y das Telefon zu geben, der Allan Folgendes mitteilte: »Ich wollte Ihnen sagen, dass ich die Portoflasche ausgetrunken habe. Ich werde eine neue kaufen gehen.« Was wollte er damit sagen? Alles schien absolut normal zu sein. Als Allan gegen 17 Uhr noch einmal anrief, hob Mutter nicht mehr ab. Weder am Festnetz noch auf dem Mobiltelefon. Sie hatte auch ihr Funkmeldegerät nicht gedrückt. Zu diesem Zeitpunkt war sie, wie sich später herausstellte, nicht mehr am Leben.

Manche Dummköpfe – und dafür gibt es kein anderes Wort – hatten die Stirn, uns vorzuwerfen, Y bei unserer Mutter gelassen zu haben. Ich sage »wir«, weil ich auch nicht anders gehandelt hätte. Man konnte ihn nicht einfach packen und hinauswerfen! Ebenso wenig konnten wir Mutter daran hindern, selbst die Tür zu öffnen, nachdem wir von ihr weggegangen waren. Wir hatten ihr oft genug gesagt, sie solle keinen Kontakt mehr mit diesem dreckigen Typen haben. Abgesehen davon, dass es unmenschlich ist, Allan die Schuld für das Drama anzulasten – welche Vorwürfe hätte man uns gemacht, wenn Allan den Typen hinausgeworfen hätte und er wiedergekommen wäre, um sich zu rächen, weil er sich erniedrigt gefühlt hätte? Dieses sattsam bekannte Argument dient offensichtlich dazu, alles zu entschuldigen. Wer wäre auf die Idee gekommen, dass ein Nachbar, den meine Mutter seit dem Alter von sieben Jahren kannte, der Sohn einer Frau, die seit Jahrzehnten in guter Nachbarschaft mit Mutter gelebt hatte, jemand, den sie mochte und der sie kannte, ein Massaker mit elf Messerstichen an unserer Mutter verüben würde? Wer wäre auf die Idee gekommen, dass er ihr Nachthemd anzünden und an drei weiteren Stellen in der Wohnung Feuer legen würde? Wer?

Mutter war alt und sehr eingeschränkt, aber sie hatte immer noch Träume: Sie wollte ihre vor kurzem auf die Welt gekommene Urenkelin im nächsten Sommer sehen, miterleben, wie die beiden Töchter von Jovita, für die wir Aufenthaltsgenehmigungen zu bekommen versuchten, endgültig nach Frankreich kommen würden. Ich war nie wirklich ein Familienmensch: Ich sah zwar ab und zu meinen Bruder, und wir gingen auf ein Glas Wein, aber ich war nie für wöchentliche Familientreffen zu haben, vielleicht, weil meine Onkel und Tanten, abgesehen von Onkel Erwin, seit er der letzte meiner Onkel ist, uns nie sehr nahegestanden hatten und weil ich drei Cousinen hatte, die alle im Ausland lebten. Vielleicht war es mir gerade deshalb wichtig, eine Beziehung zu Jovitas Töchtern aufzubauen. Mutter kannte die Mädchen von Fotos und Videos, die sie regelmäßig verlangte, und fragte ungeduldig: »Also, wann kommen die Kinder endlich?« Diese baldige Ankunft der Mädchen war eines der Dinge, über die sie sich am meisten freute, wofür es, abgesehen von ihrer Freundlichkeit, einen ganz konkreten Grund gab: Wir planten, die beiden Mädchen von Jovita bei Mutter unterzubringen, damit sie in einem als ruhig geltenden Bezirk von Paris in die Schule gehen konnten und nicht in Seine-Saint-Denis.[20] Mutter freute sich sehr auf die junge Gesellschaft, und dies entsprach unserem Wunsch, täglich jemand Vertrauenswürdigen an ihrer Seite zu wissen. Aber immer noch fehlten diese oder jene Papiere für die Töchter. Es mag fast wie eine Ironie des Schicksals erscheinen, dass sich die Situation durch Mutters Tod regelte und man uns wie durch ein Wunder Visa ankündigte, was immerhin einen ersten Schritt darstellt.

Wenn Mutter das gewusst hätte … Sie hoffte auch, dass Allans Sohn Alexandre eines Tages den Kontakt mit der Familie wiederaufnehmen würde wollen. Und auch in diesem Fall sorgte ihr Tod dafür, dass die Familie wieder zusammenfand. Wäh-

---

20 In Frankreich darf man öffentliche Schulen nicht frei wählen, sondern man muss in die Schule des Bezirks gehen, in dem man gemeldet ist. Anm. d. Ü.

rend Mutter darauf wartete, dass ihre Träume sich erfüllten, unterhielt sie sich leider mit einem Monster, von dem sie annahm, dass es die gleichen unschuldigen Gedanken hätte wie sie.

Die Schockstarre

Am späteren Nachmittag des 23. März tranken Jovita und ich gerade ein Glas mit einem brasilianischen Freund auf der Terrasse eines Cafés im äußersten Westen von Paris, als das Telefon läutete. Ich sah, dass der Name Huguettes, der Cousine unserer Mutter, aufleuchtete. Ich verdrehte die Augen zum Himmel und reichte das Telefon an Jovita weiter. Nicht, weil ich unsere liebe Huguette nicht schätze, sondern weil ich bereits wusste, was ich hören würde. Mit größter Wahrscheinlichkeit würde Huguette, die sich zwar nicht täuschen lässt, aber immer sehr besorgt war, sagen: »Mireille hat mich angerufen. Sie hat mir gesagt, dass heute niemand bei ihr war ...« Ich würde ihr antworten, dass Jovita, Allan, die Heimhilfe und obendrein dieser Typ sie besucht hatten. Ich wusste auch, dass Huguette sich seufzend in ihr Schicksal ergeben und auflegen würde. Mutter war immer so – sie konnte nie genug Besuch bekommen. Außerdem war sie beunruhigt darüber, dass Jovita und ich am 16. April auf die Philippinen fliegen wollten, um der Übergabe des Diploms eines Luftfahrtmechanikers an Jovitas Sohn beizuwohnen. Ständig wiederholte sie: »Wie soll ich das ganz allein schaffen?« Ich antwortete ihr: »Maman, Allan kommt fast jeden Tag vorbei, du hast eine Heimhilfe, einen Physiotherapeuten, die Krankenpfleger, Huguette, deine Freunde – du wirst nicht allein sein!« Mütter können manchmal anstrengend sein ...

Jovita hörte Huguette einige Sekunden zu, wurde blass und

gab mir das Telefon weiter. »Bei deiner Mutter brennt es!«, sagte Huguette in Panik. Sie wohnte ganz in der Nähe und war von einer Nachbarin auf den Rauch aufmerksam gemacht worden, der aus dem Gebäude, genauer gesagt, aus der Wohnung unserer Mutter aufstieg. Panik erfasste mich. Mutter konnte nicht allein fliehen. Würde die Feuerwehr rechtzeitig eintreffen? War sie schon dort? Ich warf Geld auf den Tisch, Jovita und ich sprangen ins Auto, und wir ließen unseren Freund sitzen, wo er saß. Wir mussten ganz Paris von Westen nach Osten durchqueren, und das zu einer Uhrzeit, wo der Verkehr höllisch ist. Ich fuhr wie ein Verrückter, nutzte alle Busspuren, rief Allan an, der wiederum versuchte, mehrere Nachbarn zu erreichen, aber niemanden zu Hause antraf. Natürlich waren praktisch alle Bewohner auf die Straße gegangen. Ständig sagte ich zu Jovita: »Aber es ist unmöglich, dass es bei Mutter brennt! Sie kommt nicht bis in die Küche, sie kocht nicht selbst, nicht um diese Uhrzeit, es gibt kein einziges altes Elektrogerät, sie greift nichts an, sie hat kein Feuerzeug und keine Zünder! Der Fernseher? Heutzutage implodieren die nicht mehr, und einen Brand haben die nie hervorgerufen!« Ich verstand es nicht. Tief in meinem Innersten spürte ich, dass irgendetwas nicht stimmte. Ich starb fast vor Sorge und Jovita ebenso. Irgendwann erreichte ich endlich eine Nachbarin. Ich schrie sie fast an: »Was ist denn los bei meiner Mutter?!« Ich wurde leichenblass, als sie mir einfach nur antwortete: »Ich geben Ihnen einen Feuerwehrmann ...« Der Feuerwehrmann hatte eine neutrale und ernste Stimme – eine Stimme, die ein Drama ankündigt. Er sagte nur: »Bitte kommen Sie ...« Da verstand ich. Ein Feuerwehrmann, der sagt, »Kommen Sie«, und nicht »Ihre Mutter wurde ins Spital gebracht« oder »Ihre Mutter wird medizinisch versorgt« – da weiß man schon, was das bedeutet.

Tränen traten mir in die Augen. Auch Jovitas Gesicht war tränenüberströmt.

Als wir ankamen, sahen wir Sicherheitskräfte, die Feuerwehr und die Kriminalpolizei. Da war mir mit einem Schlag alles klar: Mutter war tot, und das Feuer war von ihrer Wohnung ausgegangen.

Man nahm uns sofort beiseite, und wir gingen in ein kleines Zimmer im Erdgeschoss eines Gebäudes, das zu dem Gemeindebau gehörte, und erklärte uns: »Das Feuer wurde gelegt.« An mehreren Stellen. Ein Mord an Mutter? Wer könnte ein Interesse daran haben, unsere Mutter zu töten? Da drängte sich uns das Bild jener Person auf, die wir zuletzt bei unserer Mutter gesehen hatten. Jener Person, die sie als letzte lebend gesehen hatte. Y. In meinem Kopf wie auch in jenem Allans, der kurz nach mir eingetroffen war, und auch bei unseren Frauen tauchte ständig ein Gedanke wieder auf. Aber nein ... Das konnte nicht sein. Die Polizei, die die Untersuchung durchführte, hatte keinerlei Hinweis, was den oder die Brandstifter betraf, und hatte noch niemanden festgenommen. Wir wurden unten zurückbehalten, weil die kriminaltechnische Untersuchung in der zu siebzig Prozent abgebrannten Wohnung im Gange war. Wir wussten nicht einmal, ob Mutters Körper noch existierte. Wahrscheinlich schon. Für die Ermittlung der Tatsachen und für die Untersuchung. Ich habe nicht die Kraft, zu beschreiben, was einem als Sohn in einer solchen Situation für Gedanken durch den Kopf gehen. Wir verscheuchten die Bilder, die in unserem Kopf auftauchten, und versuchten, nicht an den Schmerz, den unsere Mutter empfunden haben musste, zu denken. Von Messerstichen war allerdings nicht die Rede. Im Grunde genommen wussten wir gar nichts.

Wir blieben bis Mitternacht in dem Versammlungsraum des

Gebäudes, ohne dass man uns erlaubt hätte, uns der Wohnung zu nähern. Wir sahen nur, dass die Außenmauern rund um die Fenster unserer Mutter von Flammen geschwärzt waren. Am nächsten Tag bestellte die Polizei mich auf das Kommissariat, während Allan in Begleitung seiner Frau Colette mit seinem Auto dem Polizeiauto bis zur Kriminalpolizei, die sich im 10. Pariser Gemeindebezirk befindet, folgte. Er war einer der Letzten, die Mutter noch lebend gesehen hatten, und konnte wertvolle Informationen für die unmittelbare Untersuchung liefern. Seine Zeugenaussage dauerte bis spät in die Nacht hinein. Er kehrte vollkommen erschöpft heim, auch seine Frau war erledigt, und trotzdem gelang es ihm nicht, in der Nacht ein Auge zuzutun, ebenso wenig wie uns. Es war für uns einfach undenkbar, dass unsere sanfte Mutter Opfer eines Verbrechens geworden sein könnte. Sie zu verlieren hätte uns in jedem Fall wehgetan, doch unter diesen Umständen war die Sache richtig tragisch. Wir befanden uns in einer Schockstarre. Wir waren ungläubig. Mutter ermorden! Warum denn? Sie besaß nichts. Sie hatte es nie geschafft, sich mit irgendjemandem zu streiten!

Am nächsten Morgen hatten Jovita und ich nacheinander einen Termin bei der Kriminalpolizei, dann Colette und Allan, um noch genauere Aussagen zu machen und uns den Bericht über die ersten Feststellungen und die Indizien der Untersuchung anzuhören. Auch Huguette, Mutters Cousine, die ihr sehr nahegestanden hat, wurde vorgeladen, um Fragen zu beantworten und Informationen zu ergänzen, die zur Aufklärung dieser Katastrophe beitragen konnten. Wir wurden nach unserem Tagesablauf befragt, nach Mutters Gewohnheiten ...

Man versicherte uns, dass die Polizei »in der Lage sein würde, uns Genaueres mitzuteilen«. Wenn wir nur eine Ahnung gehabt hätten ... Sie wussten es bereits, offensichtlich noch am gleichen Abend. Wir wussten nicht, dass unsere Mutter nicht durch einen Brand gestorben war. Es war schlimmer. Schlimmer, als man sich vorstellen konnte.

Sehr schnell, nachdem Mutters Name in der Presse und im Fernsehen genannt worden war, liefen bei uns die Telefone heiß. Nahestehende riefen an und waren entsetzt, aber auch Vertreter der jüdischen Gemeinde in Frankreich, zu der ich bis dahin nur ein sehr entferntes Verhältnis gehabt hatte. Am Samstagabend rief mich der Politiker Meyer Habib an, weil er sich mit mir treffen wollte. Er ist Abgeordneter der Auslandsfranzosen in der Nationalversammlung, Mitglied von Untersuchungskommissionen über den Dschihadismus und zuständig für die Information von manchmal sehr unwissenden Abgeordneten zum Thema Antisemitismus. Ich war nicht in der Lage, irgendwohin zu gehen, und daher kam er zu mir nach Hause. Ich war erledigt, sprachlos und entsetzt: Es gab keinerlei Grund, unsere Mutter zu ermorden! Keinen! Er und andere Verantwortliche des Konsistoriums, die später bei mir anriefen, erklärten mir, dass es sich bei der Ermordung einer alten Dame, für die kein anderes Motiv, und vor allem nicht Geld, in Frage kam, um einen Akt des Antisemitismus handeln musste. Nichts wies jedoch darauf hin, und weder Allan noch ich wollten dieser Theorie Glauben schenken. Mutter war zwar Jüdin, aber sie war auch so viel anderes. Wir hörten uns an, was man uns sagte, lasen die Zeitung, wo dieses Gerücht schnell kolportiert wurde, und sagten nichts. Letzen Endes sind wir wie unsere Mutter: Wir können nicht glauben, dass das Böse wirklich existiert, obwohl wir mit einer grässlichen Sache konfrontiert waren.

Am nächsten Tag traf ich kurz vor Allan, der etwas später vorgeladen wurde, im Kommissariat ein. Aufgrund des Feuers, aufgrund des Verbrechens an Sarah Halimi, der alten Dame, die keinerlei Unrecht begangen hatte außer der Tatsache, Jüdin zu sein, konnte ich es mir nicht verkneifen, der Polizei die Frage zu stellen: »Es handelt sich doch wohl nicht um ein antisemitisches Delikt?« Die Polizei verneinte das. Damit legte ich diese verrückte Idee ad acta. Ich wollte Antworten, aber ich war nicht auf das gefasst, was man mir in der Folge sagte. Ich saß auf dem Kommissariat, war völlig erledigt, Jovita an meiner Seite – wir hatten beide in der Nacht kein Auge zugetan. Uns gegenüber saßen die Polizeiinspektoren, und ich dachte, es könnte nicht mehr schlimmer werden. Doch dann erklärte mir der Polizist so taktvoll wie möglich: »Also ... Ihre Mutter ist nicht durch den Brand gestorben. Sie wurde zuvor durch elf Messerstiche ermordet.« Ich hatte im wahrsten Sinne des Wortes das Gefühl, zu sterben, dachte, dass mein Herz nun stillstehen würde. Ich habe geweint. Ich ging aus dem Zimmer.

Ich war vollkommen geschockt. Noch nie im Leben hatte ich etwas Ähnliches empfunden. Man muss viel ertragen, wenn man eine so abstoßende, grausige Sache hört. Es braucht Kraft, nach einem solchen Erlebnis weiterzuleben.

Ich rief sofort Allan an und sagte: »Komm schnell. Du wirst schon sehen.« Ich wollte nicht, dass er diese fürchterlichen Worte aus meinem Mund vernehmen sollte. Als Allan mit seiner Frau Colette eintraf, machte er die gleiche traumatisierende Erfahrung mit den gleichen Erklärungen durch. Mit Worten lässt sich unser Entsetzen nicht beschreiben. Die arme, 84-jährige Huguette, Mutters Cousine, deren Vater ermordet und danach verbrannt worden war, musste nun miterleben, wie ihre Cousine im 11. Pariser Gemeindebezirk 66 Jahre später ebenfalls ermordet und verbrannt wurde. Wie sollte sie nicht sofort an diese Ereignisse denken? Noch dazu hatte sie mit ihren eigenen Augen die Rauchschwaden aus der Wohnung aufsteigen sehen!

Die Details des Mordes erfuhren wir nach der Verhaftung von Y am Samstagabend. Er wurde festgenommen, als er um den Ort des Verbrechens herumstreifte. Eines »mutmaßlichen« Verbrechens – so müssen wir es nennen, weil der Fall noch nicht ausjudiziert ist. Er nannte sehr schnell einen Komplizen, einen gewissen A.[21] Wir erfuhren ihre Zeugenaussagen, die dann vom Staatsanwalt an die Presse weitergegeben wurden. Y hatte angeblich A angerufen, damit er ihm helfe. Er hatte A, der ein oftmaliger Rückfalltäter war und zu diesem Zeitpunkt ein Wiedereingliederungsverfahren durchlief, im Gefängnis kennengelernt. A war zwei Monate zuvor nach seiner zehnten Verurteilung wegen Gewalttatten wieder auf freien Fuß gekommen. Er war 21 Jahre alt. Sein Strafregisterauszug sah ungefähr so aus wie der von Y: Bedrohung mit vorgehaltener Waffe, Diebstahl, Besitz von Stichwaffen, Drogen, Drohungen, Widerstand gegen die Staatsgewalt, aber in seinem Fall gab es keine sexuellen Übergriffe.

Die Aussagen der beiden änderten sich im Laufe der Monate nach dem Schema »Ich war's nicht, sondern er«. Es war uns egal, wer wofür verantwortlich war, es ist Sache der Justiz, das zu klären. Was wir jedoch mit Sicherheit wissen, ohne uns darum kümmern zu müssen, wer genau was tat, ist das, was die beiden unserer Mutter antaten.

Man kann sich leicht vorstellen, welche Angst Mutter gehabt haben muss, als Y den unbekannten A in ihre Wohnung ließ. Physisch gesehen war sie nicht in der Lage, sich gegen das Eindringen eines fremden Besuchers zu wehren. Mutter saß im Rollstuhl und war nicht mobil. Da man sie ermordet auf ihrem

---

21 Y wurde in der Zwischenzeit zu lebenslanger Haft verurteilt,
sein Komplize A zu fünfzehn Jahren Gefängnis.

Bett vorgefunden hatte, muss einer der beiden Männer sie dorthin gebracht haben. Sie wurde also von einem der beiden hochgehoben und an den Körper gepresst. Wie kann man eine so offensichtlich gebrechliche Person, die einem auf Gedeih und Verderb ausgeliefert ist, in seine Arme nehmen und ihr Gewalt antun?

Dann nahm einer der beiden ein Messer, ohne dass wir genau wissen, wer. Die Justiz meint sogar, dass beide Männer ihr die Messerstiche zugefügt haben könnten. Jedenfalls stach einer – oder beide – elfmal auf unsere alte Mutter ein, wobei das Messer bis zum Heft in den Körper eindrang, wie man uns mitteilte. Und man schnitt ihr die Kehle durch! Dieses Detail erfuhren wir aus der Presse, bevor die Polizei es uns bestätigte. Dann legte einer, auch wenn wir immer noch nicht wissen, wer, oder beide, mit einem Feuerzeug an mehreren Stellen in der Wohnung Feuer und zündete den Gasherd an, in der Hoffnung, auf diese Weise das ganze Gebäude zur Explosion zu bringen. Doch aufgrund eines glücklichen Zufalls war der Gashahn abgedreht. Wäre das nicht der Fall gewesen, wäre Ys eigene Mutter ebenfalls in die Luft geflogen, weil sie in der Wohnung darüber wohnte. Wir hatten es offensichtlich mit zwei ganz besonders hellen Exemplaren zu tun! Dann flüchtete Y, der voller Blut war, zu seiner Mutter und gab ihr das Messer, mit dem er gerade unsere Mutter getötet hatte. Mutter war ihre Nachbarin! Eine Frau, die sie seit Ewigkeiten kannte und die sie in ihren Nöten unterstützt hatte. Jemand, der eine Sammlung für sie initiiert hatte, als sie einen Trauerfall zu beklagen hatte. Mutter hatte ihr versprochen, ihr zu helfen, was auch immer passieren würde. Angeblich soll diese Frau das Messer einfach abgewaschen haben. Jemand sagte zu uns: »Was würde eine Mutter denn nicht alles tun? Ein Mutterherz ist ein Mutterherz.« Das stimmt. Aber wenn ich ehrlich bin, glaube ich nicht, dass ich meine Kinder so sehr lieben würde.

An dem Wochenende, an dem der Mord passierte, hörte man ständig das Wort »Antisemitismus« in den Medien, wahrscheinlich aufgrund der offiziellen Erklärungen. Damit übernahm man die Vermutung der zahlreichen jüdischen Institutionen, die sich von Anfang an aufgrund ihrer traurigen historischen Erfahrungen in ihrer Diagnose sicher waren. Wir unsererseits zogen es, wie die meisten offiziellen Stellen, vor, zu schweigen. Wir waren der Ansicht, dass die große Achtung, die man den Opfern des Antisemitismus schuldet, und das Andenken an unsere sechseinhalb Millionen Toten von uns forderten, einerseits nicht den kleinsten Anflug von Antisemitismus in unserer heutigen Gesellschaft zu tolerieren und andererseits nicht vorschnell und auf die Gefahr eines Irrtums hin zu behaupten, Opfer eines Übels geworden zu sein, das uns in Wirklichkeit nicht getroffen hatte. Das Judentum hatte nie im Mittelpunkt unseres Lebens gestanden. Das Leben unserer Großeltern, unserer Eltern und das unsere war von Kosmopolitentum und Offenheit anderen gegenüber gekennzeichnet, und ganz besonders jenes unserer Mutter. Wir nahmen unsere jüdische Identität niemals als etwas wahr, das uns anderen gegenüber zu Opfern machte, nicht einmal mit einer Mutter, die während des Kriegs dazu gezwungen war, ins Exil zu gehen, und mit einem Vater, der im Zuge des Genozids an den Juden in ein Konzentrationslager kam. Unsere jüdische Identität erlebten wir von der angenehmsten Seite – bei Familienfesten, im kulturellen Reichtum, einem lebendigen Vereinsleben, in Filmen und Büchern oder, in Allans Fall, im Leben in der Synagoge. Wir waren weder stolz, noch schämten wir uns, Juden zu sein. Wir versteckten es nicht und drängten es niemandem auf. Jedenfalls litten wir niemals darunter, seit unsere Eltern gehofft hatten, das Schlimmste in dieser Hinsicht hinter sich zu haben. Wie sie blickten auch wir nach vorne, in eine bessere Zukunft.

Frankreich ist kein antisemitisches Land, und diese Tatsache möchten wir wirklich hervorheben, obwohl genug vorgefallen ist, das uns die Möglichkeit gäbe, alle in einen Topf zu werfen. Auch heute gibt es wieder Zehntausende Dummköpfe, die Antisemiten sind, so wie es in der Vergangenheit Millionen von Hohlköpfen gab, die das System von Vichy unterstützten, aber Frankreich hat gezeigt, dass es besser ist als Vichy und nicht auf Vichy reduziert werden konnte. Man sollte nicht glauben, dass die Antisemiten heute eine Mehrheit darstellen, ebenso wenig wie diejenigen, die die Politik der Nazis unterstützten, in der Mehrheit waren, sie waren nur die schlimmste Facette des Landes. Antisemiten sind nicht Frankreich – sie sind die Negation Frankreichs. Die neuen Antisemiten, diejenigen, die heute antisemitische Akte begehen, tragen ganz offen antirepublikanische und antifranzösische Einstellungen zur Schau, die nicht nur gegen Juden gerichtet sind, sondern auch gegen die Grundwerte *Freiheit, Gleichheit, Brüderlichkeit*, die die Grundlage unserer Identität darstellen. Es handelt sich um Menschen, die bewusst den Nationalfeiertag wählen, um mit einem Lastwagen in die feiernde Menschenmasse zu fahren, wie dies am 14. Juli 2016 in Nizza der Fall war. Es sind auch diejenigen, die freidenkerische Journalisten umbringen und gleich darauf ein Geschäft mit koscheren Lebensmitteln überfallen. Niemand soll behaupten, dass das nicht die gleiche Art von Menschen sei. Wir waren, wie alle anderen Franzosen, ein potenzielles Ziel, aber wir sahen nicht überall Antisemitismus, und ganz besonders nicht im Zusammenhang mit unserer Mutter, die in ihrem täglichen Leben immer für Offenheit anderen gegenüber eintrat.

Am Sonntag wurden wir vom Präsidenten des CRIF[22], des Zentralrates der Juden in Frankreich, kontaktiert, der uns mitteilte, eine Demonstration zum Andenken an unsere Mutter und gegen Antisemitismus organisieren zu wollen. Das Problem dabei war, dass die Position des CRIF nicht jener aller Juden in Frankreich entsprach, zumindest in diesem Fall nicht der meinen. Ich nahm – im Gegensatz zu Allan – eine Haltung ein, die im Widerspruch zu der ihren stand, obwohl ich die Menschlichkeit von Herrn Meyer Habib anerkennen muss, der ein herausragendes Mitglied dieser Vereinigung ist und uns in den dunkelsten Stunden unseres Lebens sehr unterstützte. Diese Solidaritätsbekundung der Gemeinschaft tat uns wohl, doch andererseits waren wir fest entschlossen, nicht an diesem Gedenkmarsch teilzunehmen, solange nicht bewiesen war, dass es sich um ein antisemitisches Verbrechen handelte. Wir kannten uns bei diesem Thema nicht aus. Wir warteten, bis dieses unglaubliche Verbrechen geklärt würde, und hatten mehr mit unserer Trauer und der zu organisierenden Beerdigung zu tun als mit anderen Dingen. Der CRIF kümmerte sich zusammen mit Joël Mergui, dem Präsidenten des Konsistoriums von Paris, um die ganze Organisation des Begräbnisses, da wir nicht imstande waren, diese Dinge zu regeln. Sie wählten den Rabbiner, der am Friedhof seines Amtes walten würde, und kontaktierten die Synagoge des Viertels, aus dem unsere Mutter stammte, die *Synagogue Tournelles* im Marais. Das BNVCA, das Nationale Büro für die Wachsamkeit gegen Antisemitismus, von dessen Existenz wir bis dahin nichts wussten, trat unserem Prozess, vertreten durch Rechtsanwalt Charles Bakouche, als Privatbeteiligter

---

22 Dachverband der jüdischen Organisationen Frankreichs; diese Institution wurde 1944 ins Leben gerufen.

bei, während Herr Meyer Habib uns einen exzellenten Strafrechtsanwalt, nämlich Rechtsanwalt Gilles-William Goldnadel, empfahl. Wir kannten natürlich keinen. Er war auf Antisemitismusfälle spezialisiert, aber als echter Mann des Gesetzes sagte er uns am Telefon sofort, dass noch nichts diese Theorie bestätige und dass es sich vorerst nur um eine Hypothese handle.

Am Montag hatten wir einen Termin beim Anwalt. Viele sagten nachher zu uns: »Aber wenn die Sache nicht klar war, warum habt ihr euch dann von Personen vereinnahmen lassen, die etwas behaupteten, was sie noch nicht wussten?« Ehrlich gesagt: Solchen Menschen wünsche ich, niemals in eine solche Situation zu kommen. Handeln zu müssen, obwohl die eigene Mutter einige Stunden zuvor ermordet wurde. Und man muss immerhin anerkennen, dass die verschiedenen Mitglieder der jüdischen Gemeinde letzten Endes recht behielten mit dem, was für uns unvorstellbar war. Wir konnten keinerlei Antisemitismus hinter dem Verbrechen an Mutter erkennen!

Alles war kompliziert, und alles war grauenhaft. Am Freitagabend waren aus kriminalpolizeilichen Gründen sofort Siegel an der Wohnung angebracht worden. Wir mussten somit die Genehmigung des Bürgermeisteramts einholen, ein offizielles Papier mit der Bezeichnung »Erbbescheinigung«, um die Beerdigung durchführen zu können. Wir holten dieses Blatt Papier ab, auf dem ein paar dürftige Zeilen standen … Das war alles, was von einem Leben blieb. Wir konnten nicht wie bei einer normalen Beerdigung Kleidung holen, die sie getragen hatte, in das so bekannte Universum eintauchen, ihre Fotos ansehen und uns erinnern. All das war uns nicht möglich. Das Einzige, was wir hatten, war ein Körper – nach der Autopsie. Von dem wir natürlich niemals wirklich Abschied nehmen konnten.

Ständig klingelte das Telefon, jeden Tag öfter. Bei einem

Trauerfall muss man normalerweise der Familie und den Freunden die traurige Nachricht überbringen, aber nun war es so, dass außer meinen Töchtern, die ich sofort informierte, damit sie die Zeit hätten, rechtzeitig aus Israel anzureisen, die Menschen bereits informiert waren! Sie erfuhren die grauenhafte Tatsache aus den Nachrichten und riefen uns an! Alle. Auch jene, die wir seit Jahren, ja sogar Jahrzehnten nicht mehr gesehen hatten. Alle Menschen, die Mutter gekannt hatte, und die waren, weiß Gott, zahlreich. Die Dame, die unserem Vater die kleine Wohnung in Trouville vermietet hatte, als wir in der Pubertät waren, kondolierte uns, ebenso Davids Tochter, zu der der Kontakt abgerissen war, Ehepaare aus der Zeit, als unsere Eltern verheiratet waren, Menschen aus der Zeit mit David, Freunde von Mutter, von deren Existenz wir nichts wussten und von denen uns jeder einzelne eine Anekdote aus dem Leben unserer Mutter erzählte, die von ihrer Lebensfreude und Liebenswürdigkeit zeugte. Und dann kam der 26. März, jener Tag, an dem unser Leben erneut ins Wanken geriet. Die beiden mutmaßlichen Täter hatten die erste Runde ihrer Erklärungen abgegeben und waren in Untersuchungshaft oder im Gefängnis. Immerhin war jeder der beiden schon etwa zehnmal gesessen, hatte mehr oder weniger lange Strafen bekommen, es hatte sich alles abgespielt wie schon so oft zuvor, bis zum tödlichen Streich.

Am Montag, den 26. März saßen wir in einer Besprechung mit dem Anwalt, als ich eine SMS bekam. Die Nachricht war von meinem besten Freund Bernard. Er hatte eben eine brandneue Information auf sein Telefon bekommen: Die Staatsanwaltschaft war der Ansicht, dass es sich um ein antisemitisches Verbrechen handelte! Wir erfuhren zur gleichen Zeit davon wie der Rest Frankreichs. Der Anwalt war nicht allzu erstaunt darüber, weil er innerlich bereits zu dieser Überzeugung gelangt war, auch wenn er sie nicht offen zeigen hatte wollen. Wir unsererseits hatten nicht daran glauben wollen, obwohl wir während der ersten drei Nächte, in denen wir kein Auge zugetan hatten, ständig nach einem Anhaltspunkt gesucht hatten, der das Verbrechen an unserer Mutter erklären könnte. Die Erklärungen der beiden mutmaßlichen Täter änderten sich ständig. Wir werden uns hier darauf beschränken, einige Auszüge anzuführen. Y hatte angeblich seinen Komplizen zu unserer Mutter gelockt, indem er behauptete, dass sie eine reiche Jüdin sei. Bereits das ist Antisemitismus, aber dieser fadenscheinige Vorwand hielt hier nicht. Er wusste, dass Mutter nichts hatte. Das Kästchen mit ihrem Schmuck – es handelte sich ausschließlich um Modeschmuck – wurde umgedreht gefunden, ein paar Kleinigkeiten waren gestohlen – vielleicht, um das Motiv des Verbrechens zu verschleiern? Wir sehen keinerlei Erklärung. Das nächste Mal wurde als Motiv nicht Raub, sondern der Zorn von Y angeführt, der »ausgerastet« sei. »Ausgerastet« – gelinde gesagt! Angeblich hatte er unserer Mutter vorgeworfen, ihretwegen die Beerdigung seiner Schwester in Algerien versäumt zu haben, weil er ihretwegen im Gefängnis saß! Er wusste ganz genau, dass Mutter ihm nichts nachgetragen hatte. Der Beweis: Sie hatte ihm die Tür geöffnet und ein Glas Porto angeboten. A erklärte später, dass Y Mutter beschuldigt habe, ihn wegen »Waffenhandels« angezeigt zu haben, was uns im ersten Augenblick einfach unverständlich war. Erst dann kapierten wir, dass Y im Gefängnis seinen Mitinsassen wohl nicht erzählt hatte, dass er wegen eines sexuellen Übergriffs auf ein junges Mädchen saß! Dann erklärte A, dass Y Mutter gegenüber die Shoah angesprochen habe, aber warum sich das Gespräch in diese Richtung entwickelte, ist uns schleierhaft.

Wir zuckten oft zusammen, wenn wir neue »Erklärungen«

hörten, die wieder nicht hielten oder die Situation der Mörder noch schlechter aussehen ließen, wenn das überhaupt noch möglich war. In den meisten Zeugenaussagen, die in diesen Tagen und später vor der Untersuchungsrichterin gemacht wurden, kam zur Sprache, dass Mutter Jüdin war, bevor A bei einer Vernehmung definitiv beschloss, dass er der Meinung sei, dass das Verbrechen nichts mit Antisemitismus zu tun habe. Natürlich nicht, denn das wäre ja ein erschwerender Umstand gewesen! Nur eines änderte sich im Laufe der Zeit nicht, nämlich die Tatsache, dass Y nach der Aussage von A am Ende des Mordes den Schrei *Allahu akbar!* ausgestoßen hatte, was zahlreiche Male bestätigt wurde.

Letzten Endes ist das Einzige, was wir uns richtig klar vorstellen können, das Bild unserer Mutter, wie sie an ihren Rollstuhl gefesselt ist und hilflos mitansehen muss, wie ein Unbekannter in ihre Wohnung kommt, wie sie miterleben muss, wie das Gespräch in Vorwürfe abgleitet, wie ihr Zorn und schließlich mörderischer Hass entgegenschlagen, wie sie in ihr Zimmer getragen und mit einer Brutalität ermordet wird, die durch den einfachen, wenn auch noch so ungerechtfertigten Wunsch, jemanden zu töten, nicht zu erklären ist.

Diese Umstände ließen uns, mehr als alles andere, letzten Endes annehmen, dass das Mordmotiv Antisemitismus war, ganz egal, welche Erklärungen man uns serviert und wie sie sich im Laufe der Zeit immer wieder ändern. Denn um einen Menschen zu töten, insbesondere eine alte Dame, die sich in keiner Weise verteidigen kann, muss man jemanden nicht mit elf Messerstichen durchbohren, ihm die Kehle durchschneiden und seinen Körper und den Ort, an dem sich sein Leichnam befindet, in Brand setzen. Was könnte das Motiv für so eine Tat sein außer Hass?

Und womit kann dieser Hass zusammenhängen als mit einer Ideologie?

Wir wissen nicht, welche Überlegungen die Richter anstellten, was sie für wahr oder unwahr hielten und was für sie ausschlaggebend war, dass sie diesen erschwerenden Umstand festhielten. Vielleicht war es leider schon eine mit der Zeit entstandene Routine. Wir hörten dieses Wort als Motiv für den Mord an unserer Mutter nach drei Tagen, in anderen Fällen tauchte es noch viel später auf.

Im Fall von Ilan Halimi musste der Schuldige im Jahr 2006 erst behaupten, dass alle Juden krepieren sollten, damit – viel zu spät – Antisemitismus als Motiv in Betracht gezogen wurde. Die Nahestehenden waren schon viel früher von diesem Motiv überzeugt, doch damit stießen sie bei den Untersuchungen auf taube Ohren. Die Polizei weigerte sich, diese Spur zu verfolgen, und musste später ihren Irrtum eingestehen. Die letzten Worte, die dieses Monster bei der Gerichtsverhandlung schrie, waren *Allahu akbar!*. Eine Manie. Im Falle Sarah Halimis warf der Schuldige die alte Dame aus dem Fenster und schrie dabei *Allahu akbar!*, doch es dauerte monatelang, bis Antisemitismus als Motiv angenommen wurde. Natürlich muss man der Justiz Zeit für ihre Arbeit lassen. Das Wichtigste ist, dass die Wahrheit siegt. Aber trotzdem hätte man es doch als ernsthaftes Indiz werten können, dass dieser Nachbar die Frau mehrmals im Stiegenhaus als »dreckige Jüdin« beschimpft und ihr gedroht hatte, sie zu töten ...

Im Falle unserer Mutter wurde der erschwerende Umstand des Antisemitismus sofort nach den Aussagen des Komplizen von Y festgehalten. Einige Wochen danach dachten wir, es träfe uns der Schlag, als wir die Nachrichten hörten. In einer Anhörung bestätigte dieser, im Augenblick des Mordes *Allahu akbar!*

geschrien zu haben, behauptete aber, dass er keineswegs antisemitisch sei!

Die Juden haben oft Galgenhumor bewiesen. Doch Tränen ersparte der Humor uns an diesem Tag in keiner Weise. Denn als wir diese absurde, ganz neue Erklärung in der Presse hörten, weinten wir. Und mich, dessen Charakter weniger ruhig ist als der meines Bruders, packte danach ein blinder Zorn. Allerdings ließ ich diesen Zorn, wie ich unterstreichen möchte, an niemandem aus, wenn wir schon über Verbrechen sprechen, die aus Zorn begangen werden. Mein Bruder sagt: »Unsere Mutter hat nie irgendwen gehasst. Der Hass tötete sie. Ich möchte nicht hassen. Diese Freude möchte ich diesen Leuten nicht machen, denn dann wäre ich wie sie.« Das ist schön. Aber ich kann mich nicht zu dieser Einstellung durchringen.

Sobald Antisemitismus als Motiv in der Presse genannt wurde, riefen doppelt so viele Menschen an wie zuvor, was heißt, dass das Telefon ununterbrochen klingelte: Alle Medien, Politiker und bekannte Persönlichkeiten riefen uns an. Ich, Allan oder beide sprachen mit Benjamin Netanjahu, dem Premierminister von Israel, der uns kondolierte, was uns, erledigt wie wir waren, in diesem Zustand nicht einmal mehr erstaunte. Wir erhielten Beileidsschreiben von allen möglichen Politikern, einem Politiker aus Korsika, einem aus dem Norden vom Front National, von Reuven Rivlin, dem Präsidenten Israels, den Bezirksvorstehern unserer Wohnbezirke etc.

Wir sprachen mit Journalisten von Radio- oder Fernsehsendern. Man rief uns aus Frankreich, aber auch aus Deutschland, der Schweiz, Belgien, den Vereinigten Staaten und Israel an. Meine eigenen Töchter, die zweisprachig sind, wurden oft von den israelischen Medien interviewt. Meine jüngere Tochter Keren wurde eingeladen, den Präsidenten des Staates Israel nach

Auschwitz zu begleiten und dann eine Rede vor der UNO zum Thema des europäischen Antisemitismus zu halten. Da immer wieder Gerüchte über die Qualität der kolportierten Information zirkulierten, waren wir erstaunt über die Genauigkeit der Artikel und des Porträts in den Zeitungen *Libération*, *Le Point*, *Le Parisien*. Wir fanden, dass unsere Worte richtig wiedergegeben wurden und Mutter treffend dargestellt wurde. Wir lasen nicht alles und sahen uns nicht alle Beiträge an, denn das Porträt unserer Mutter, das überall hing, war schlimm genug für uns. Die Menschen in unserem Haus gaben Mutters Foto, das anlässlich des fünfzigjährigen Bestehens des Wohnhauses angefertigt worden und deren älteste Bewohnerin sie war, an die Presse weiter. Darauf sah man sie in ihrem rot-schwarzen Kostüm lächeln, ihre Haare waren schön onduliert, und sie saß an einem festlichen Tisch. Ein anderes Foto zeigte sie in einem grünen Kleid mit Spitzen, mit dem unverzichtbaren Lippenstift. Das Schwierigste für uns in den darauffolgenden Tagen war nicht, dass die im Laufe der Untersuchung zutage kommende Information falsch, sondern dass sie richtig und sehr brutal war, sobald der Ablauf der Tatsachen mehr oder weniger feststand. Albtraumhafte Vorstellungen verfolgten uns Tag und Nacht. Wie sollte man sich vorstellen, dass einer der beiden eine alte, kraftlose Dame in seinen Armen bis in ihr Schlafzimmer trug, bevor er sie mit Messerstichen durchlöcherte? Im Laufe der darauffolgenden Wochen fühlten wir uns nur noch abgestoßen durch die sich ständig ändernden Aussagen und die Tatsache, dass keiner der beiden Verantwortung für seine Handlungen und »Gedanken« übernahm, wenn man im Falle dieser beiden hirnlosen Individuen überhaupt von so etwas sprechen kann. Wir hingegen mussten uns mit der Tatsache des Todes unserer Mutter abfinden. Wir waren dazu verurteilt, gefangen in unserem Kummer zu sein, wohingegen die »Schuldigen« immer noch frei waren, weil für sie die Unschuldsvermutung gilt – die Opfer aber stehen fest.

Da Antisemitismus als erschwerender Umstand feststand, beschlossen wir, am Gedenkmarsch am Abend des 28. März, der vom Place de la Nation ausging, teilzunehmen. Denn die Tatsachen waren einfach nicht mehr tragbar: Mutter war das elfte Opfer, das aus antisemitischen Gründen im heutigen Frankreich getötet worden war! Ihr Verbrechen war die traurige Fortsetzung einer ganzen Reihe von Delikten: Ilan Halimi wurde am 21. Januar 2006 ermordet, die Kinder Myriam Monsonégo Gabriel und Arié Sandler und ihr Vater Jonathan starben am 22. März 2012 vor der Schule in Toulouse, Yohan Cohen, Philippe Braham, François-Michel Saada sowie Yoav Hattab wurden am 9. Januar 2015 im *Hypercacher* getötet und Sarah Halimi am 4. April 2017 ermordet. Im Falle der einen war Antisemitismus das einzige Motiv, im Falle der anderen war es ein Faktor, der in den Augen der Mörder ihr Verbrechen rechtfertigte. Vor dem Gesetz und vom Standpunkt der Moral aus handelt es sich immer um das gleiche Delikt: um einen Mord, zu dem der erschwerende Umstand des Antisemitismus hinzukommt. Antisemitismus allein existiert nicht als Anklagegrund – weder im Gesetz noch in der Vorstellung mancher Mörder. Viele haben einen »Grund«: Die einen nehmen an, die Opfer seien reich – im Falle von Ilan war die Mutter Sekretärin, der Vater im Handel tätig, und Ilan wurde die allgemeine Politik Israels, ja sogar die Gründung des Staates Israel angelastet. Die Juden sind zwar untereinander völlig uneins, was dieses Thema betrifft, aber in der Vorstellung der Antisemiten scheint es, als wären wir vollkommen einer Meinung. Andere lasten Juden die Erfindung des Kapitalismus an: Dazu ist nur zu sagen, dass Marx Jude war und zahlreiche hochkarätige Nachfolger hatte, die alle antikapitalistische Ökonomen waren. All das sind »Gründe«, die zu den »Gründen« der früheren Jahrhunderte hinzukommen, wie der Tod Jesu, Pest- und Choleraepidemien usw. Obskurantismus ist immer der Wegbereiter von Antisemitismus. Und jedes Mal, wenn Juden in einem Land schlecht behandelt werden, dann ergeht es dem Rest der Bevölkerung bald ebenso. Das beweist die Geschichte, aber auch die Gegenwart.

Man muss sich in Erinnerung rufen, dass sich nach den Verbrechen in der jüdischen Schule in Toulouse einige Stimmen erhoben, die kritisierten, dass der Mörder »kaltblütig« von der Polizei erschossen worden war. Man hörte Sätze wie »bei den kleinen Kindern gibt es einen Grund, nämlich dass sie in der jüdischen Schule waren«. Was ist das für ein Grund?! Doch dann folgten die Morde bei *Charlie Hebdo*, im Stadion *Bataclan*, in Nizza und, am gleichen Tag wie das Verbrechen an Mutter, in Trèbes, und dazu kamen noch einige einzelne Morde. Seither zaudern die Polizeikräfte weniger, und die Stimmen, die Mitgefühl für die Mörder ausdrückten, verstummten. Die Bevölkerung beginnt zu verstehen, dass sie, egal ob sie jüdisch oder nichtjüdisch ist, auf jeden Fall insgesamt ein potenzielles Ziel darstellt. Mit diesem Gedenkmarsch wollten wir nicht zum Ausdruck bringen, dass Juden die einzigen, sondern dass sie die ersten Opfer sind und seit Jahrhunderten aufgrund eines tiefer liegenden Übels eine Zielscheibe für diese Art von Verbrechen darstellen. Es ist wichtig, sich im Interesse *aller* dieser Tatsache bewusst zu werden.

Alle politischen Strömungen und Vereinigungen Frankreichs wollten an dem Gedenkmarsch teilnehmen, von rechts außen bis zu links außen, Vereinigungen wie SOS Racisme, LICRA, Anne Hidalgo und Vertreter der Regierung meldeten sich an.

Ich hörte aber, dass der französische Judenrat Anhänger der rechten Partei von Le Pen ebenso wie von der Linksaußenpartei von Mélenchon die Teilnahme untersagte, weil diese das Verbrechen nutzen wollten, um ihre Parteien von jedem Vorwurf des Antisemitismus reinzuwaschen. An diesem Punkt divergierten Allans und meine Meinung. Ich war gegen dieses Verbot: »Mit welchem Recht verbieten sie ihnen die Teilnahme?« Es mag ja antisemitische Elemente in diesen Parteien geben, aber sicherlich gibt es die auch in anderen, und das heißt nicht, dass diese Parteien insgesamt antisemitisch sind, ebenso wie einige Individuen aus Frankreich nicht stellvertretend für das ganze Land stehen. Auch hier muss man sich wieder daran erinnern, was die antisemitische Ideologie ausmacht! War dieser Gedenkmarsch nicht der Beweis für eine nationale Einigkeit in Bezug auf ein bestimmtes Thema? Mutter hätte diesen prinzipiellen Ausschluss gehasst. Und schließlich fand ich, dass es an uns gewesen wäre zu sagen, wer bei einem Marsch zum Gedenken an unsere Mutter willkommen war und wer nicht. Immerhin waren wir die Hauptbetroffenen. Ich erlaubte mir, zu den Journalisten zu sagen: Es gibt einen Tag, an dem man der Toten gedenkt, einen Tag, um Politik zu machen, und alle, die Lust haben, unserer Mutter zu gedenken, sind willkommen. Trauer ist eine Zeit des Respekts. Ehrlich gesagt, an diesem Tag wollte ich keine Polemik!

Allan war in keiner Weise meiner Meinung. Für ihn zählte eine Tatsache, die auch ich nicht leugnen konnte: Sowohl in der ultralinken als auch in der ultrarechten Partei gibt es überzeugte Antisemiten. Im Augenblick verübt man zwar in der Rechtsaußenpartei keine gewaltsamen und physischen Attacken mehr, aber man hängt einem historischen, über ein Jahrhundert alten Antisemitismus an, legt eine Haltung an den Tag, deren Bösartigkeit in der Dreyfus-Affäre und, darüber hinaus, in der Kollaboration mit den Nazis während des Krieges zutage kam. Man träumt dort von einem zu hundert Prozent katholischen Frankreich, aus dem jede andere Religion verbannt wird. Wir sind mittlerweile sicherlich nicht mehr ihr vorrangiges Ziel, was uns aber nicht weniger schlimm erschien, als wir erfuhren, dass einige von ihnen handfeste Taten setzen wollten. Auf der linken Seite handelt es sich um einen Antizionismus, der sich auf eine bestimmte politische Haltung in Bezug auf den Mittleren Osten stützt. Der Beweis? In manchen Solidaritätsdemonstrationen für das palästinensische Volk konnte man Parolen hören wie »Tod den Juden«. Nicht »Tod der Regierung« oder »Tod der israelischen Politik« etc. Nein: *den Juden*. Was uns wirklich wichtig war, war Besinnung – im Namen von Mireille Knoll. Wir stellten verblüfft fest, dass dieser Name nunmehr allen Menschen ein Begriff war. Wir verstanden diesen Marsch als eine Hommage an alle, die bereits gestorben sind, aber auch an die gesamte französische Bevölkerung, die am Leben bleiben und gegen die Barbarei kämpfen möchte.

Mittwoch, der 28. März,
der turbulente Tag der Beerdigung

Das Leben hält tragische Wendepunkte bereit: Am 18. März veröffentlichte ich einen Post auf Facebook, um die Kandidatur Frankreichs beim Eurovision Song Contest mit dem Lied *Mercy* zu unterstützen, aus Soldiarität mit den heutigen Flüchtlingen, die fast alle aus Schwarzafrika kommen und Muslime sind. Damit wollte ich unsere Position klarmachen, wenn sie es nicht schon war. Mein nächster Post war dann am 27. März, dem Vortag des Gedenkmarsches, wo ich Fotos unserer Mutter zur Illustration von Artikeln über Antisemitismus ins Netz stellte. Allan wie ich verurteilen Rassismus seit jeher – dass wir nun zu seinen Opfern wurden, war unfassbar für uns.

Niemals hatte ich ein Buch über Antisemitismus gelesen. Ich kannte Romane von jüdischen Schriftstellern, die das jüdische Leben beschreiben, aber mit der Theorie hatte ich mich nie beschäftigt. Das hat sich mittlerweile geändert. Mein Bruder geht schon immer am Samstag in die Synagoge, wenn er nicht arbeitet, und zwar in die Gemeinde Beth 'Habad in der Nähe seiner Wohnung, weil er sich dort gut aufgehoben und nie gemaßregelt fühlt. Seine Frau isst koscher, lässt ihn aber mit Mutter oder mir essen, was er will. Er ist ganz allgemein mehr auf Rassismus sensibilisiert, weil er ihn zwischen den verschiedenen Glaubensgemeinschaften in Mali, wo er seine humanitäre Tätigkeit ausübt, beobachten kann. Allan war Politiker, als er in Montreuil lebte, und engagierte sich bei verschiedenen Religionsgemeinschaften. Der Kampf gegen Antisemitismus war neben anderen Aufgaben ein wichtiges Tätigkeitsfeld für ihn. Allan ist es wichtig, Leiden zu lindern, aber indem er an anderen Fronten arbeitet. Anders gesagt, wir haben jeder unsere eigene Art, unser Judentum zu leben – er ist von seinem Glauben durchdrungen, ich bin Atheist, er ist Pazifist, ich bin resoluter, aber wir waren sicher keine militanten Verfechter der »jüdischen Sache«, und wir kämpften sicherlich nicht nur dafür.

Niemals wären wir auf die Idee gekommen, unsere Mutter unter diesen Bedingungen beerdigen zu müssen, interviewt von Journalisten, befragt von bekannten Persönlichkeiten. Das ist sehr verstörend.

In der Nacht vom 27. auf den 28. März erhielt mein Bruder Allan um zwei Uhr in der Früh, damit die Information nicht an die Öffentlichkeit sickern konnte, einen Anruf eines Beraters der Präsidentenkanzlei. Es war wirklich unglaublich, ebenso wie Mutters Tod. Er wollte wissen, ob wir einverstanden seien, wenn der französische Präsident bei der Beerdigung unserer Mutter anwesend sei. Allan akzeptierte, ohne mir zu sagen, dass Emmanuel Macron dem Begräbnis beiwohnen würde, und kündigte mir nur einen »hochkarätigen Besucher« an. Er sagte mir hingegen, dass Emmanuel Macron am Morgen der Beerdigung im Invalidendom Oberst Beltrame, den Helden in der Schießerei in Trèbes, und gleichzeitig Mireille Knoll ehren würde. Mireille Knoll, diese Mutter, die versucht hatte, wie eine Filmschauspielerin zu leben, mit Ausnahme der Tatsache, dass sie nicht die entsprechenden finanziellen Mittel dazu hatte, und die ansonsten nie von sich reden machte.

Am 28. März fand die Ehrung im Invalidendom statt, wohin wir nicht eingeladen wurden, weil es sich um eine Hommage an einen Helden der Republik handelte, nicht um Mutter. Wir waren sowieso ganz mit unserer Trauer beschäftigt und auf das konzentriert, was uns zu Beginn des Nachmittags erwarten würde. Um 14 Uhr beerdigten wir unsere Mutter am Friedhof von Bagneux, nicht weit entfernt von Opa Émile und Oma Sarah, deren Bruder Nathan in Auschwitz vergast und verbrannt worden war, und nicht weit von unserem Vater Kurt Knoll, der ein Überlebender der Konzentrationslager war: Wie hatte das passieren können? In Frankreich, diesem Land der Aufklärung und der Menschenrechte, im Jahr 2018? Emmanuel Macron hielt keine offizielle Rede, aber er fand sehr warmherzige Worte, die er persönlich an uns richtete, und umarmte uns herzlich. Er versprach uns, dass der Mord an Mutter nicht irgendein weiteres antisemitisches Verbrechen sein würde, sondern ein Symbol, ein Schrei nach dem »Nie mehr wieder!«. Wir beschlossen, ihm zu glauben. Es ist uns lieber, diesem Schrei als der Parole »Tod den Juden« zu glauben, die man in den letzten Jahren des Öfteren auf Demonstrationen im öffentlichen Raum im Beisein der Sicherheitskräfte, die dennoch untätig blieben, hörte. Man bat Allan, eine Erklärung abzugeben. Doch weder er noch ich hatten eine »Theorie«, außer der Erfahrung des Todes unserer Mutter. Doch das beste Mittel gegen den Tod bestand darin, eine Lobrede auf das Leben unserer Mutter zu halten. Allan hatte somit eine Hommage vorbereitet, in der nur vom Leben und der Liebe die Rede war, die unsere Mutter uns geschenkt hatte, und in der die tragischen Umstände ihres Todes nicht zur Sprache kamen. Er bat mich darum, sie in diesem Rahmen anzuführen:

»Du warst strahlend und voller Licht. Du hast gern gelesen, bist gern ausgegangen, hast Musik und Filme geliebt, du hast gern getanzt und dich für alles interessiert. Du hast immer im Kreis deiner Familie, deiner Kinder und Enkelkinder, deiner Freundinnen und Freunde gelebt. Du hast das Leben mit Leichtigkeit und einer gewissen Unbekümmertheit genommen. Du hast eine wundervolle Zeit mit Kurt, deinem Mann, erlebt, den du mit achtzehn Jahren kennenlerntest. Du hattest zu allen Vertrauen, und für dich waren die Menschen alle gut. Doch leider hast du uns nun verlassen, und du fehlst uns. Unser Schmerz ist so groß, dass nur unsere tiefe Bewegtheit ihm an Intensität gleichkommt. Die Stärke unserer Liebe wird uns dabei helfen, unser unglaubliches Leid zu tragen. Du hast zwar die Erde verlassen, doch uns wirst du nie verlassen, in unserem Herzen und durch uns wirst du immer lebendig sein. Möge Gott uns den Trost und die Seelenruhe schenken, nach der wir suchen, und möge die Seele unserer geliebten Mutter in Frieden ruhen. Das

Buch des Lebens ist das höchste aller Bücher, man kann es weder nach Belieben öffnen noch schließen. Wir würden gerne zu der Seite zurückkommen, die wir lieben, doch nun ist die Seite des Kummers aufgeschlagen. Papa nannte dich ›Veigele‹, kleines Vögelchen, doch nun ist dieses Vögelchen davongeflogen. Maman, ich liebe dich ... Wir werden dich immer lieben.«

Allan wollte, dass nur vom Leben die Rede sein möge, ganz im Gegensatz zu den Umständen, unter denen unsere Mutter starb.

Um 17 Uhr wurden wir im Hôtel Matignon, dem Sitz des Premierministers Édouard Philippe, empfangen. Die ganze Familie war anwesend, Allan und seine Frau Colette, Jovita und ich, aber auch meine Töchter und Alexandre, Allans Sohn. Mein Bruder hatte ihn gleich über seine Mutter informiert, und Alexandre hatte seinen Vater sofort angerufen. Er hatte mehrere Monate bei seiner Großmutter in ebenjener Wohnung gelebt, in der sich das Drama ereignet hatte. Er war entsetzt und kam auf der Stelle aus Lyon, um bei uns zu sein. Sein Verhältnis zu Allan hatte sich sehr schnell geklärt und wurde zu einer hoffnungsvollen und zukunftsorientierten Beziehung. Dies ist eines der Wunder, die Mutter nach ihrem Tod vollbrachte.

Am Abend kamen wir gerade rechtzeitig zu dem Gedenkmarsch, der vom Place de la Nation ausging, und an dem Gérard Collomb, der Innenminister, Anne Hidalgo, die Bürgermeisterin von Paris, Christiane Taubira, die Justizministerin, und viele andere Politiker teilnahmen, aber auch Imam Chalghoumi, der immer sehr eindeutige und mutige Positionen über den würdigen Umgang mit Religion vertritt. Auch Vertreter der jüdischen Glaubensgemeinschaft, von Vereinen, anderen religiösen Bewegungen und vor allem einfache Bürgerinnen und Bürger bildeten einen Zug aus 30 000 Menschen, deren Teilnahme wir als sehr tröstlich empfanden. An sie möchten wir uns erinnern, und nicht an die Zusammenstöße, zu denen es kam, um Le Pen, Mélenchon und einige ihrer Anhänger aus der Menschenmenge zu entfernen. An diesem Tag mussten wir uns mehr denn je auf das Gute konzentrieren, auf die Einigkeit der Herzen, die wir rings um uns spürten.

Am Abend fand in der *Synagogue Tournelles* der Trauergottesdienst statt. Zahlreiche bekannte Persönlichkeiten waren anwesend: Gérard Collomb, Anne Hidalgo, Valérie Pécresse, François Vauglin, der Bezirksvorsteher des 11. Pariser Gemeindebezirks, Laurent Wauquiez, Christophe Castaner, aber auch Vertreter der jüdischen Glaubensgemeinschaft oder jüdischer Vereine jeder Couleur, der Großrabbiner von Frankreich Haïm Korsia, Meyer Habib, Francis Kalifat, der Präsident des Judenrates, der Vertreter der *Synagogue de la Roquette*, zu der unsere Mutter ein enges Verhältnis hatte, Sammy Ghozlan, der Präsident des BNVCA, und einige bekannte Gesichter, auf denen Mitgefühl zu lesen war. Der Tag war wie ein Hindernislauf gewesen, ein Wettrennen gegen die Uhr von einem Ort in Paris zum nächsten, eine Prüfung nach der anderen, und am Ende waren wir vollkommen erledigt. Niemals in unserem Leben hatten wir an einem Tag so viele Hände gedrückt, waren so oft umarmt worden und hatten so viele Gesichter gesehen, von denen uns manche vertraut und andere uns aus den Medien bekannt waren, ohne dass es uns gelungen wäre, sie alle zu identifizieren. Und inmitten all dieser Menschen fühlten wir uns verloren und unglaublich allein. Wir kehrten als Waisen nach Hause zurück.

VON DER PFLICHT,
ÜBERLEGUNGEN ANZUSTELLEN,
OHNE JE WIRKLICH ZU
VERSTEHEN

Eine Stellungnahme

Die Anwesenheit einer so großen Menschenmenge rührte uns, denn sie bewies das, was in dem einige Tage danach veröffentlichen *Manifest gegen den Antisemitismus* stand, das ich unterzeichnete, dass nämlich »Antisemitismus nicht die Sache der Juden, sondern die Sache aller« ist. Ich kann mich nicht erinnern, mehr als zehn Petitionen in meinem ganzen Leben unterzeichnet zu haben. Als Ilan Halimi vor zwölf Jahren ermordet worden war, herrschte noch große Naivität in Bezug auf dieses Thema. Bei den öffentlichen Ehrungen wie jener nach dem Gemetzel vor der Schule in Toulouse sah man praktisch nur Juden, und man musste mitansehen, wie Menschen das Verbrechen als unwichtig abtaten: »Schon wieder knallt's zwischen den Juden und den Muslimen.« Denn man muss zugeben, dass die Urheber dieser Verbrechen in jedem Fall der muslimischen Kultur angehörten, auch wenn sie nicht immer religiös waren, egal, ob einem diese Tatsache gefällt oder, wie der Mehrzahl aller Franzosen, nicht gefällt.
Sie führen zwar Allah im Mund wie der oder die mutmaßlichen Mörder unserer Mutter, aber trotzdem trinken die meisten Alkohol und führen ein sehr freizügiges Leben weitab religiöser Vorschriften. Man sah »die Juden«, anstatt das jüdische Opfer

zu sehen, und »die Muslime« in ihrer Gesamtheit, anstatt Einzelpersonen zu benennen, die, wenn auch nicht immer, mehr oder weniger radikalisiert waren. Bei den Knolls tranken wir Liebe mit der Muttermilch, und es ist keineswegs heuchlerisch, das zu sagen, denn sie war ein Grundprinzip unserer Eltern und lange Zeit eine jüdische Tradition aus Anerkennung dem Gastland gegenüber: »Frankreich liebt uns, es hat zwar während des Krieges eine Politik der Deportation verfolgt, es gab aber viele Heiden – das ist die Bezeichnung, die man Völkern gibt, die keine Juden sind –, die halfen. Man muss nach vorne schauen, und ihr werdet durchkommen, seid fleißig in der Schule.« Und wenn wir nicht einverstanden mit diesen Worten, wenn wir nicht dankbar gewesen wären, wären wir die Schande unserer Familie gewesen, und Züchtigungsmaßnahmen, mit dem Ziel, uns wieder auf den rechten Weg zu bringen, wären nicht ausgeblieben. Das ist das Essenzielle, von dem ich gerne sprechen möchte: Bevor man sich über Religion unterhält, muss man sich des Problems Nummer eins, nämlich der Erziehung, bewusst werden.

Wenn es irgendeine Gemeinsamkeit zwischen allen Mördern gibt, dann die Tatsache, dass sie alle vollkommen ungebildet sind. Bevor man von ideologischen Problemen wie Islamisierung, Radikalisierung und anderen spricht, sollte man sich darüber klar sein, dass diese Individuen keinerlei Bildung haben. Sie kennen nicht einmal die elementaren Regeln des Zusammenlebens in einer Gesellschaft. Sie haben nichts in der Schule gelernt, und man hat nichts gegen diese Tatsache unternommen. Sie haben sich die Füße auf den Sitzen der öffentlichen Verkehrsmittel abgewischt, und man hat nichts gesagt. Sie haben auf den Boden gespuckt, und man hat nichts gesagt. Sie haben Mädchen angestoßen und auf der Straße oder im Schulhof als Huren beschimpft, und man hat nichts gesagt. Sie haben ihre Kollegen zusammengeschlagen, und man hat nichts gesagt. Und eines Tages haben sie dann einer alten Dame die Handtasche weggerissen oder Drogen verkauft – jedem Alter seine Delikte –, und dann bekamen sie es von Zeit zu Zeit mit der Polizei zu tun und wurden von der Justiz verurteilt. Dann kamen sie ins Gefängnis, wo sie »sich radikalisierten«. Was radikalisierte sie? Das Nichts in sich selbst? Von diesem Augenblick an klammerten sie sich an die Vorstellung, dass sie Opfer seien, denn dieser Status ist bequemer als der eines Täters, aber irgendwann muss man dann den Tatsachen in die Augen sehen: Wer wurde geschädigt, wer hat den Nutzen daraus gezogen? Man behauptet, die soziale Not führe zu Kriminalität, aber kennen wir nicht alle Menschen, die trotz Unterstützung durch das gelobte Land Frankreich bitterarm sind, und dennoch nie gestohlen haben und auch nicht daran denken, es zu tun? Sie bilden sich ein, sich an die Religion ihrer Väter anklammern zu können, um sich zu rechtfertigen, aber diese Wurzeln sind ziemlich imaginär, denn ich glaube nicht, dass man im Land ihrer Vorväter, in das sie oft nicht einmal ihren Fuß gesetzt haben, toleriert hätte, dass sie sich in der Gesellschaft benehmen, wie sie das in Frankreich tun! Alle Mörder waren Rechtsbrecher, Kriminelle und Rückfalltäter – die mutmaßlichen Mörder unserer Mutter wie auch die anderen. Jeder normale französische Bürger leidet im Alltag unter diesem Mangel an Erziehung, an Respekt und an Werten bei diesen Delinquenten. Egal, ob man Atheist, Jude, Christ oder Muslim ist, man leidet täglich darunter, zum Beispiel, weil einem der Vorrang im Auto von einem Typen genommen wird, der sich für eine große Nummer hält, weil er es schaffte, sich von schmutzigem Geld eine große Karosse mit getönten Fenstern zu kaufen, oder weil man in der

Schlange im Supermarkt beschimpft oder auf der Straße angerempelt wird. Ich und alle anderen Bewohner der sogenannten »schwierigen« Viertel, ich weiß, wovon ich spreche, denn ich lebe mitten in einem Vorort im Norden von Paris, in Seine-Saint-Denis (93). Meine netten muslimischen Nachbarn, die mich zum Fest des Fastenbrechens einladen, sind die Ersten, die sich über dieses Übel beklagen, das die französische Gesellschaft aushöhlt und von Personen ausgeht, die zum Teil zu ihrer kulturellen Familie gehören. Sie haben keine Angst, die Dinge beim Namen zu nennen, und tun nicht so, als ob sie sie nicht sähen. Meine philippinische Frau, die sehr asiatisch aussieht, wurde einmal im Viertel so sehr von jemandem bedrängt, dass sie nicht mehr allein zu Fuß zur Schnellbahn RER gehen will. Ist das normal? Wie haben die Eltern derer, die sie belästigten, ihre Kinder erzogen? Was haben sie gemacht? Nichts. Sie haben sie nicht erzogen. Sie haben ihnen zu essen gegeben, wenn überhaupt. Tieren bringt man bei, nicht gegen Mauern zu pinkeln, aber diese Menschen tun das. An bestimmten Orten in den U-Bahn-Gängen stinkt es so furchtbar, dass man kaum noch Luft bekommt. Die neue Maßnahme der Regierung, die vorsieht, Kinder verpflichtend ab dem Alter von drei Jahren in den Kindergarten zu geben, ist wirklich eine gute Idee, denn damit kann man vermeiden, dass die Kinder bis zum Alter von sechs Jahren sich selbst überlassen werden, wo manche bereits verhaltensauffällig und mit Ideen vergiftet sind, die absolut nicht mit den Werten der Republik vereinbar sind. Aber ist es wirklich die Aufgabe des Lehrpersonals, den Kindern die Grundlagen des Gemeinschaftslebens zu vermitteln? Ich glaube zwar, dass viele von ihnen viel zu nachsichtig sind, aber dennoch denke ich nicht, dass sie die Aufgabe der Eltern übernehmen können, vor allem dann nicht, wenn die Eltern diametral entgegengesetzt zu dem arbeiten, was in der Schule gelehrt wird. Man sollte wieder Moral- und Staatsbürgerschaftskunde einführen, selbst wenn man mich jetzt für altmodisch hält, denn es ist besser, altmodische Maßnahmen zu setzen, als später als Waisen dazustehen. Auf diese Weise könnte man vermitteln, dass Moral kein relativer Wert in Bezug auf das ist, was der Nachbar macht, oder in Bezug auf das Böse, das man ihnen angeblich will.

Manchmal versucht man, wie im Fall von bestimmten Terroristen, soziale Schwierigkeiten »als Entschuldigung« für die mutmaßlichen Mörder von Mutter anzuführen. Das hieße aber zu vergessen, dass die Mutter des einen der beiden Mutters Nachbarin und, wie die anderen Bewohner des Hauses, kein »Sozialfall« war, auch wenn sie, wie viele andere, mit finanziellen Schwierigkeiten zu kämpfen hat. Die Sache stellt sich anders dar. Man könnte auch, wie im Fall mancher Verbrecher, sexuellen Missbrauch während der Kindheit ins Treffen führen, was die Presse im Übrigen über Y kolportierte. Man könnte auch noch auf andere Dinge verweisen. Na und? Unser Vater musste Leichname beseitigen, er musste mitansehen, wie Dutzende Menschen vor seinen Augen durch eine Kugel getötet wurden, er sah den Rauch aus den Gaskammern aufsteigen – kam er deshalb jemals auf die Idee, alte Damen zu erdolchen? Oder ihre Körper zu verbrennen? Hat er Frauen oder Jugendliche vergewaltigt? Die dann wiederum andere aufgrund dessen foltern, was sie erlebt haben? Wenn all diejenigen, die in ihrem Leben ein Trauma erleben mussten, zwangsläufig selbst wieder zu Tätern würden, dann wäre es vorbei mit unserem Leben!

Es ist höchste Zeit, der Vorstellung der Unausweichlichkeit der Wiederholung ein Ende zu setzen! Irgendwann im Leben muss man erwachsen werden und verstehen, dass man verantwortlich für seine Taten ist, und wenn das nicht der Fall ist, dann sollte man ein Minimum an gesundem Menschenverstand beweisen und einsehen, dass man eine Gefahr für alle anderen darstellt, und sich in Behandlung begeben, um seinen bösartigen Neigungen widerstehen zu können. Im Falle des mutmaßlichen Mörders unserer Mutter war dieses grauenhafte Verbrechen kein Einzelfall, sondern sein drittes Delikt, wenn man nur Gewaltakte gegenüber Personen berücksichtigt. Hatte er nie einen Psychiater zu Gesicht bekommen? Man kann sich in Frankreich gratis behandeln lassen, und er war bereits für eine Betreuung vorgesehen. Durch seine zahlreichen Gefängnisstrafen hatte man ihm bereits eine psychiatrische Behandlung auf dem Silbertablett serviert.

Das Problem von Deliktherden, die sich normalerweise in den Vororten von Großstädten befinden, besteht darin, dass niemand dieses Problem wirklich in die Hand nehmen will. Man erklärt uns, dass das bereits Millionen Euro kostet, aber man sollte keine Kosten scheuen, wenn man nur endlich ein Ergebnis erreichen würde. Denn wenn man nicht genug macht, wenn man die Menschen nicht erzieht und bestraft, wenn man die Augen verschließt, mit dem Argument, das Problem sei außerhalb der Stadt angesiedelt und stelle sich zumindest nicht in unmittelbarer Umgebung der Entscheidungsträger, die oft Pariser aus schönen Wohngebieten sind, dann wird dieser Aussatz weiter an Terrain gewinnen. Wenn das Problem dann einmal die schönen Wohngebiete erreicht hat, dann wird es so überhandgenommen haben, dass man nichts mehr dagegen tun kann. Bereits heute leben wir in einem zweigeteilten Land: Auf der einen Seite haben wir Frankreich, das ein schönes und insgesamt sicheres Land ist, auf der anderen Seite gibt es rechtsfreie Gebiete, wie das genannt wird. Diese Gebiete breiten sich aus und gewinnen jedes Jahr an Boden. Demokratien sind jedoch schwach. Sie haben ein Problem damit, einen Taugenichts als Taugenichts zu bezeichnen. Eine Demokratie benimmt sich, als ob jeder Bürger per definitionem das für eine Demokratie erforderliche Verhalten an den Tag legte. Sie räumt Rechte ein, als ob die Pflichten selbstverständlich wären. So ist es aber nicht – manche nehmen sich alle Rechte, lehnen aber jede Pflicht ab. Die Dinge stehen so, dass ich mir nicht einen Augenblick vorstellen kann, Jovitas Töchter an dem Ort, wo wir wohnen, bei uns leben und in die Schule gehen zu lassen. Sie haben eine richtige philippinische Erziehung genossen und sind somit höflich und freundlich, daher kann ich sie keineswegs von heute auf morgen in einen Schulhof meines Bezirks verpflanzen! Sie würden auf der Stelle massakriert werden! Sie wären nicht auf der Hut, haben nicht gelernt, zu streiten, misstrauisch zu sein, sich zu verteidigen, denn sie haben nie in einem »rechtsfreien« Gebiet gewohnt! Was heißt, dass wir umziehen müssen – in einen ruhigeren Vorort. Das ist nicht normal.

Die Anrufung des Islam mit der Parole *Allahu akbar!* durch die Mörder schiebt sich wie ein Schirm vor die intellektuelle und gesellschaftliche Not dieser Menschen. Noch einmal, nicht alle Menschen, die sich in einer schwierigen sozialen Situation befinden, erwürgen oder verbrennen andere, knallen sie mit einer Kalaschnikow ab, werfen sie aus dem Fenster oder begehen andere Grausamkeiten. Diese Mörder verwenden Gott als einen Vorwand, um zu morden und ihren Tötungsinstinkt wie wilde Tiere ausleben zu können, weil sie vollkommen ungebildet sind und nie irgendetwas gelernt haben, als dem erstbesten Prediger Glauben zu schenken. Manche Passagen ihres heiligen Textes rufen zu Gewalt auf. Sie werden wortwörtlich interpretiert und erscheinen ihnen dann wie die ewige und nicht relativierbare Wahrheit: Das füllt die Leere in ihnen. Wie ein Text aus dem Talmud zeigt, in dem zehn verschiedene Meinungen von großen Weisen zu ein- und derselben Bibelpassage dargelegt werden, liegt die Wahrheit immer in der Mitte, da, wo sich tausend verschiedene Wege kreuzen. Solche Menschen aber kennen nur einen Weg, den einzigen, den sie je gegangen sind – und der führt zum Tod anderer. Zum Tod derer, die etwas anderes, anders oder nichts glauben, zum Tod Jugendlicher, die Musik hören, von Menschen, die ihre Einkäufe machen, von Mädchen auf Terrassen von Cafés, von Passanten, die die Straße entlangschlendern oder ein Feuerwerk ansehen – zum Tod all dessen, was sich bewegt und lebt. »Es steht geschrieben«, sagen sie und greifen Passagen aus dem Koran heraus, die eventuell zum Mord und insbesondere dem an Juden aufrufen, was selten gesagt wird. Aber alle Muslime beziehen sich auf den gleichen Text, und trotzdem wenden ihn glücklicherweise nicht alle gleich an! Die von einigen Persönlichkeiten geforderte Reform wäre sicherlich ein guter Schritt, denn alle monotheistischen Religionen haben solche Bestrebungen durchgemacht: andere Zeiten, andere Sitten.

Wie Emmanuel Macron in seiner Ehrung im Hôtel des Invalides sagte: »Die religiösen Verbrämungen, mit denen diese Menschen sich schmücken, sind nichts als fehlgeleitete Spiritualität und die Verneinung des Geistes an sich. Sie negieren den Wert, den wir dem Leben geben.«

Das Problem in Frankreich sind nicht die Muslime an sich, sondern die zehn Prozent, die sozial deklassiert sind, die auch ihrer Glaubensgemeinschaft schaden und der gesamten Bevölkerung das Leben vergällen. Wurden die beiden mutmaßlichen Komplizen des Mordes unserer Mutter im Gefängnis radikal? Diese Frage wurde gestellt, aber wir wissen nichts Genaueres dazu. Wozu dieses *Allahu akbar*? Ist das ein Modeeffekt? Man fragt sich wirklich, warum, wenn allein das Anklicken von pädophilen Seiten vom Gesetz bestraft wird, das Anklicken von islamistischen Seiten, die unter Umständen zu Verbrechen im Namen Gottes aufrufen, nicht unter Strafe steht. Man hört manchmal, dass man auch zu Informationszwecken auf solche Seiten gehen könnte, aber die Polizei wird doch in der Lage sein, einen Unterschied zwischen einem forschenden Historiker oder einem Journalisten und einem vielfach rückfälligen Delinquenten zu machen, der sich an Videos von Enthauptungen und anderen barbarischen Akten delektiert. Wenn solche Dinge angeblich dazu dienen, etwas zu lernen, dann könnte man sich ebenso gut vorstellen, dass der Pädophile sich nur informiert, solange er keine Taten setzt: Das ist Unsinn! Man muss einsehen, dass es Dinge gibt, die keinem normalen Menschen Freude machen, ob es nun um barbarische Exekutionen oder sexuelle Handlungen mit Kindern geht, und dass das Ansehen solcher Dinge nur das Gefühl des Grauenhaften herunterspielen und die Hemmschwelle für das Verbrechen verringern soll. Es ist ebenso eine Schande, dass sich Mörder in den sozialen Netzwerken ungestraft feiern lassen dürfen und sogar den Status eines »Märtyrers« bekommen. Das ist der Grund, weshalb wir beschlossen, die beiden nur mit einer Initiale zu erwähnen.

Es wäre uns lieber gewesen, uns niemals zu so ernsthaften Dingen äußern zu müssen. Das ist nicht unsere Sache. Dafür waren wir nicht bestimmt. Wir wollten niemals das Lebensende unserer Mutter mit so viel Ernst erleben, wo sie doch so gern lachte. Ihr ganzes Leben lang hatte sie Glück: Sie wurde gewarnt, als die Razzia stattfand, sie hatte einen brasilianischen Pass, sie nahm alle mit offenen Armen auf und wurde nie enttäuscht. Bis sie den Weg dieser beiden Irren kreuzte!

Das Trauma

Die Polizei schickte uns sofort zu einem Psychologen vom Opferhilfsservice in der Rue de Charenton im 12. Pariser Gemeindebezirk. Ich war einmal dort, Jovita dreimal und Allan regelmäßig, weil er Trost darin findet. Das ist ja eine sehr gute Sache, aber Jovita und mir schien das keine Lösung zu sein. Mit oder ohne psychologische Unterstützung weinten wir mehrmals am Tag, wohingegen Allan erstarrt ist und immer noch nicht weinen kann. Colette hat sich ebenfalls noch nicht von dem Schock erholt. Jovita bekam Nervenkrisen beim Fernsehen und ertrug es nicht länger, Mutter am Bildschirm zu sehen, so als wäre sie noch unter uns. Für Allan ist die Situation noch härter. Er hatte Mutter zwei Stunden zuvor noch gesehen. Er sieht ihr Gesicht wie erstarrt vor sich. Im Gegensatz zu mir sah er an dem Tag, als Mutter starb, den mutmaßlichen Mörder, als er noch so »nett« war, wie sie glaubte. Allan sagt mir, dass er sie, wenn er die Augen schließt, immer wieder vor sich sieht, im gleichen Umfeld und in Gesellschaft dieses Individuums, das sie töten sollte. Immer wieder stellt er sich die Frage »und wenn« »und wenn«, doch niemand kann das Unvorhersehbare vorhersehen. In den ersten Wochen schliefen wir wohl kaum mehr als drei Stunden pro Nacht, und in den darauffolgenden Monaten litten wir viele Stunden unter Schlaflosigkeit. Das wird sich wahrscheinlich nie mehr ändern.

Unser einziger Trost bestand darin, dass wir Unterstützung in Worten und Gesten aus der ganzen Welt, oft über Messenger, bekamen – insgesamt etwa hundert. Sie kamen von Atheisten, Katholiken, Muslimen, Juden, Jungen, Alten, Mitgliedern der Partei La France insoumise, aus Katar, Marokko, Tunesien, Los Angeles und Brasilien, insbesondere von jener Dame, die uns so wertvolle Informationen schickte und die Spuren der Familie von Mutters Onkel in Rio ausforschte. Wir erhielten Fotos von Dutzenden von Zeichnungen und Bildern, die unsere Mutter darstellten und ihre Initialien in Form von kleinen Kerzengirlanden zeigten. Wir erhielten Nachrichten, in denen zum Beispiel auf Schildern stand: *Wir alle sind Knolls.* Selbst die Menschen im Wohnhaus erhielten aufmunternde Nachrichten aus aller Welt, von Kaufleuten oder Institutionen des Viertels, von den Läden, in denen Mutter eingekauft hatte, dem Friseur, der Direktorin der Krippe, die sich unter ihrem Balkon befand, denn alle waren geschockt. Es war das Viertel, in dem wir gelebt hatten und aufgewachsen waren. Das Viertel, in das wir ab diesem Zeitpunkt mit zwei Ausnahmen nicht mehr gehen konnten.

Seit dem Tod unserer Mutter am 23. März konnten wir die Wohnung nicht mehr betreten, weil die Kriminalpolizei ihre Arbeit verrichten musste. Die Siegel sind immer noch angebracht. Jetzt, im Sommer 2018, wo wir dieses Buch schreiben, dürfen wir immer noch nicht in die Wohnung. Wir wissen nicht, was von ihr noch übrig ist. Nur im Fernsehen sahen wir die Wohnungstür von außen, zusammen mit einem Foto unserer Mutter und großen roten Herzen, die Nachbarn als Hommage an sie ausgeschnitten hatten. Das rührte uns natürlich. Wir haben keinerlei Zugang zur irgendetwas, das ihr Leben ausmachte. Wir konnten nicht, wie das sonst bei Trauerfällen in allen Familien ist, in Ruhe durch die Wohnung gehen, über die Möbel streichen, voller Nostalgie vor dem Lehnstuhl haltmachen, in dem sie aß, und uns mitten in ihrem Universum mit ihrem Ableben vertraut machen. Die Brutalität des Verbrechens geht mit der Brutalität ihres plötzlichen Verschwindens einher: Mutter ist nicht mehr da, und uns bleibt nichts mehr von ihr.

Um über ihr Leben erzählen zu können, mussten wir, weil wir keinen Zugang zu ihren Erinnerungsstücken hatten, die auch die unseren sind, die Gedanken aller rund um uns zusammentragen, ohne uns auf Dokumente oder Fotos stützen zu können. Wir hatten uns immer über Mutter lustig gemacht und sie gefragt: »Aber was willst du mit all diesen Alben und diesem Papierkram machen? Willst du nicht langsam etwas aussortieren?« Heute wären sie von unermesslichem Wert für uns, und sind sie das auch, wenn sie nicht verbrannten. Sie befanden sich in Holzschränken, die geschlossen waren, also vielleicht haben sie den Brand überlebt. Oder zumindest ein kleiner Teil?

Glücklicherweise sagte meine jüngere Tochter Keren, wahrscheinlich, weil ihre Kinder größer werden und Fragen über ihre Herkunft stellen, letztes Jahr, ein Jahr vor Mutters Tod, zu mir: »Wir wissen nichts über die Geschichte der Familie.« Daher stellte ich Mutter einige Fragen, ohne auf die Idee zu kommen, dass es bald für immer zu spät dafür sein würde. Es tut mir leid, dass ich mich nicht genug für die Details interessierte. Von der Seite unseres Vaters habe ich das Glück, Onkel Erwin zu haben, das Gedächtnis unserer Familie väterlicherseits. Aber auf der Seite unserer Mutter gibt es Dinge, die wir nie mehr in Erfahrung bringen werden.

Die Wohnung unserer Mutter zu betreten ist ein Bedürfnis ebenso wie ein Albtraum. Wir werden in eine verbrannte Wohnung kommen. Wir werden sehen, welche Dinge von emotionalem Wert kaputt sind, denn von materiellem Wert gab es nichts. Wir werden uns die Szene des Mordes vorstellen müssen. Wir wissen nicht einmal ein tragisches Detail, nämlich inwieweit das Blut rund um die Szene abgewaschen wurde. Vielleicht werden wir auf dem Tisch noch die Gläser vorfinden, in denen die Mörder den Porto getrunken haben, den unsere Mutter ihnen serviert hatte, wenn sie nicht als Beweisstücke verwendet wurden. Im Kühlschrank werden noch alle Einkäufe sein, die wir für sie gemacht haben. Alles Dinge, die uns sicherlich wehtun. Wir wissen nicht, was wir vorfinden werden, und manchmal sagen wir uns: »Glücklicherweise müssen wir nicht heute hingehen.« Es wird sicher ein fürchterlicher Schock werden ... Sowohl Allan als auch ich meiden das Viertel und nehmen sogar große Umwege in Kauf, um nicht die Straßen unserer Kindheit wiederzusehen, jenen Weg gehen zu müssen, der »zu Mutter« führte und den wir seit mehr als fünfzig Jahren auswendig kennen. Jovita, die die Angewohnheit hatte, bei der Metro-Station Nation auszusteigen, hat jedes Mal Tränen in den Augen, wenn diese Richtung auf der Anzeigetafel aufscheint. Nur zweimal mussten wir zu dem Wohnhaus zurückkehren, und jedes Mal war es eine Qual.

Das erste Mal kamen wir am 12. April, weil der Präsident der Mietergemeinschaft und die Nachbarn eine Ehrung von Mutter in Anwesenheit der Bürgermeisterin von Paris, Anne Hidalgo, des derzeitigen und früheren Bezirksvorstehers des 11. Pariser Gemeindebezirks und unserer Freunde und Verwandten vornahm. Sie spendeten einen Baum, der an diesem Tag unter Mutters Fenstern gepflanzt wurde. Unser Blick wanderte unwillkürlich zu den Mauern hinauf, auf denen die Spuren des Verbrechens in Form von schwarzen Flecken, die von der Stärke des Brandes zeugen, immer noch abzulesen sind. Doch die Nachbarn sorgten dafür, dass wir uns angenehmeren Dingen zuwandten, nämlich den Erinnerungen, die alle an Mutter hatten. Anne Hidalgo berichtete uns von ihrer Absicht, eine Straße in Paris nach unserer Mutter benennen zu wollen. Das sind symbolische Gesten, die uns guttun, denn all dies dient dazu, sie nicht in Vergessenheit geraten zu lassen und zum Ausdruck zu bringen, dass man sie ebenso liebt, wie sie die anderen liebte. Wir sahen auch, gegen unseren Willen, zu den Fenstern ihrer Wohnung hinauf und stellten uns vor, was sich dahinter abgespielt haben mochte. Auf den Gitterstäben des Gebäudes, die im Verhältnis zur Straße etwas nach hinten versetzt und auf einem kleinen Vorsprung angebracht sind, entdeckten wir das, was wir bereits in den Medien gesehen hatten, nämlich ein Porträt unserer Mutter, das außen befestigt war mit Blumen und Karten. Die Nachbarn hatten das Foto gewählt, wo sie im Jahr 2013 ihre Ehrenmedaille zum fünfzigsten Jahrestag ihres Einzugs in die Wohnung überreicht bekam, ein Tag, an dem Jovita sie zum Tanzen brachte. Das zweite Mal waren wir anlässlich des Gedenkgottesdienstes am 15. April in dem Viertel, der traditionellerweise einen Monat nach dem Ableben stattfindet. Nach der Synagoge gingen wir mit den Mitgliedern der Familie essen und trafen uns am Boulevard Voltaire. Doch seit diesem Zeitpunkt meiden wir das Viertel – bis zu dem Tag, an dem wir die Erlaubnis erhalten, die Wohnung zu betreten, und an dem wir zwischen unserem Bedürfnis, dies zu tun, und der Angst davor zerrissen sein werden. Wir müssen im Beisein der Anwälte der »Verdächtigen« hingehen, was diesen Augenblick, der ein Moment der Besinnung sein sollte, zu einer Nervenzerreißprobe machen wird. Es ist klar, dass Ys Mutter zu ihrer eigenen Sicherheit eine andere Wohnung zugeteilt bekam, auch sie wurde von der Polizei befragt, aber vielleicht ist sie noch auf freiem Fuß, wir wissen es nicht.

Allan, der oft bei Mutter zu Mittag aß, isst heute allein in einem Bistrot, so weit von dem Viertel unserer Kindheit entfernt wie möglich. Bei diesen einsamen Mahlzeiten hat er alle Zeit der Welt, an Mutter zu denken. Sie fehlt ihm fürchterlich. Wir werden das nie wirklich verkraften.

Gibt es eine Zukunft für Juden in Frankreich?

Einige Juden in Frankreich schrieben uns und stellten uns diese Frage, als ob unsere tragische Erfahrung uns zu Hellsehern gemacht hätte, was nicht der Fall ist. In unseren Augen sollte die Frage anders lauten, nämlich: Gibt es eine Zukunft für die Bewohner Frankreichs? Können wir alle, Juden und Nichtjuden, hier in Sicherheit leben?

Zur Frage der Juden: Wir würden es uns nicht erlauben, anderen gute Ratschläge zu erteilen, noch dazu, wo es sich hier um eines der wenigen Themen handelt, über das Allan und ich nicht einer Meinung sind. Allan fühlt sich zu hundert Prozent als Franzose, ist in Frankreich verwurzelt und findet, dass es für einen Franzosen vollkommen undenkbar ist, Frankreich zu verlassen. Ich hingegen bin viel kosmopolitischer eingestellt. Ich fühlte mich in fast allen Ländern der Welt, in die ich fuhr, glücklich, und ich bin sehr viel gereist. Wenn Allan eines Tages fliehen müsste, dann nach Kanada. Allan hat volles Vertrauen in die Entwicklungsfähigkeit Frankreichs und die Intelligenz der französischen Bevölkerung – und ich immer weniger. Ich bin sehr pessimistisch, was die Zukunft unserer viel geliebten Freiheiten betrifft.

Seit Jahren hatte ich das Gefühl, dass ich meine Pension woanders verbringen will, und was passierte, gibt mir recht. Ich kenne Israel gut, weil ich dort gelebt habe. Ich kann zwar nicht behaupten, dass ich den Alltag leicht fand, aber es gibt eine unbestreitbare Lebensqualität durch die Nähe zum Meer, das Wetter und die prickelnde Atmosphäre voller Jugendlichkeit und Freude. Es handelt sich um ein Land, über das viel Schlechtes gesagt wird, aber es ist eine Demokratie, in seinem Parlament gibt es auch Christen und Muslime, es ist ein Land, in dem ein ehemaliger Präsident und ein Ex-Premierminister im Gefängnis landeten, was in Frankreich nie vorkäme. Ich habe eine persönliche Beziehung zu Israel, weil meine Töchter Israelis wurden. Nach zwanzig Jahren in diesem Land fühlen sie sich dort eher heimisch als in Frankreich, vor allem Keren, die jüngste meiner Töchter, die erst vier Jahre alt war, als sie nach Israel ging, und weniger gut Französisch spricht als ihre Schwestern. Ihr ganzes Leben spielt sich in diesem Land ab. Es ist ein nicht von der Religion bestimmtes Leben, möchte ich hinzusetzen. Meine Töchter lieben ihre Freiheit, sie schminken sich, tragen feminine Kleidung, feiern, machen Sport und gehen in Herzlia an den Strand, wenn sie nicht arbeiten, denn sie sind, wie ihre Mutter, aktive, ja sogar hyperaktive Frauen. Noah, die Älteste, die heute 34 Jahre alt ist, wurde Graphikerin, Jessica, 29 Jahre alt, ist Hippotherapeutin für Autisten und Kellnerin, und Keren war zuerst zehn Jahre beim Militär und arbeitet nun im Hightech-Bereich. Zwei von ihnen, die Älteste und die Jüngste, haben Israelis geheiratet, und ich habe vier Enkelkinder in diesem Land.

Daher schlägt mein Herz zumindest teilweise in Israel. Ich fühle mich dort auch sicherer als woanders, ganz einfach deshalb, weil die Israelis leider viel Erfahrung mit terroristischen Akten auf der Straße haben, ganz im Gegensatz zu den französischen Sicherheitskräften. In Israel hat jeder Polizist, Soldat oder jeder junge Mensch, der in der Armee war und auf der Straße patrouilliert, das Recht und sogar die Pflicht, die Bürger vor einem Angriff durch einen Terroristen zu schützen. Wenn ich höre, dass die Israelis »unverhältnismäßig« reagiert hätten, wenn sie einen mit einem Messer bewaffneten Angreifer erschießen, frage ich mich, worauf man denn warten soll. Eine meiner Töchter war Militärangehörige, die beiden anderen haben studiert. Aber alle drei hätten in diese Art von Situation kommen können, denn sie waren, wie alle jungen Israelis, verpflichtet, ihren Militärdienst abzuleisten, der für die Mädchen zwei, die jungen Männer drei Jahre beträgt. Sie sind in keiner Weise gefährliche Kriminelle, das können Sie mir glauben. Doch das Gefühl der Sicherheit ist nicht alles im Leben. Viele Franzosen haben die *Alija* gemacht. Manche kommen enttäuscht wieder zurück, weil Israel kein Garten Eden ist. Ich weiß nicht, ob ich mich für Israel entscheiden würde, wenn ich Frankreich verlassen müsste, und ich würde es nicht verlassen, weil ich Jude, sondern weil ich ein Bürger bin. Aus Überdruss vor der ständigen Respektlosigkeit, dem Mangel an Anstand und wegen der verbalen und vor allem physischen Gewalt – da geht es mir wie allen anderen Menschen. Die Leute halten es langsam nicht mehr aus und werden schließlich massenhaft für Parteien stimmen, die keinerlei Lösung haben oder Methoden anwenden werden, an die man besser nicht denkt. Seit ich Jovita kenne, träume ich von den Philippinen, wo meine wahrscheinlich bescheidene Pension es mir ermöglichen würde, besser zu leben als woanders. Ich habe die friedliche Sanftheit dieses Landes, wo die Menschen liebenswürdig und sehr gut erzogen sind, sehr geschätzt! Letztes Jahr musste ich mir solche schwerwiegenden Fragen stellen, als ich erfuhr, dass ich an einem Bauchspeicheldrüsenkrebs litt, den man glücklicherweise rechtzeitig entdeckt hatte. Als ich Mutter davon erzählte, blieb sie sehr gefasst: Allan hatte bereits mehrere gehabt und war dennoch wieder zur Gänze gesund geworden. Ich war viel weniger ruhig als sie! Aber unsere Mutter hatte Vertrauen in die Medizin, das gleiche Vertrauen wie das, das sie zu allen Menschen hatte. Damals dachte ich mir, dass ich wohl nach Asien ginge, wenn ich mich eines Tages von der Welt zurückziehen müsste. Aber ich glaube, dass ich wirklich ein ewiger Jude bin, verliebt in Reisen und in die Freiheit. Vielleicht fühle ich mich auch mehr als Franzose und weniger als Weltenbürger, als ich denke, zumindest bin ich ein glücklicher Bürger jenes Teils von Frankreich, der gut erzogen ist.

Wir fuhren am 16. April, einen Monat nach Mutters Tod, auf die Philippinen. Diese Reise war seit langem geplant, denn wir wollten bei der Übergabe des Diploms eines Luftfahrtmechanikers an Jovitas Sohn anwesend sein. Es war die Reise, gegen die Mutter so protestiert hatte. Ich beschloss jedoch sehr schnell, sie nicht abzusagen, um nicht mit dem Argument, dass wir einen enormen Kummer durchlebten, einen jungen Mann zu enttäuschen, aber auch, um mich für das Leben zu entscheiden und dem Tod den Rücken zuzukehren, im Namen unserer Philosophie, die darin besteht, nach vorne zu schauen und an andere zu denken. Ich wusste auch, dass mir nichts so guttun würde, als mich mit Menschen zu umgeben, denen ich Gutes tun kann, die mich lieben und die ich liebe, in einer Gesellschaft, die die Gewalt nicht zu kennen scheint. Während des ganzen Aufenthalts von einem Monat auf den Philippinen und dann in Vietnam, den wir mit höflichen und freundlichen Kindern verbrachten, schien all das, was sich in Frankreich abspielte – Presseartikel oder Nachrichten, die ich bekam –, durch die Entfernung ein wenig abgemildert zu sein. Ich sage »ein wenig«. Jovita und ich weinten abwechselnd, und jeder neue Tag begann mit Tränen, sobald unser Bewusstsein wieder erwachte. Daran zu denken, was unsere Mutter gelitten hatte, nachdem es uns seit unserer frühesten Jugend beschäftigt hatte, was unser Vater durchgemacht haben musste – das wird uns für den Rest unseres Lebens verfolgen. Dazu kommt noch die nagende Frage, auf die es nie eine Antwort geben wird, nicht einmal am Ende des Gerichtsprozesses: Warum?

Warum?

Der erschwerende Umstand des Antisemitismus wurde von den Anwälten eines der mutmaßlichen Komplizen in Frage gestellt, was wir, wie alle anderen, am 21. Mai durch die Presse erfuhren. Die Familien der Opfer erfahren Dinge oft erst aus den Medien, und das ist ganz besonders schmerzhaft, insbesondere, als es um die Messerstiche ging, die sie erhalten hatte. In diesem Fall waren wir eher verblüfft, denn es wurde behauptet, dass der Grund des Verbrechens nicht Antisemitismus sei, weil das Motiv komplexer Natur sei.

Wie kann man so tun, als wüsste man nicht, dass Antisemitismus selten das einzige Motiv für ein Verbrechen ist?

Er tritt immer im Zusammenhang mit einem Vorurteil, einem Vorwand, einem Fehler, dem berühmt-berüchtigten »Grund« auf. Dass unsere Mutter Jüdin war, wusste Y seit Ewigkeiten, und dennoch hatte er sie nie zuvor attackiert. Sie hatte ein oder zwei Gegenstände religiöser Natur in ihrem Wohnzimmer, sie verbarg nichts, denn sie war überzeugt davon, dass die Zeit des Geredes hinter vorgehaltener Hand und der Verwünschungen vorbei sei. Was führte Y an diesem Tag zur Wohnung unserer Mutter, und was passierte, dass er sich zu dieser Tat hinreißen ließ, obwohl er seit jeher wusste, dass sie Jüdin war? Meinte er, die Heimhilfe vorzufinden, die ihn geklagt hatte, und sich an ihr oder ihrer Tochter rächen zu können? Lenkte er diesen Zorn auf unsere Mutter und machte seinem latenten Hass auf Juden Luft? Nährte er diesen Hass auf Juden im

Gefängnis, wo er sich »radikalisierte«, oder kam er durch den Kontakt mit seinem Komplizen, den er im Gefängnis getroffen hatte, zustande? Wie dem auch sei, das Ende all dessen, was in dieser Wohnung passierte, waren der Schrei *Allahu akbar!* und zwei Ungeheuer, die, wie sie selbst erklärten, auf die Shoah und die Gründung Israels zu sprechen gekommen waren, zwei neuralgische Punkte der jüdischen Identität. Der israelisch-palästinensische Konflikt stellt nach der Meinung einiger Leute einen »Grund« dar, aber seien wir uns ehrlich: Wenn jedes Volk oder jede Glaubensgemeinschaft das andere Volk oder die andere Glaubensgemeinschaft für jene zahlen ließen, von denen sie denken, dass sie der anderen wegen am anderen Ende der Welt leiden, dann würden wir in einem permanenten Guerillakrieg leben!

Die mutmaßlichen Mörder hatten getrunken, auch das ist ein »Grund«, so wie es viele Gründe gibt – eine schwierige Vergangenheit oder psychische Labilität. Antisemitismus und Terrorismus sind immer multifaktoriell, aber trotzdem sind die Faktoren immer die gleichen. Das Profil eines typischen Mörders ist immer jenes eines Schulabbrechers, der zu einem vielfach rückfälligen Kriminellen und einem mehr oder weniger offenkundig radikalisierten Islamisten wird. Ein Antisemitismus ohne »Grund«. Ich zweifle daran, dass so etwas existiert. Ob dieser Anklagegrund nun aufrechterhalten oder zurückgenommen wird – wir sagten seit dem Beginn, dass das nicht unsere Angelegenheit ist und wir Vertrauen zu der Justiz unseres Landes haben. Die Strafe der Verbrecher wird dadurch vielleicht schwerer oder weniger schwer – die unsere wird gleich bleiben. Wir haben unsere Mutter durch ein Verbrechen verloren. Für uns wird es nie einen »Grund« geben.

Als wir in der Endphase der Arbeiten für dieses Buch waren,

wurden wir am Montag, den 16. Juli zur Untersuchungsrichterin bestellt. Allan ging um 14:45 in ihr Büro und kam erst um 17:30 wieder heraus. Ich wartete darauf, wann ich an die Reihe käme, und fragte mich, wie lange es noch dauern könnte, was für Dinge man da zu berichten hätte, bis auch ich um 17:40 ins Büro gerufen wurde und bis 19:40 dort blieb. Man ließ uns noch einmal wiederholen, was wir wussten, was wir bereits gesagt hatten, und alles wurde mit unseren früheren Aussagen verglichen. Wir waren erstaunt über die Präzision der geleisteten Arbeit und gingen einerseits zerstört und andererseits voller Vertrauen aus diesem Nachmittag hervor: Man tat alles, um eines Tages zu erfahren, wie Mutter starb. Wir brachten auch ein paar Dinge in Erfahrung: Es wurden zwei Messer gefunden, nicht nur eines, bei beiden wurde eine DNA-Untersuchung durchgeführt, obwohl eines gewaschen worden war, wie wir bereits wussten. Wir erfuhren, dass es drei Anklagen und nicht zwei gab, denn auch gegen die Mutter wurde Anklage erhoben, weil sie versuchte, die oder eine der Tatwaffen zu verstecken. Die beiden anderen Angeklagten schoben einander gegenseitig die Verantwortung für das Verbrechen zu, nachdem Y in der ersten Phase der Aussagen von A als der allein Verantwortliche bezeichnet wurde. Wir erfuhren ebenfalls, dass die Wohnung bis auf weiteres versiegelt bleiben würde, vielleicht sogar bis zur Rückgabe, dass die Justiz aber in Person der Richterin einmal vor Ort war. Offensichtlich war der Kühlschrank voll und dürfte fürchterlich gestunken haben, sobald man ihn öffnete. Das ist zwar nur ein kleines Detail, aber es ist so schmerzhaft, daran erinnert zu werden, dass Mutter fragte, was im Kühlschrank sei, uns bat, ihre Lieblingsdinge einzukaufen, da sie gerne vorrätig hatte, was sie mit Vorliebe aß – für sie war Essen so wichtig. Die Justiz musste alles unberührt lassen, und die Richterin sagte uns, dass wir wohl den Inhalt des Kühlschranks samt dem Gerät direkt entsorgen würden müssen – zu einem bis dato nicht näher bezeichneten Zeitpunkt. Wir wissen nur, dass die Untersuchung sicherlich noch ein Jahr dauern wird. Am Ende des Gesprächs konnte ich es mir nicht verkneifen zu fragen, in welchem Zustand der Flur sei. Ob der Schrank, der dort stand, verbrannt sei – wegen der Fotos und der Super-8-Filme. Die Richterin meinte, dass es so aussähe, als ob er unbeschädigt sei. Das ist alles, was uns bleiben wird – und unsere Erinnerung.

Zum Abschied

Seit unsere Mutter ermordet wurde, schickt uns das Schicksal Zeichen, die uns immer wieder zeigen, wie reich, schön und wie sehr ihr Leben auf die Liebe ausgerichtet war. Da war einerseits diese liebenswürdige Brasilianerin, die Recherchen über unsere Familie unternahm, andererseits machten wir aber auch unglaubliche, »zufällige« Bekanntschaften. Am Tag des Gedenkmarsches wurden wir eingeladen, uns neben die offiziellen Persönlichkeiten auf die Tribüne der Synagoge zu stellen. Neben uns stand ein ehemaliger Deportierter, einer der letzten, die noch am Leben waren, und stellte uns die verblüffende Frage: »Sind Sie mit Robert und Kurt Knoll verwandt? Ich war mit ihnen auf dem Todesmarsch.« Wir trauten unseren Ohren nicht. An diesem Tag erfuhren wir, dass Élie Buzyn, der Vater der Gesundheitsministerin Agnès Buzyn, ebenfalls bei ihnen war. Wir versprachen einander, uns wieder zu treffen, denn dieser Mann würde uns einige Details aus dem Leben unseres Vaters erzählen können. Unsere Mutter, von deren Leben wir nach und nach ein immer klareres Bild bekamen, war der Grund dafür, dass wir diesen Mann trafen – ganz als ob Papa und Mama auf ewig miteinander verbunden seien.

Während Allan in die Synagoge ging, sobald er konnte, setzte ich fast nie meinen Fuß hinein. Ich glaube aber, dass ich in diesen drei Monaten öfter in der Synagoge war als während der 62 Jahre davor. Wir versuchten, nach Maßgabe unserer Möglichkeiten, die Einladungen der verschiedenen jüdischen, aber auch muslimischen Vereinigungen anzunehmen. Für mich war es wichtig zu sprechen, während Allan zur Ruhe kommen wollte, was unserem jeweiligen Temperament entspricht. Am 11. April 2018 war Allan bei der Verlesung der Namen am Shoah-Gedenkmal im 4. Pariser Gemeindebezirk dabei. Bei dieser Zeremonie wird die Liste aller jüdischen Deportierten aus Frankreich verlesen, und zwar jedes Jahr ein Drittel, also mehr als 25 000 Namen jedes Jahr über einen Zeitraum von drei Jahren, bevor man mit einem neuen Zyklus beginnt. Diese Lesung dauert etwa 24 Stunden, Tag und Nacht. Ich nahm dafür an einer Zeremonie der Bürgermeisterin von Rom teil, bei der das Porträt unserer Mutter auf einem riesigen Transparent auf der Fassade des Bürgermeisteramtes prangte. Ich sprach mit einem Senegalesen über Israel, mit Feministinnen muslimischer Vereinigungen über die Gleichheit der Geschlechter im Judentum, ich nahm Jovita, meine katholische Frau, überallhin mit, wo es nur ging, und überall wurden wir mit offenen Armen aufgenommen. Ich brauchte Gründe, um zu hoffen. Ich verfolge heute wie mein Bruder ganz genau den Kampf gegen den Antisemitismus, ohne dass ich deshalb wüsste, wie man dieses Problem angehen könnte – außer mit Bildung. Bildung, insbesondere in Form von Geschichtsunterricht, wobei nicht toleriert werden sollte, dass Druck gemacht wird, damit man die Shoah nicht im Unterricht behandelt.

Eine im Jahr 2008 vom französischen Bildungsministerium in Auftrag gegebene Studie kam zu dem Schluss, dass die Hälfte der Schülerinnen und Schüler nicht wusste, was die Shoah war. 37 Prozent von ihnen dachten, dass weniger als zweieinhalb Millionen Juden dabei getötet wurden. Doch Geschichte ist nicht alles. Der Beweis dafür, dass man nichts aus ihr gelernt hat, ist, dass auch heute noch Völkermord möglich ist und niemand etwas tut, wie der Mord an 800 000 Tutsis innerhalb von drei Monaten im Jahr 1994 in Ruanda zeigt. Vielleicht wäre es gut, das Judentum bekannter zu machen, seine vielen Gesichter, den Sinn bestimmter, leicht verständlicher Gebräuche wie des Sabbat zu erklären, indem man zum Beispiel Jugendliche, die keine Juden sind, zu einem Mahl einlädt? Vielleicht wird unsere Kultur verkannt, und unsere Religion erscheint deshalb so suspekt, weil wir nicht versuchen, andere zum Konvertieren zu bringen, schon gar nicht mit Gewalt. Wie im Falle unserer Mutter besteht auch unsere Politik immer nur darin, unsere Hand anderen entgegenzustrecken.

Wir bekamen viel Trost während dieser schwierigen Zeit, und wir konnten ermessen, von welchem Übel nicht die Welt, sondern einige Individuen und sektiererische Bewegungen befallen sind, die jedoch genau das behaupten – wie schlecht die Welt sei. Eines Tages sagte ein junger Rabbiner in einer Synagoge zu mir, unsere Mutter sei ein Symbol für das ganze jüdische Volk, weil sie »als Jüdin getötet worden sei«, und er fügte hinzu: »Bestimmt ist Ihnen das passiert, weil Sie schöne Dinge weiterzugeben haben, es ist eine Gelegenheit, öffentlich das Wort zu ergreifen.« Trotz der guten Absicht muss ich sagen, dass es mir leidtut – so weit geht mein Glaube nicht: Wir hätten es vorgezogen, gar nichts weitergeben zu müssen! Mir wäre es lieber gewesen, einfach weiterzuleben und das zu tun, was ich will, wie mein Onkel Isaak es mir nahegelegt hatte – oder zumindest nicht allzu viele Dinge zu tun, die ich nicht will. Und für Allan hätte es geheißen, einfach nur seine spirituelle Reise fortzusetzen. Für uns wäre es besser gewesen, nicht über Antisemitismus nachdenken und nicht als Opfer dastehen zu müssen, was nun wohl unser ganzes Leben lang der Fall sein wird. Doch als wir in Ruhe nachdachten, stellten wir fest, dass wir doch etwas Schönes weiterzugeben hatten, nämlich das Leben unserer Mutter. Wir wollten zeigen, wie sehr ihre Offenheit und Originalität jenen zur Freude gereichten, die sie kannten, und wie sehr sie allen mit Liebenswürdigkeit begegnete, die sie in ihrem Leben traf, bis auf den Letzten. Möge sie ein Beispiel für jeden von uns sein, damit wir das Leben lieben, wie sie das Leben liebte – und nicht den Tod. Von einem Leben gibt es immer viel zu erzählen. Mutter liebte es, geliebt zu werden – das war ihre kleine Schwäche. Wir hoffen, dass sie, wo auch immer sie sein möge, sieht, dass wir mit diesem Buch zu ihrem Gedenken etwas beigetragen haben und dass wir uns damit als gute Söhne erwiesen.

DANKSAGUNG

Wir möchten allen jenen danken, die uns etwas über unsere Mutter oder unsere Familie erzählten: Onkel Erwin, Onkel Nathan, unserer Cousine Huguette, Mutters Freundinnen Renée und Simone, Leila, ihrer vorletzten Heimhilfe, aber auch Serge Klarsfeld, Historiker und Experte für die Shoah sowie der Präsident der Vereinigung *Fils et filles de déportés juifs de France* (FFDJF) (*Söhne und Töchter deportierter Juden von Frankreich*), Karen Taïeb vom Shoah-Mahnmal, Cécile Pebernard, Koordinatorin für allgemeine Angelegenheiten, und dem gesamten Personal des Département-Archivs von Pyrénées-Atlantiques (64), Blima Lorber in Brasilien und Catherine Siguret für ihre Geduld und Recherchen.

NACHWORT

von Michaela Wiegel

Heute kann man in Frankreich sterben, weil man Jude ist. Der Mord an Mireille Knoll reiht sich in eine Serie von antisemitischen Gewaltverbrechen und Terrortaten ein, die unser Nachbarland seit fast zwei Jahrzehnten erschüttert. »Lebn wi Got in Frankrajch«, die im Jiddischen seit langer Zeit gebräuchliche Redewendung über das Leben wie Gott in Frankreich trifft weniger denn je zu. Seit dem Angriff der Hamas auf Israel am 8. Oktober 2023 schlägt den Juden der Hass immer häufiger entgegen. Frankreich verzeichnet einen neuen Höchststand antisemitischer Übergriffe. 2023 wurden 1676 antisemitische Straftaten registriert, im Jahr 2022 waren es 436 gewesen. Der Alltag in einem Land mit geschätzt sechs Millionen Muslimen ist für die etwa eine halbe Million Juden mehr denn je von der Angst geprägt.

Der Verdrängungsprozess der Juden aus hauptsächlich von Einwanderern aus dem arabisch-islamischen Kulturraum bewohnten Vierteln der Hauptstadt ist gut dokumentiert. Im vergangenen Jahrzehnt sind in der Hauptstadtregion etwa 60 000 Juden umgezogen, weg aus den nördlichen und östlichen Vororten in die »sicheren« westlichen Vororte oder hinein nach Paris. Hinzu kommt ein Exodus ins Ausland. Der israelische Premierminister Benjamin Netanjahu hat nach jedem Attentat in Frankreich aktiv um Auswanderungswillige geworben: »Wir sagen zu den Juden, unseren Brüdern und Schwestern: Israel ist euer Zuhause.« Der Soziologe Danny Trom *(Frankreich ohne Juden)* schreibt, dass jedes Jahr ein paar Tausend Juden ihre Heimat verlassen und nach Israel, die Vereinigten Staaten oder nach Kanada übersiedeln. Wie viele inzwischen in Israel leben, lässt sich auch an einer traurigen Bilanz ablesen. Unter den Todesopfern der Hamas in Israel waren 41 Menschen mit französischem Pass, die in einer nationalen Gedenkfeier am Invalidendom in Paris vom Präsidenten geehrt wurden. »Wir sind hier, um uns daran zu erinnern, dass unser Leben, ihr Leben, es verdient, dass wir unermüdlich gegen Ideen des Hasses kämpfen, dass wir einem grassierenden, enthemmten Antisemitismus hier wie dort nicht nachgeben. Denn nichts kann ihn rechtfertigen, nichts. Nichts kann diesen Terrorismus rechtfertigen oder entschuldigen, nichts«, sagte Emmanuel Macron im Innenhof am Invalidendom.

Die Vorboten des grassierenden Antisemitismus wollte man indessen lange nicht sehen. Lehrer schlugen kurz nach der Jahrtausendwende in einem Sammelband über die »verlorenen Gebiete der Republik« Alarm, dass sie die Geschichte des Holocaust in bestimmten Vierteln mit hohem Einwanderungsanteil nicht mehr unterrichten können. Die Schüler weigerten sich einfach, Eltern drohten den Pädagogen. Auch Unterricht über die Gründung des Staates Israel und den Nahost-Konflikt fiel an etlichen Schulen aus – Schulleiter wollten keinen Aufstand. Während der zweiten Intifada (2000 bis 2005) fanden Stellvertreterscharmützel in Form von judenfeindlichen Graffitis, Schimpfwörtern und Gesten (die schändliche Quenelle, eine Art umgedrehter Hitlergruß) in bestimmten Vierteln statt. Die Identifizierung der Banlieue-Jugend mit den Palästinensern ist über die Jahre immer stärker geworden.

Die Gewalt erreichte eine neue Dimension. Anfang 2006

schlossen sich ein Dutzend junge Männer aus sozialen Brennpunktsiedlungen zu einer sogenannten Bande der Barbaren zusammen und entführten einen jungen Mann, Ilan Halimi. Mehrere Wochen folterten sie ihn in ihrem Versteck, »weil er Jude war«. Am 13. Februar 2006 wurde Halimi sterbend im Pariser Vorort Sainte-Geneviève-des-Bois aufgefunden, jegliche Hilfe kam zu spät.

»Der Antisemitismus verbreitet sich wie ein Gift. Er greift an, er verdirbt den Geist, er mordet.« Die Worte des französischen Innenministers im Februar 2019 haben nichts von ihrer Aktualität eingebüßt. Der oberste Polizeichef war gekommen, um die Erinnerung an Halimi wachzuhalten. Doch es bot sich ihm ein Bild der Verwüstung an der Todesstätte Halimis. Die beiden Bäume, die zum Gedenken an den gepeinigten jüdischen Mann gepflanzt wurden, waren verstümmelt worden. Ähnliche Szenen der Schändung ereignen sich regelmäßig im Vorort Bagneux, wo eine Stele an Halimi erinnert. Es sind Variationen dessen, was der Dachverband der jüdischen Organisationen CRIF »den neuen Antisemitismus« nennt, der von jungen Leuten mit arabisch-muslimischen Wurzeln ausgeht.

Bereits am 19. November 2003 wurde der jüdische Discjockey Sébastien Selam von einem Nachbarn und Jugendfreund erstochen. Lange blieb das antisemitische Motiv im Dunklen, da dem Täter eine verringerte Zurechnungsfähigkeit eingeräumt wurde. Doch kürzlich hat der französische Präsident Selam in einem Schreiben gewürdigt, als »jungen Franzosen, der unter den Schlägen des dunkelsten Fanatismus gefallen ist«.

Nicht immer war die öffentliche Anteilnahme so groß wie nach dem Mord an Mireille Knoll.

Am 11. März 2012 erschoss der Islamist Mohamed Merah drei jüdische Kinder und ihren Lehrer an der jüdischen Schule in

Toulouse. Arié, Gabriel und Jonathan Sandler sowie Myriam Monsonégo – es sind Namen, die den meisten Franzosen nichts sagen.

Da sich die Bluttat mitten im Wahlkampf ereignete, spielte der Präsident sie als Werk eines Einzeltäters herunter. Mit ihrer Trauer und ihrer Angst blieben die Juden damals allein. Schlimmer noch, der rechtsextreme Präsidentschaftskandidat Éric Zemmour, der selbst jüdisch ist, hielt den vier Opfern vor, sich in Frankreich immer als Fremde betrachtet zu haben und Fremde zu sein. Damit hob er auf die Tatsache ab, dass die vier Ermordeten in Israel beerdigt wurden. Hintergrund war die Sorge, dass ihre Gräber auf französischem Boden geschändet werden könnten. Viel zu oft geschieht es, dass jüdische Grabsteine beschmiert oder umgestürzt werden, ohne eine größere öffentliche Reaktion hervorzurufen. Als 1990 auf dem jüdischen Friedhof der südfranzösischen Stadt Carpentras mehrere Gräber verwüstet worden waren, gingen damals im ganzen Land Hunderttausende Menschen auf die Straße, in Paris führte Präsident François Mitterrand den Demonstrationszug an. Doch nach dem Mord an der jüdischen Schule in Toulouse herrschte Gleichgültigkeit vor.

Das änderte sich im Januar 2015, als ein Komplize der *Charlie-Hebdo*-Attentäter einen jüdischen Supermarkt in Paris in seine Gewalt brachte, die Kunden als Geiseln nahm und vier jüdische Menschen tötete. Bei den Kundgebungen im ganzen Land wurde aller Terroropfer gedacht. Aber waren wirklich »alle Charlie«?

Kurze Zeit später schauten die meisten lieber weg, als über den Mord an einer 66 Jahre alten jüdischen Ärztin im Ruhestand am 4. April 2017 in ihrer Sozialwohnung in Paris berichtet wurde. Ein Nachbar, Kobili Traoré, mehrfach vorbestraft, war über den Balkon mitten in der Nacht in ihre Wohnung eingebrochen. Er schlug sein Opfer auf bestialische Weise und warf sie dann aus dem Fenster. Nachbarn erinnerten sich später, dass er Sarah Halimi im Treppenhaus wiederholt als »dreckige Jüdin« beschimpft hatte. Sie hatten in der Tatnacht *Allahu-akbar!*-Schreie vernommen. Medien, Politik, Justiz, es fiel allen schwer, das antisemitische Motiv anzuerkennen. Da der Täter im Cannabis-Rausch gehandelt hatte, wurde ihm eine verminderte Zurechnungsfähigkeit bescheinigt. In erster Instanz wurde Traoré im Juli 2019 für schuldunfähig erklärt und vom Mordvorwurf freigesprochen. Das Berufungsgericht bestätigte das Urteil Ende 2019. Die Angehörigen legten beim Kassationshof Revision ein. Präsident Emmanuel Macron forderte bei einem Israel-Besuch Anfang 2020: »Alles, was ein Prozess an Reparation bieten kann, muss stattfinden können.« Die Richter sahen in der Präsidentenäußerung einen Versuch, die Gewaltenteilung in Frage zu stellen und sich in Justizbelange einzumischen. Auch der Kassationshof entschied sich dagegen, den Täter vor Gericht zu stellen. Der Eindruck der Straflosigkeit für den Täter führte zu kurzzeitiger Empörung. Aber die Debatte über eine Gesetzesänderung, die Schuldunfähigkeit in derartigen Fällen in Zukunft ausschließen soll, wurde schnell beendet.

Erst mit dem Mord an Mireille Knoll ging ein Ruck durch die Gesellschaft. Ihr Name markiert das Ende einer gewissen gesellschaftlichen Indifferenz angesichts des Antisemitismus. Mehrere Zehntausend Franzosen versammelten sich in Paris zu einem »weißen Marsch«. Auch in vielen anderen französischen Städten wurde der Ermordeten gedacht. Die Pariser Bürgermeisterin Anne Hidalgo löste ein Versprechen ein, das sie nach ihrem Entsetzen über den Mord 2018 gegeben hat. Sie weihte im Oktober 2021 eine Mireille-Knoll-Allee im 11. Arrondissement, nicht weit von ihrer früheren Wohnung, ein.

Der Name Mireille Knoll ist auf diese Weise zum Symbol für ein neues Bewusstsein angesichts der Anfeindungen geworden, denen die jüdische Minderheit seit Jahren ausgesetzt ist. Der Verdienst von Allan und Daniel Knoll besteht darin, ihr Leben im Kleinen nachzuzeichnen, das so charakteristisch für die Zeitläufte des 20. und beginnenden 21. Jahrhunderts war. Ein Leben, das sie als »kleine Prinzessin« begann, getragen von elterlicher Liebe und Fürsorge, bis Krieg und Judenverfolgung die Kindheitsidylle zerstörten. Obwohl sie mit ihrer Mutter 1942 knapp der Pariser Großrazzia des Vélodrome d'Hiver entkam, blieb das Trauma der Überlebenden allgegenwärtig, auch wenn es nicht offen besprochen wurde. Die Söhne schildern den unbändigen Lebenshunger der Mutter, den sie sich nie ganz erklären konnten, aber auch, wie zu Lebzeiten ihres Vaters der Fernseher ausgeschaltet wurde, wenn Dokumentarfilme über den Krieg und die Shoah auf dem Programm standen. Die schmerzliche Vergangenheit wurde verdrängt.

Umso bitterer ist, wie Mireille Knoll, geborene Kerbel, am 23. März 2018 im Alter von 85 Jahren starb. Der Haupttäter, ein Nachbarssohn, dem sie kurz zuvor noch Portwein serviert hatte, tötete sie mit elf Messerstichen. Einer davon traf die Kehle. Dann wurde Feuer in ihrer Wohnung gelegt, um sie zu verbrennen, »ganz wie in den Konzentrationslagern, denen sie 76 Jahre zuvor knapp entkommen war«, schreiben ihre Söhne.

Die beiden Täter sind inzwischen rechtskräftig verurteilt worden, der Haupttäter Yacine Mihoub wegen der »besonders barbarischen Tat« zu einer lebenslangen Haftstrafe mit anschließender Sicherheitsverwahrung, der Mittäter Alex Carrimbacus zu fünfzehn Jahren. Beide verzichteten auf ein Berufungsverfahren. Wie Staatsanwalt Jean-Christophe Muller während der Gerichtsverhandlung betonte, markierte der Mord an der Holocaust-Überlebenden das dramatische Ende gutnachbarlicher Beziehungen zwischen jüdischen und muslimischen Bürgern in Paris. Täter und Opfer seien einander nicht fremd gewesen. Der Hass sei nicht durch Unkenntnis über die Religion und die Lebensbedingungen des anderen entstanden. »Sie lebten in der gleichen Gesellschaft, im gleichen Wohnblock, unter ähnlichen sozioökonomischen Bedingungen«, sagte Muller. Diesen Umstand müsse man gründlich analysieren. Der Staatsanwalt forderte ein »neues Bewusstsein für die Herausforderung durch den Antisemitismus, der von der islamistischen Ideologie ausgeht«.

Mihoub hatte wiederholt Vorurteile gegen Juden zum Ausdruck gebracht. Sie seien alle reich und würden die Medien und die Politik kontrollieren. In seiner Haftzelle vor der Tat hatte der wegen gewalttätigen Raubs zuvor bereits verurteilte Mihoub zudem aus Bewunderung den Namen des Terroristen Amedy Coulibaly an die Wand geschrieben, der den jüdischen Supermarkt in Paris 2015 überfallen hatte.

Dennoch bleibt eine bedauerliche Neigung bestehen, die Dinge nicht beim Namen zu nennen, oder wie der Philosoph Alain Finkielkraut es formulierte: »Nicht sehen wollen, was zu sehen ist.«

Der Hass gegen die Juden in Frankreich ist nicht von außen hereingetragen worden, er hat sich auf französischem Boden entfaltet, hat sich genährt vom Scheitern in den Klassenzimmern, allen Kindern die Botschaft des »Nie wieder!« nach Auschwitz zu vermitteln. Die Anfeindungen gegen die Juden wirken wie düstere Vorzeichen für eine enthemmte Gewalt, die sich inzwischen auch gegen Lehrer richtet. Deshalb ist es so wichtig, die Erinnerung an Mireille Knoll wachzuhalten, als Mahnung für die Politik, der weiteren Verrohung der Gesellschaft beständig entgegenzuwirken. Nie war die Mahnung des Nobelpreisträgers Elie Wiesel angebrachter: »Die Opfer zu vergessen, bedeutet, sie ein zweites Mal zu töten.«

Michaela Wiegel ist seit Februar 1998 als politische Korrespondentin für Frankreich für die *Frankfurter Allgemeine Zeitung* in Paris tätig.

INHALT

EINFÜHRUNG 7

MIREILLE KERBEL – VON DER KINDHEIT
BIS ZUR HEIRAT 13
Oma Sarah, unser »Bonbon« 13
Opa Émile, ein richtiger Held 16
1940: Mireille ist acht Jahre alt – das Ende
    einer unbeschwerten Kindheit 25
Portugal und Kanada: das Leben unserer Mutter
    im Zeichen von Reisen 38
Mireille Kerbel – ein junges Mädchen in Paris 43

MIREILLE HEIRATET KURT KNOLL 47
Liebe auf den ersten Blick 47
Kurt Knoll – eine Kindheit in Wien
    in bescheidenen Verhältnissen 50
Die Knolls – unerwünscht und ewig auf der Flucht 54
Konvoi n° 33 – die Deportation unseres Vaters 62
Veigele – die ersten gemeinsamen Jahre
    des Ehepaars Knoll 72
Eine Ehe im Zeichen der Fröhlichkeit 74
Unsere Großeltern – jüdisch, aber so unterschiedlich,
    unsere Eltern – ein klein wenig wie sie 82
Zurück zu Papas Ursprüngen – und zu seiner Sprache 89
Unsere Jugend – ohne irgendwelche Vorschriften 92
Das Erwachen unseres jüdischen Bewusstseins 94

DIE SCHEIDUNG – EINE ZWEITE JUGEND	103
Heirat der Kinder, Scheidung der Eltern	103
Liebesgeschichten	108
Die israelischen Enkeltöchter einer kosmopolitischen Großmutter	117
DAVID – DIE GROSSE LIEBE	122
75 Jahre und kein bisschen weise: Mutters zweiter Frühling	122
Jovita – Mutters rettender Engel	131
Die Zeit ohne David	136
MUTTER, EINE ALTE GEBRECHLICHE DAME	141
Der verfluchte Y – erster Teil	141
Die Rückkehr des verfluchten Y	149
Der verfluchte Y – ein tödlicher Besuch	155
Die Schockstarre	160
Mittwoch, der 28. März, der turbulente Tag der Beerdigung	181
VON DER PFLICHT, ÜBERLEGUNGEN ANZUSTELLEN, OHNE JE WIRKLICH ZU VERSTEHEN	187
Eine Stellungnahme	187
Das Trauma	196
Gibt es eine Zukunft für Juden in Frankreich?	201
Warum?	205
Zum Abschied	208
DANKSAGUNG	212
NACHWORT von Michaela Wiegel	213